古フランス語における語順研究

――13世紀散文を資料体とした言語の体系と変化――

今田　良信

渓水社

はしがき

　本書は，2001年10月に広島大学大学院文学研究科に提出した学位請求論文『古フランス語における語順研究 ― 13世紀散文を資料体とした言語の体系と変化 ― 』を一部修正加筆したものである。

　言語は不断に変化しているはずであるが，言語変化の只中に身を置いている我々がそれを自覚することは難しい。かなり長い期間を経た後に振り返ってみた場合のように，その変化の跡は，巨視的な観点でしか気づくことができにくいものである。しかし，言語の共時態の中に変化を垣間見る手掛かりはないものであろうか。この問題の端緒を開くものの1つとして「共時的ゆれ」というものの存在が挙げられる。古くは言語地理学において確認され，最近では社会言語学の領域においてますます明らかにされてきているようであるが，通時的変化が「共時的ゆれ」として共時態の中に内在しているとすれば，逆に「共時的ゆれ」の中に通時的変化を読み取ることも可能なはずである。本書は，この基本的考え方に基づいて，古フランス語における語順の体系と変化の問題を明らかにすることを目的としている。

　古フランス語における文の構成要素の順序すなわち，主語（S: sujet）・動詞（V: verbe）・補語（C: complément）からなる基本語順はSVCであると考えられる。また，Cが文頭に立つ場合には，CVSという語順が取られる。これらの2つの語順は，最も頻度の高いものであり，いずれも文の第2位に動詞があることから，動詞第2位文と呼ばれ，これが古フランス語の語順の特徴とされている。しかし，実際にテキストを見てみると，すでに13世紀前半の散文作品においてCが文頭に来る場合でもCSVという語順が散見される。この語順は，基本語順SVCと共に現代フランス語に受け継がれた新しい語順である。この語順変化は，古フランス語から現代フランス語への体系の変化全体として捉えれば，動詞第2位の語順

から，Vidos(1965)が指摘しているように動詞活用語尾の実質的磨滅に代わって接頭辞的機能を有するようになった人称代名詞のＳの働きをもその中に担う，ＳＶが定置化された語順への動きと見ることもできよう。また，文頭にＣという構成要素が立った場合のみを問題にするなら，ＣＶＳからＣＳＶへの語順の変化に還元できるとも言える。本書では，この後者の観点から研究を行なう。

その際，古フランス語の語順そのものを扱った先行研究は少なくはないものの，筆者が扱おうとしている上述のような問題の内容に沿った観点からのものはほとんど見当たらず，筆者がそのために使用し得る十分なデータを持ったものは皆無である。さらに，これまでの語順研究の蓄積の中には，文頭に「単独の要素」として立つ具体的な個々のＣの項目別の記述が不十分であり，従って，それに基づく語順の体系的分析および変化についての記述も当然ながら行われていない。

そこで，本書では，13世紀前半に成立したとされる散文作品のみから独自に収集した用例を資料とした，古フランス語における語順の体系と変化の問題に関する筆者のオリジナルな一連の論考8編（今田(1993)，(1995)，(1996)，Imada(1997)，今田(1998)，(2001)，(2002a)，(2002b)）から得られた結果を有機的に取りまとめることによって，従来の研究の問題点を明確にし，これまで以上に精度を高めた資料体を用い，語順体系において従来不十分であった部分を記述し，一定の枠組みに基づいてその変化のメカニズムを考察し，13世紀前半を中心としたこの現象の全体像を実証的に明らかにすることを目指した。

本書の構成について簡単に紹介すれば，次の通りである。

まず，序論においては，第１章で，「語順」というものについての概観を行ない，定義，文の主要構成要素，基本語順などについて述べた。第２章では，「古フランス語」という用語を規定し，この時期の基本語順の形成について通時論的観点および語順類型論的観点から概観した。さらに，第３章では，本書で用いる用語の定義および資料について説明した。

本論においては，第１部第４章で，本書で扱う問題の所在について，そ

の具体的内容を従来の研究の問題点と本書の特徴という形を取って説明した。その核心をなすのは，実際に本書（第2部第10章）で検討する順序は別として，Cが文頭に立った場合のCVS語順，CVS～SV語順，CSV語順の3つのグループの違いはなぜ生まれるのか，CVS語順からCSV語順への移行は，Cの位階（語か句か節か）および機能（直接目的補語か間接目的補語か状況補語か）による下位区分から見た場合，どの範囲の区分において起こったのか。また，どのようなメカニズムで，すなわち，どのような要因によって，どの下位区分から，どのような過程をたどって起こったと考えられるのかということである。第1部第5章では，方法論として，用例分析の枠組みや用例収集の基本的取捨条件などについて説明を行なった。

本論第2部第6章・第7章・第8章では，13世紀前半の成立とされる古フランス語の3つの散文作品それぞれの分析を行なった。さらに，第2部第9章では，13世紀前半という時期を1つの共時態と見なして，これら3作品の用例をまとめたものを1つの資料体として分析した。そして，第2部第10章では，第9章で得られた結果をもとにして，第4章で示した疑問点について検討し，順次解き明かすための考察を行なった。例えば，最初のものについて言えば，Cが文頭に立った場合，一見したところ文の語順は，CVS語順を取るもの，CVS語順とCSV語順の間でゆれているもの，CSV語順を取るものという3つのグループに分かれているように見える。この「共時的ゆれ」は，通時的には，Cの下位区分あるいは個々の項目により，CVSからCSVへの語順変化の移行の時期にずれがあり，それを13世紀前半という時期の共時態として見れば，3グループの共時的「変種」として映ると考えられるからであることを明らかにした。

本論第3部第11章では，文頭に立つまったく同一のCc（状況補語）でありながら，後続語順がVSとSVの間でゆれているもの ── 13世紀前半の時期において，CVSからCSVへ語順が移行しつつあるけれども，まだ移行し終わっていないCcのグループ ── の中に，この両語順を機能的に使い分けていると見受けられる現象が存在するので，この点につい

て検討した。具体的には，文の肯定と否定の両方，あるいは否定のみに関わるいくつかのC_cについて，それらが文頭に立った場合に文の肯定／否定とCVS／CSV語順の間に見られる対応関係のことである。そして，この現象が，通時的変化の過程で生じた語順の「共時的ゆれ」を，「肯定／否定」の意味的差異を際立たせる（顕著化の）ために利用しようとする「言語的欲求」に根ざしているのではないかと考えられること，また，肯定文とCVS語順，否定文とCSV語順が結びつく理由についても「無標／有標」という概念の援用によって無理なく説明がつくことを明らかにした。これは，一般言語学的にも支持され得るものである。ただし，この現象は，現代フランス語ではすでに消えており，古フランス語においても汎体系的なものではなく，体系の一部に一時的に現れたものであろうと思われる。なお，この現象についての指摘およびその解明は，筆者の知るかぎり，国内外で初めてのものである。

凡例・略号表

〔凡例〕

1. 参考文献の内容を引用する際には，日本語の文献については引用箇所を「　」に入れて引用し，外国語の文献については，その邦訳または拙訳を同じように引用し，さらに注としてその箇所の原文を添えるのを原則とする。また，邦訳の場合は訳者を注に明記し，拙訳の場合は本文の引用文末に〔拙訳〕と記す。
2. 引用文中の重要な箇所には，本文・注を問わず，下線を施すことにする。
3. 引用文を補足する際には，（補足した語句〔筆者補足〕）として，引用文中に入れる。
4. 文中で用いられる重要な用語には，初出の箇所に対応するフランス語の原語を添えるのを原則とする。フランス語と共に，あるいはフランス語以外に他言語の原語を添える場合には，フランス語には（仏），英語には（英），ドイツ語には（独）などのように，その都度原語の前に示すことにする。
5. 古フランス語の引用例については，用例の頭に作品名の略号，出現箇所を付するが，出現箇所は〔　〕に入れ，*M.A.*, *S.E.*, *Mer.*, *C.C.* については節数／行数を，*Q.G.* についてはページ数／行数を示すことにする。また，本文中の引用例については，文頭のCをイタリック体にし，Vは定形動詞のみに網掛けを，Sには下線を施し，拙訳を付することにする。ただし，巻末の「付録：資料体」の用例については，文頭のCのみをイタリック体にするに止める。また，第11章の用例についてのみ，文頭のCと共に連結的に用いられる否定辞neもイタリック体にする。連結的でないものはこの限りではない。
6. 注は，本文の該当箇所では右肩に上付き文字で[1] [2] [3]と各章ごとの通し番号を順番に打ち，各章末に一括して掲載する。
7. 表や図は，原則として，それぞれ論文全体の通し番号を打つことにする。ただし，第6章から第8章に亘って示した *M.A.*, *Q.G.*, *S.E.* の各引用作品について位階と機能の組み合わせによる下位区分ごとの異なり項目の一覧表はこの限りではない。

〔略号表〕

C	:	complément 「補語」
C_C	:	complément circonstanciel 「状況補語」
C.C.	:	Villehardouin: *La Conquête de Constantinople* 『コンスタンチノープルの征服』（作品名）
C〔MOT〕	:	「語(mot)の位階に属する単位である補語」
C_{OD}	:	complément d'objet direct 「直接目的補語」
C_{OI}	:	complément d'objet indirect 「間接目的補語」
C〔PROP〕	:	「節(proposition)の位階に属する単位である補語」
C〔SYN〕	:	「句(syntagme)の位階に属する単位である補語」
M.A.	:	*La Mort le Roi Artu* 『アーサー王の死』（作品名）
Mer.	:	*Merlin* 『メルラン』（作品名）
Q.G.	:	*La Queste del Saint Graal* 『聖杯の探索』（作品名）
S	:	sujet 「主語」
S.E.	:	*La Vie de Saint Eustace* 『聖ウスタースの生涯』（作品名）
V	:	verbe 「動詞」

目　次

はしがき …………………………………………………………… i
凡例・略語表 ……………………………………………………… v

Ⅰ　序　　論

第1章　「語順」という文法用語について
1．1．「語順」の定義 ………………………………………… 3
1．2．文を構成する主要構成要素 …………………………… 5
1．3．基本語順について ……………………………………… 6
1．4．「有標／無標」という用語について ………………… 7
1．5．語順類型論から見た世界の諸言語における基本語
　　　順の種類と頻度 ………………………………………… 9
1．6．基本語順の指定に関する問題点について ………… 11

第2章　古フランス語の語順の形成
2．1．「古フランス語」という用語について ……………… 21
2．1．1．フランス語史全体の時期区分　21
2．1．2．古フランス語の時期の範囲　23
2．2．語順類型論から見た古フランス語の基本語順の通
　　　時的背景 ………………………………………………… 29
2．2．1．印欧語の基本語順　29
2．2．2．印欧語から東西のグループへの推移　31
2．2．3．ラテン語以降の語順変化　32
2．2．4．印欧語から俗ラテン語へ至る語順変化の要因　34
2．3．語順類型論から見た古フランス語の基本語順 …… 35

第3章　用語の定義と資料
3．1．用語の定義 …………………………………………… 43
3．1．1．文の構成要素：S，V，C　43

3．1．2．機能によるCの下位区分　43
　3．1．3．位階によるCの下位区分　44
　3．1．4．「副詞」および「接続詞」という用語の使用に
　　　　関する問題点　46
　3．1．5．「文」の定義　48
　3．2．資　料 …………………………………………… 51
　3．2．1．散文資料と韻文資料　51
　3．2．2．本研究で扱う散文資料　52

Ⅱ　本　　論

第1部

第4章　問題の所在
　4．1．古フランス語における語順の特徴 …………… 61
　4．1．1．動詞第2位　61
　4．1．2．S，V，Cによる基本語順　62
　4．1．3．CSV語順　65
　4．1．4．まとめ　67
　4．2．従来の研究の問題点と本研究の特徴 ………… 68
　4．2．1．本研究に関わる先行研究とその問題点について　69
　4．2．1．1．「接触原理」について　69
　4．2．1．2．二格体系の消失と語順の固定化との関係
　　　　　について　72
　4．2．2．資料について　74
　4．2．3．対象となる文について　75
　4．2．3．1．Cが文頭に立つ文　75
　4．2．3．2．対象となる文の種類　75
　4．2．3．3．S，V，Cが明示されている文　76
　4．2．4．分析内容について　77
　4．3．問題の所在についてのまとめ ………………… 79

第5章　方法論
　　5．1．用例分析の枠組み ………………………………… 87
　　5．2．用例収集の基本的取捨条件 ……………………… 92
　　5．2．1．「単独の要素」 92
　　5．2．2．その他の取捨条件 96
　　5．3．用例に関する注意事項 …………………………… 97
　　5．4．付録の資料体について …………………………… 99

第2部

第6章　*La Mort le Roi Artu* の分析
　　6．1．同一のCによる語順のゆれを考慮しない異なり項
　　　　　目数と用例総数の分布 ……………………………… 101
　　6．2．Cの位階と機能の組み合わせに基づく下位区分別
　　　　　の分析 ………………………………………………… 104
　　6．2．1．C［MOT］:C_{OD} の異なり項目の一覧表　104
　　6．2．2．C［MOT］:C_{OI} の異なり項目の一覧表　105
　　6．2．3．C［MOT］:C_c　の異なり項目の一覧表　105
　　6．2．4．C［SYN］:C_{OD} の異なり項目の一覧表　107
　　6．2．5．C［SYN］:C_{OI} の異なり項目の一覧表　108
　　6．2．6．C［SYN］:C_c　の異なり項目の一覧表　109
　　6．2．7．C［PROP］:C_c　の異なり項目の一覧表　115
　　6．3．同一のCによる語順のゆれを含む異なり項目数に
　　　　　基づく分析 …………………………………………… 116

第7章　*La Queste del Saint Graal* の分析
　　7．1．同一のCによる語順のゆれを考慮しない異なり項
　　　　　目数と用例総数の分布 ……………………………… 121
　　7．2．Cの位階と機能の組み合わせに基づく下位区分別
　　　　　の分析 ………………………………………………… 123
　　7．2．1．C［MOT］:C_{OD} の異なり項目の一覧表　123
　　7．2．2．C［MOT］:C_c　の異なり項目の一覧表　124
　　7．2．3．C［SYN］:C_{OD} の異なり項目の一覧表　126

7．2．4．C［SYN］:C₀ɪ の異なり項目の一覧表　127
　　　7．2．5．C［SYN］:Cc　の異なり項目の一覧表　128
　　　7．2．6．C［PROP］:Cc の異なり項目の一覧表　136
　　7．3．同一のCによる語順のゆれを含む異なり項目数に
　　　　　基づく分析 ………………………………………… 137

第8章　*La Vie de Saint Eustace* の分析
　　8．1．同一のCによる語順のゆれを考慮しない異なり項
　　　　　目数と用例総数の分布 ……………………………… 139
　　8．2．Cの位階と機能の組み合わせに基づく下位区分別
　　　　　の分析 ………………………………………………… 141
　　　8．2．1．C［MOT］:C₀ᴅ の異なり項目の一覧表　141
　　　8．2．2．C［MOT］:Cc　の異なり項目の一覧表　142
　　　8．2．3．C［SYN］:C₀ᴅ の異なり項目の一覧表　142
　　　8．2．4．C［SYN］:Cc　の異なり項目の一覧表　143
　　　8．2．5．C［PROP］:Cc の異なり項目の一覧表　144
　　8．3．同一のCによる語順のゆれを含む異なり項目数に
　　　　　基づく分析 ………………………………………… 145

第9章　資料体全体の分析
　　9．1．同一のCによる語順のゆれを考慮しない異なり項
　　　　　目数と用例総数の分布 ……………………………… 147
　　9．2．Cの位階と機能の組み合わせに基づく下位区分別
　　　　　の分析 ………………………………………………… 149
　　　9．2．1．C［MOT］:C₀ᴅ の異なり項目の一覧表　150
　　　9．2．2．C［MOT］:C₀ɪ の異なり項目の一覧表　151
　　　9．2．3．C［MOT］:Cc　の異なり項目の一覧表　151
　　　9．2．4．C［SYN］:C₀ᴅ の異なり項目の一覧表　154
　　　9．2．5．C［SYN］:C₀ɪ の異なり項目の一覧表　156
　　　9．2．6．C［SYN］:Cc　の異なり項目の一覧表　157
　　　9．2．7．C［PROP］:Cc の異なり項目の一覧表　171
　　9．3．同一のCによる語順のゆれを含む異なり項目数に
　　　　　基づく分析 ………………………………………… 173

第10章　13世紀前半を中心とした語順変化の実相と
　　　　メカニズム
　10．1．言語の体系と変化に関する基本的考え方 ············ 177
　　10．1．1．言語の共時態　177
　　10．1．2．言語の共時的ゆれと通時的変化の関連性　178
　10．2．資料体全体の分析結果に基づく考察 ················ 179
　　10．2．1．共時態に現われる3つの変種について　179
　　10．2．2．Cc VS語順からCc SV語順への移行時期
　　　　　　のずれの要因　181
　　10．2．3．13世紀前半を中心とした語順変化の全体像　186
　10．3．文頭に立つまったく同一のCcの後続語順のゆれ ··· 187

第3部

第11章　文の肯定／否定とCVS／CSV語順
　11．1．文の肯定・否定ないし否定のみに関わるCc ······· 191
　　11．1．1．ja　192
　　11．1．2．onques　194
　　11．1．3．gaires　195
　　11．1．4．en tel maniere/en nule maniere　196
　　11．1．5．por nule riens　198
　　11．1．6．対象となるCcに関する問題点　198
　　11．1．7．現象の存在の実証　200
　11．2．現象のメカニズムの分析 ······························ 200
　　11．2．1．語順による「肯定／否定」の差異の顕著化　200
　　11．2．2．「無標／有標」に基づく「肯定」とCVS語順
　　　　　　および「否定」とCSV語順の結びつき　203
　　11．2．3．語順と「無標／有標」についての注意点　203
　11．3．一般言語学的考察 ······································ 204
　　11．3．1．「有標性」の顕著化　204
　　11．3．2．「否定」と「有標」の結びつき　206
　11．4．「無標／有標」によって説明されるその他の事例 ······ 207

III 結　　論

――13世紀前半を中心とした古フランス語の語順の体系と変化―― 217

参考文献 ……………………………………………… 225
あとがき ……………………………………………… 233

付録：資料体

La Mort le Roi Artu ………………………………… 239
La Queste del Saint Graal ………………………… 318
La Vie de Saint Eustace …………………………… 389
文の肯定・否定ないし否定のみに関わる C c ……… 396

索　引 ………………………………………………… 401

言語・語族名索引 …………………………………… 401
人名索引 ……………………………………………… 403
事項索引 ……………………………………………… 405

I 序論

第1章 「語順」という文法用語について

　本章では，「語順」というものの定義，語順類型論における文の主要構成要素，基本語順および個別言語におけるその指定に関わる諸問題についての概観を行う。

1．1．「語順」の定義
　古フランス語における語順変化の問題を扱う本書においては，まず何より「語順」という用語の定義から話を始めるのが最適と思われる。「語順」という用語は，フランス語で ordre des mots，英語で word order, ドイツ語で Wortstellung と称される。
　田中編(1988)：『現代言語学辞典』の word order の項によれば[1]，語順とは，

> 「語（句）が文中で占める位置あるいは順序．語序ともいう。語順は，言語の一般的特徴である線条性(linearity)に基づき，語（句）の間の統語的関係を示す一つの手段として用いられる。」

と記されている。
　一方，語順という用語を用いるに当たっては注意すべき点がある。Comrie(1989)[2]や Whaley(1997)[3]においても指摘されているように，語順を問題にするということは，厳密に言えば，語の順序というよりもむしろ構成要素(constituant)の順序を問題にすることになるということである。従って，より正確には，構成要素順序(ordre des constituants)といった方がよいのかもしれない。Greenberg(1966b)[4]では有意味要素の順序((英) order of meaningful elements)という用語が使われている。

Comrieは、この点について、次のような具体的事例を挙げている[5]。

「たとえば、ある言語が主語-動詞-目的語の基本語順[6]を持つという場合、言及された構成要素を構成している単語の数は無関係で、従って、この記述は、John hit Mary〈ジョンがマリーをぶった〉に対しても、The rogue elephant with the missing tusk attacked the hunter who had just noticed that his rifle was unloaded〈牙を失ったはぐれ象がライフル銃に弾が込められていないことにちょうど気づいたばかりの猟師を襲った〉に対しても、等しく当てはまる。」

しかし、本書においては、用語の定着度を考慮して、この語順という用語をそのまま用いることにする[7]。

更に、個別言語における語順の重要性について、田中編(1988)には、続けて次のように述べられている。

「文の構成要素としての語がどのような順序に配列されるかは、語族や個別言語によってある程度一定しているが、どこまで固定しているかは、語族や個別言語の文法特性によって異なる。語順の重要性は相対的なものである。」

このことは、もう少し具体的に言えば、主として屈折によって統語関係を示す言語のタイプである屈折語(langue flexionnelle)[8]では、語順は比較的自由であるが、孤立語(langue isolante)[9]においては、語順は統語関係を示す上で大きな役割を担うことになるということである。例えば、現代フランス語における方がラテン語におけるよりも、語順がより重要な統語上の手順であることは一般的に言えるであろう。すなわち、ラテン語においては、

Gallum est cattus.
Cattus est Gallum.

という2文はいずれも「猫が鶏を食べる」という同一の意味であり，語順はこの場合，少なくとも概念的意味は変化させない。しかし，フランス語において，

Le chat mange le coq.
Le coq mange le chat.

という2文は，前者が「猫が鶏を食べる」，後者が「鶏が猫を食べる」となり，まったく異なる概念的意味を表すことになる。

1．2．文を構成する主要構成要素

　語順は，文を構成する要素間で成立する関係であるので，主語と述語動詞，他動詞と目的語，動詞と副詞，名詞と形容詞，名詞と限定詞など，様々な要素関係での語順が考えられる。

　しかし，語順を扱う類型論の名称として最近確立してきた語順類型論において，中心となるのは，他動詞の目的語の他に，主語を加えた3つの成分，すなわち主語（S：(仏) sujet，(英) subject），動詞（V：(仏) verbe，(英) verb），目的語（O：(仏) objet，(英) object）の配列で諸言語の型を捉えることである[10]。

　一方，本書においては，古フランス語の語順を扱うにあたって，すでに「まえがき」で触れ，さらに理由については後述もするが，S，Vに補語（C：complément）を加えた3つの構成要素による語順の分析を行うことを断っておきたい[11]。S，Vについてはすでに説明した通りである。またCの詳しい説明については，第3章（3．1．2．および3．1．3．）を参照されたい。

1．3．基本語順について

　語順類型論において言語を類型化する際に問題となるのが，上述のS，V，Oという文を構成する主要構成要素からなる語順のうち，当該言語の基本語順（（仏）ordre fondamental des mots，（英）basic word order）と呼ばれるものである。

　そこで，この基本語順について触れておく必要があろう。基本語順は，概念としては分かりやすいこともあり，取り立ててその定義を行っている文献は見つけにくいものの，実際にある言語の基本語順を決定することは必ずしも容易でない場合がある。

　Whaley(1997)は基本構成要素順序（＝基本語順）を明らかにするための方法について次のように述べている[12]。

　　「基本構成要素順序という概念は，〔中略〕十分に明白なものである。しかしながら，S，V，Oによる可能な組合せのいくつかを容易に許すような諸言語においてそれを決定するのは，必ずしも簡単ではない。我々は，ある言語の基本構成要素順序を見出すために，同時に利用し得る次のような方法を検討した。
　　　－　母語話者の直観により基本語順と感じられる語順
　　　－　頻度が最も高い語順
　　　－　最も<u>無標</u>の語順
　　　－　文脈による影響のない，または語用論的に最も中立なテキストの部分に現れる語順
　　が基本的順序である傾向が強い。」〔拙訳〕

　古フランス語に関して言えば，最初の母語話者の直観については確かめ様がないものの，残りの3つの基準については当てはまることになる。そして，本書の古フランス語の研究においては，S，V，Cの3つの構成要素からなる基本語順が問題となるが，それはSVCであるとされている。これについては，また後述する。

また，「基本語順」という表現は用いていないものの，Dubois et al. (1973): *Dictionnaire de linguistique*の ordre des mots の項を見ると[13]，

> 「当該言語で，語順にある種の自由が存在する場合，その言語の一般的規則にもっとも合致した語順を〈文法的語順〉ないし〈規準的語順〉という。」

と記されている。また，田中編(1988)では[14]，

> 「個々の言語において，最も一般的ないし慣用的な語順を文法的語順という。」

と述べられている。

1．4．「有標／無標」という用語について

　1．3．では，基本語順を明らかにするために同時に利用し得るものとして Whaley が挙げた4つの基準を示した。その中の3つ目の基準に現れた「無標」をその一方の項とする「有標／無標((仏) marqué/non-marqué, (英) marked/unmarked)」という二項対立の概念は，古フランス語における現象の説明原理としても重要であるので，この節では，この文法用語について述べておきたい。

　まず，Dubois et al.(1973) の marqué の項には次のように述べられている[15]。

> 「ある言語単位が，何らかの音韻的，形態的，統辞的あるいは意味的特徴を持ち，それによって，同一言語内の同じ種類の他の単位でそういう特徴を持たないものと対立する時，前者は〈有標〉であるという。この有標の単位は二項対立の有標の項であり，対立項はその特徴

を欠いているので，無標項と呼ばれる。」

また，田中編(1988)の marked の項には，次のような説明がなされている[16]。

「プラーグ学派(Prague School)から始まり，ヤーコブソン(R. Jakobson)などによって普及した用語で，言語の音声面ばかりでなく，文法・語彙・意味などのあらゆる面で普遍的にみられる性質を表わす概念。ある対応する二つの言語範疇A，Bにおいて，Aが「ある特徴 a の存在を明示する」ものであり，Bが「a の存在を表わさない」あるいは「非の a 存在を表わす」ものである場合，A を a に関して有標であるといい，Bを無標(unmarked)であるという。無標の項(argument)は，問題となる特徴に関して中立的または消極的であるが，有標の項のほうは，無標の項に何らかの要素を付加したり，何らかの操作を加えたりして，範囲を限定し特殊化したものである。」

さらに，もう少し読み進んで行くと，具体的事例として，

「文の種類については，平叙文(declarative sentence)は無標だが，語順の倒置(inversion)を生じたり，疑問詞や否定語を加える疑問文(interrogative sentence)・否定文(negative sentence)などは有標である。」

と述べられている。

後述するように，本書では，古フランス語の用例を収集する文の条件は，平叙文(phrase énonciative)[17]に限られるが，これは無標の環境である。その意味で，この記述は，本書における用例収集の妥当性を支持するものである。ただ，この有標／無標の対立は，問題となる同一言語内の同じ種類の２つの言語単位どうしそのものの相違，置かれた状況や見る観点によ

っても異なってくるので，ある現象の有標／無標を具体的に論じる際にはその都度考える必要がある。

1．5．語順類型論から見た世界の諸言語における基本語順の種類と頻度

　Ｓ，Ｖ，Ｏという3つの構成要素からなる語順は，語順類型論において，最も重要なパラメーター[18]の1つであり，大きな指標となる。実際にこれを類型論上の主要なパラメーターにした研究者もいる。

　このパラメーターは，Ｓ，Ｖ，Ｏの間の相対的順序を扱ったものであり，論理的に言えば，この3つの要素からは，ＳＯＶ，ＳＶＯ，ＶＳＯ，ＶＯＳ，ＯＶＳ，ＯＳＶという6つの型が出てくる。しかし，世界の諸言語におけるこれらの型の分布には，かなり著しい偏りが見られ，これまで知られている限り，平叙文における通常の他動詞文の基本語順として，ＯＳＶ，ＯＶＳ型をとる言語は皆無とは言えないけれども，極めて稀であり，同じくＶＯＳ型もごく少数のようである。世界の言語の大部分は，最初の3つの型ＳＯＶ，ＳＶＯ，ＶＳＯのいずれかを慣用的語順としている。その中でも特にＳＯＶ型に属する言語が最も多く，次いでＳＶＯ型，ＶＳＯ型の順となり，特に最初の2つの型が他を圧している[19]。

　Tomlin(1986)によれば[20]，402の世界の諸言語を調査した結果として，基本語順の頻度が，ＳＯＶ型：180(45%)，ＳＶＯ型：168(42%)，ＶＳＯ型：37(9%)，ＶＯＳ型：12(3%)，ＯＶＳ型：5(1%)，ＯＳＶ型：0(0%)となっている。現在では，最初の5つの基本語順に関しては，いずれもその確実な言語例を挙げることができ，その基本語順に関しては一般的な合意も見られる。またTomlin(1986)においては数値が0となっているＯＳＶ型の基本語順を持つ言語についても，一応それらしく見える事例を文献から見つけることはできる。そこで，以下にそれぞれの言語例を文献より挙げておくことにする[21]。

　　ＳＯＶ型：日本語

　　　　　　　小学生が　その絵を　描いた。
　　　　　　　　　S　　　　O　　　　V

ＳＶＯ型：英語
　　　　　　The　man　played　the　violin.
　　　　　　定冠詞　人　弾いた　定冠詞　ヴァイオリン
　　　　　　　　　S　　　V　　　　O
　　　　　「その人はヴァイオリンを弾いた」

ＶＳＯ型：ウェールズ語
　　　　　　Lladdodd　y　ddraig　y　dyn.
　　　　　　殺した　定冠詞　竜　定冠詞　男
　　　　　　　　V　　　　　S　　　　　O
　　　　　「竜が男を殺した」

ＶＯＳ型：マラガシ語(Malagasy)
　　　　　　Nahita　ny　mpianatra　ny　vehivavy.
　　　　　　見た　定冠詞　学生　定冠詞　女
　　　　　　　V　　　　　O　　　　　S
　　　　　「女が学生を見た」

ＯＶＳ型：ヒシカリヤナ語(Hixkaryana)
　　　　　　Toto　　yahosɨye　　　kamara.
　　　　　　男　それが−捕まえた−彼を　ジャガー
　　　　　　　O　　　　V　　　　　S
　　　　　「ジャガーが男を捕まえた」

ＯＳＶ型：ウルブ語(Urubú)
　　　　　　pako　　xuã　　u'u.

バナナ　ジョン　彼-食べた
　O　　　S　　V
「ジョンがバナナを食べた」

1．6．基本語順の指定に関する問題点について

　前節で見たように，多くの場合，ある言語にある特定の基本語順を指定することに何ら問題は生じない。しかし，中には，その指定の手順がより複雑であったり，あるいは前節で提示した事例ほどはっきりしない言語も数多く，また，基本語順の指定がおそらく不可能な場合，すなわち，S，V，Oに関しては基本語順が存在しないとせざるを得ないような場合すら少なくないようである。この最後のケースのような言語は，このパラメーターによる語順類型論には非関与的であることになるが，Comrie(1989)は，それによってパラメーターの適用範囲は狭められても，語順類型論そのものの全体的な有効性が損なわれることはないであろうと述べ，基本語順の指定が困難な2つの場合を挙げている[22]。

　「第1に，このパラメーターは，主語，目的語という文法関係が存在する言語にしか適用できないものであるが，〔中略〕，主語の認定基準が2つの名詞句の間で分かれてしまうために，他の構成素に対する主語の線形順序を指定することが難しい，あるいは，不可能であるような言語も数多く存在する。第2に，このパラメーターは，少なくとも部分的に，動詞との文法関係によって決定される基本語順の存在する言語にしか適用できないものであるが，中には，そのような基本語順の存在しないように見える言語もある。たとえば，ジルバル語[23]では，主要構成素の配列順をどのように並べ換えても文法的な文になり，かりに比較的優先される語順があったとしても，ほとんど認識できないほど，きわめて微妙な程度である。」

その一方で，語順が自由であるとしばしば記述される言語，例えば，屈折による文法関係の表示が発達しているギリシア語・ラテン語などにも，基本語順 — この場合は，前述の文法的語順ないし標準的語順という用語の方が適しているかもしれないが — は存在しているということがある。上述の1．1．で，ラテン語においては，現代フランス語よりも語順の重要性が低いというような意味のことを言ったのは，ラテン語では語順のみで主語と目的語を識別することはできない，すなわち，その語の機能を示すという点では，語順はあまり重要性を持たないということを言ったまでであり，ラテン語にあっても語それぞれの位置には，ある種の傾向は定まっている。後でも改めて見るように[24]，ラテン語の動詞は，文末に来る傾向が見られる。従って，ラテン語のような言語においては，そのような傾向の語順が基本語順と考えられることになる。
　また，Comrie(1989)が指摘しているように[25]，ある1つの語順がその他に比べて基本的であることを示す有力な手がかりの得られる場合も少なくない。すなわち，

　　「たとえば，ロシア語では，S，O，Vをどのように並べ換えても文法的な文になるが，SVOの語順が，他の語順を全部合わせたよりもはるかに頻度が高く，また，どの名詞句が主語でどの名詞句が直接目的語かということが例外的に形態面で区別できない場合に，NP－V－NP[26] という連鎖で優先される解釈はS－V－Oである[27]。」

　もう少しComrie(1989)に沿って[28]，補足を付け加えながら読み進めると，基本語順を指定するに当たってのもう1つの問題は，当該言語が分裂，すなわち，構文によって異なった基本語順を持つ場合である。ただし，ある語順が他の語順に比べてはるかに限られていることがはっきりしている場合には，基本語順の指定にそれほど無理な困難は生じない。
　また，多くの言語で，代名詞の配列順が他の名詞句と異なることがある。例えば，フランス語もその事例の1つである。フランス語で接語代名詞の

目的語は動詞の前に来るが，他の目的語は動詞の後に来る。

  Le garçon a vu la jeune fille.「少年は少女に会った」
  Le garçon l'a vue.「少年は彼女に会った」

 しかし，周知のように，接語代名詞のような強勢を持たない構成要素は，諸言語間で，その文法関係に関わるとしてもごく緩やかな，特別の配列規則に従うことが多く，従って，代名詞を使った文は考慮外にして，完全な名詞句を持つ文を優先させることができる。
 古フランス語においても，事情は現代フランス語と同様であるが，この接語代名詞の弱形目的語が文頭に立つことはないので，この点は本研究では問題とはならない。
 これに対して，解決法がそれほど簡単には得られないような分裂の例の典型として挙がっているのが，ドイツ語の主節と従属節の語順の違いである。ドイツ語では，主節はＳＶＯ，従属節はＳＯＶの語順をとる。

  Der Mann sah den Jungen.
    S V   O
  「男は少年に会った」

  Ich weiß, daß der Mann den Jungen sah.
         S   O   V
  「私は男が少年に会ったことを知っている」

 この２つの語順のどちらを，そもそも基本語順と見なすべきかをめぐっては，これまで激しい議論があったようであるが，Comrieは，この問題は「基本語順」という言葉が類型論者と生成理論家の間で違った意味で使われているために，いっそう複雑なものになっているという見解を述べている。

これに対して，Whaley(1997)は[29]，1．3．で述べたのと同様に，基本語順は音韻・形態・統語すべてのレベルにおいて標識を持たない，すなわち，最も無標の発話に現れるという立場で，Comrieから上述の同じ事例を引いて，次のように述べている。

　　「ＳＶＯをドイツ語における基本語順と見なす２つの理由がある。第１に，(daßという) 従属接続詞が従属節を導くために使われるが，主節には何も特別な形態は現れない。それゆえ，従属節は有標である。第２に，歴史変化に関する通言語的な証拠によって，従属節の方が，主節よりもより古い配列の型を保持する傾向があることが明らかになっている。従って，ドイツ語は主節でも従属節でもかつてはＳＯＶであったと推測されるが，基本語順はＳＶＯに変化した。この新しい語順は主節には現れたが，従属節はこの変化に抵抗し，現在でもＳＯＶのままである。」〔拙訳〕

主節と従属節を比べた場合，従属接続詞という標識(marker)がないという点で，主節が無標で，従属節が有標であるということは納得できる。本研究においては，古フランス語における平叙文の単文および複文の主節(proposition principale)[30]の語順を扱う対象とするわけであるが，それは，理論的整合性の観点からも妥当であるということになろう。
　さらに，Ｓ，Ｖ，Ｏの３要素に基づくこのパラメーターは，対象となる目的語の種類を特定していないために，クペレ語(Kpelle)[31]のように，直接目的語は動詞の前に来るが，その他の目的語は動詞の後に来るような言語に関しても，同じような問題が起こってくることが考えられるが，このことは，古フランス語に関しては，実質上問題にはならないものと考えられる。
　以上の内容から言えることは，要するに，基本語順として規定されたある同じ１つの語順であっても，当該言語が置かれた統語論上，形態論上などの環境により，その有する価値は一律ではないということである。

注

I 序論
第1章
1. 1.
1) Cf. 田中春美編(1988), p.729-731.
2) Cf. Comrie, B.(1989), p.86.
3) Cf. Whaley, L.J.(1997), p.80.
4) Cf. Greenberg, J.H.(1966b).
5) "On the one hand, in saying, for instance, that a given language has subject-verb-object basic word order, it is irrelevant whether the constituents referred to consist of one or more words, so that this characterization applies equally to *John hit Mary* and to *the rogue elephant with the missing tusk attacked the hunter who had just noticed that his rifle was unloaded.*"(Comrie, B.(1989), pp.86-87) 訳文は,松本克己・山本秀樹訳(1992)に依った。ただし,この邦訳では,constituent が,「構成素」と訳されているので,筆者の訳語との統一をとって「構成要素」としておいた。
6) 詳しくは,1.3.を参照のこと。
7) 因みに,Comrie, B.(1989)はword orderの方を採用し,Whaley, L.J.(1997)はconstituent order の方を採用している。
8) 田中春美編(1988)によれば,「言語類型の一つ。語の実質的意味を表わす部分（語幹）と文法的意味を表わす部分（屈折要素,語尾など）が密接に結合して,分離できないような言語。語の語形そのものが文中における機能を果たす。印欧諸語やセム諸語(Semitic)がその典型である。」(p.304)とある。
9) 田中春美編(1988)によれば,「言語類型の一つ。語は実質的意味のみを示し,文法的機能は語の位置,つまり語順によって示される。どの語

も文法的な変化を示さないので,語根であるかのような感じを与える。中国語がその典型とされる。」(p.324)とある。

1．2．

10) Cf. 松本克己(1988), p.89; Whaley, L.J.(1997), p.80.
11) この理由については，4．2．4．を参照のこと。

1．3．

12) "The notion of a basic constituent order, which has been reviewed in the past two chapters, is clear enough. However, it is not always easy to establish in languages that readily permit several possible variations of S, V, and O. I have examined the following methods that can be employed together to discover the basic constituent order of a language:
 — An order that is strongly felt to be the basic order by native speakers tends to be the basic order.
 — The most frequent order tends to be the basic order.
 — The order that is least marked tends to be the basic order.
 — The order that arises out of context or in the pragmatically most neutral portions of texts tends to be the basic order."
(Whaley, L.J.(1997), pp.105-106)
13) "Dans une langue donnée, quand il existe une certaine liberté dans l'ordre des mots, on parle d'*ordre grammatical* ou *ordre canonique* pour celui qui est le plus conforme aux règles générales de la langue;"(Dubois, J. et al.(1973), p.349) 訳文は，伊藤晃他編訳(1985)に依った。
14) 田中春美編(1988), p.730.

1．4．

15) "On dit d'une unité linguistique qu'elle est *marquée* lorsqu'elle possède une particularité phonologique, morphologique, syntaxique ou sémantique qui l'oppose aux autres unités de même

nature de la même langue. Cette unité marquée est alors le cas marqué d'une opposition binaire où le terme opposé, privé de cette particularité, est appelé non-marqué." (Dubois, J. et al. (1973), p.311) 訳文は，伊藤晃他編訳(1985)に依った。
16) Cf. 田中春美編(1988), p.383.
17) 他の用語では，陳述文(phrase déclarative)，断定文(phrase assertive) が用いられる場合がある。

1.5.
18) フランス語で，paramètre, 英語で，parameter. Whaley, L.J.(1997), p.289 の定義によれば，「言語間に存在する種々の基準に基づいた差違 (The principled differences that exist among languages)」〔拙訳〕と説明されている。
19) Cf. Comrie, B.(1989), p.87; Whaley, L.J.(1997), p.82, 85.
20) Cf. Tomlin, R.S.(1986), p.22
21) ＳＯＶ型（日本語）の例：田中春美編(1988), p.730 ／ＳＶＯ型（英語）の例：田中春美編(1988), p.730 ／ＶＳＯ型（ウェールズ語）の例：田中春美編(1988), p.730; Comrie, B.(1989), p.87 ／ＶＯＳ型（マラガシ語）の例：田中春美編(1988), p.730; Comrie, B.(1989), p.87, ／ＯＶＳ型（ヒシカリヤナ語）の例：Comrie, B.(1989), p.88; Whaley, L.J.(1997), p.82／ＯＳＶ型（ウルブ語）の例：Whaley, L.J.(1997), p.82. ただし，ヒシカリヤナ語の例は，Derbyshire, D.C.(1985): *Hixkaryana and Linguistic Typology,* Dallas: Summer Institute of Linguistics.が原典で，ウルブ語の例も，Whaley自身，Derbyshire, D. C. & Pullum, G.K.(1981) に，Kakumasu, J.Y.(1976): Gramática Generativa Preliminar da língua Urubú, *Série Lingüistica* 5, p.267-300 からのデータとして載っていたのを引用したものであると断っている。なお，Whaley, L.J.(1997)によれば，ヒシカリヤナ語はブラジルで話されているカリブ諸語の1つ，ウルブ語はブラジルで話されている赤道トゥカノアン諸語の1つとされている。

1.6.

22) "First, the parameter is only applicable to languages in which the grammatical relations of subject and object(s) exist, and, (...), there are many languages where the criteria identifying subjects seem to split across two noun phrases, thus making it difficult or impossible to specify the linear order of subject with respect to other constituents. Secondly, the parameter is only applicable to languages in which there is a basic word order determined, at least in part, by grammatical relations relative to the verb, and there are some languages where this seems not to be the case. For instance, in Dyrbal, all permutations of major constituents give rise to grammatical sentences, and if there is any preference for one word order over another, it is so slight as to be almost imperceptible."(Comrie, B.(1989), p.88) 訳文は、松本克己・山本秀樹訳(1992)に依った。

23) 『言語学大辞典』（三省堂）第2巻，p.277-278 によれば、オーストラリア原住民語の1つ。話者数は、1970年に，約30人。

24) 第2章（2.2.3. および注18))を参照のこと。

25) "In Russian, for instance, any permutation of S, O, and V will give a grammatical sentence, but the order SVO is much more frequent than all of the other orders put together, and is moreover the preferred interpretation for sentences with the sentence NP-V-NP when the morphology, exceptionally, does not indicate which noun phrase is subject and which one is direct object."(Comrie, B.(1989), p.88) 訳文は、松本克己・山本秀樹(1992)に依った。

26) NP: Noun Phrase, V: Verb.

27) 具体的な事例として、Comrie, B.(1992), p.84に見られる例を挙げておく。Mat' ljubit doč'. という文においては、mat'「母」とdoč'「娘」が主格か対格か曖昧である。多くの話し手にとって，絶対的というより

もむしろ優先順位の問題のようであるが,「母が娘を愛している」とする解釈の方が,「娘が母を愛している」とする解釈よりも優先されるということのようである。

28) Cf. Comrie, B. (1989), p. 88 sq.
29) "There are two reasons to consider SVO basic in German. First, although a subordinator is employed to introduce a subordinate clause(daß), no special morphology appears on main clauses. Therefore, subordinate clauses are marked. Second, cross-linguistic evidence about historical change reveals that subordinate clauses tend to be more conservative of older ordering patterns. Thus, we predict that German used to be SOV in all clauses, but the basic order has changed to SVO. This newer order appears in the main clause, although the subordinate clauses have resisted the change and remain SOV."(Whaley, L. J. (1997), p. 103)
30) 単文,あるいは単文に複文の主節を加えたものを代表させて,独立節(proposition indépandante)あるいは自立節(proposition autonome)という用語が用いられている場合もある。
31) 『言語学大辞典』（三省堂）第1巻, p.1475によれば,アフリカ・リベリア中央部から内陸に伸び,ギニア東南端に及ぶ分布をもつ,ニジェール・コンゴ語族,マンデ語派,北・西マンデ諸語,南西マンデ語群に属する言語。なお, Comrie, B. (1989), p.89に挙げられているクペレ語の事例は次の通り。

   È sɛŋ-kâu tèe k̃âloŋ-pá.
   彼 金 送った 族長 に
 「彼は族長に金を送った」

第2章 古フランス語の語順の形成

　本章では，フランス語史の中で，「古フランス語」という呼び名によって示される時期の範囲，ならびに古フランス語の基本語順の通時的背景，すなわち，古フランス語の源泉となるインド・ヨーロッパ語〔以下，印欧語〕からこの語族の西のグループに属するラテン語へ，更に，その中で古期ラテン語から古典期ラテン語，そしてロマンス語の直接の祖語というべき俗ラテン語を経て古フランス語へ至る流れにおいて，基本語順がどのように推移して行ったと考えられるのかを概観し，古フランス語の語順類型論上の基本語順を明確にしておきたい。その上で，これとは別に本研究で扱うS，V，Cからなる3構成要素による語順を問題にする次章に備える。

2．1．「古フランス語」という用語について

　本研究の研究対象である古フランス語（(仏) ancien français，(英)Old French，(独)Altfranzösisch)は，フランス語史の一時期を指すものであるが，その古フランス語期の初めと終わりの時点および期間の長さは，この用語自体の恣意的な面と同様に，研究者によって異なっている。

2．1．1．フランス語史全体の時期区分

　まず，フランス語成立の前段階を少し含めたフランス語史全体の時期区分について，全体像を大まかに眺めておくことは無駄ではないであろう。Machonis(1990)によれば[1]，

　　　「我々はフランス語史を5期に区分したが，波動説[2]を見れば分かるように，この分け方は何も科学的なものではない。しかしながら，この区分は大変有用であり，フランス語史における重要な目安を与え

てくれよう。次の区分はロマンス言語学において十分標準的なものである。」〔拙訳〕

として,時期区分をその時期の概要と共に示している[3]。必要な箇所のみを訳出すれば,次の通りである。

「1) ガロ・ロマンス語(gallo-roman)[4]の時期:紀元前1世紀から紀元5世紀末まで,すなわち,〔ガリアへの(筆者補足)〕ローマ人の侵入からフランク人の侵入まで。
　2) 原フランス語(protofrançais)の時期:6世紀から842年まで,すなわち,フランス語に近いと考えられうる言語で書かれた,存在する最初のテキスト『ストラスブールの誓約(Serments de Strasbourg)』の出現までである。
　3) フランス語の時期:9世紀末から13世紀末まで,すなわち,ラテン語から継承した二格曲用の消失まで。
　4) 中フランス語(moyen français)の時期:14世紀から16世紀末まで。この時期,フランス語は,現代の読み手にとって語彙の点からはまだ難点があるものの,統語上の見地からは以前より分かりやすくなっている。
　5) 近代フランス語(français moderne)の時期:17世紀から今日まで。1635年のアカデミーフランセーズの設立と共に,フランス語は標準化され同時に体系化された言語となり,アカデミーの辞典や公式の文法書を持つようになる。また,フランス語が世界的に有名になり,外交言語になるのもこの時期である。」〔拙訳〕

また,『言語学大辞典』(三省堂)の「フランス語」の項目を見ると[5],上記1),2)については〔フランス語の成立〕としてまとめられ,上記3)～5)について〔フランス語の歴史〕として次のような区分が示されている。

「フランス語で書かれた最初の文献は、シャルルマーニュの孫のゲルマン王ルートウィヒとシャルル禿頭王との間に交わされた連盟の約束を、歴史家ニタール(Nithard)が記した『ストラスブールの誓約』(Serments de Strasbourg, 842)である。また、最古の文学作品は、881年の『聖ユーラリ続唱』(Séquence de Sainte Eulalie)で、これ以降、14世紀半ばくらいまでを古フランス語、14世紀後半から16世紀までを中期フランス語、17世紀から現代までを近代フランス語というように、フランス語の歴史を大きく3つの時代に区分する。」

古フランス語と呼ばれる時期を比べてみると、その初めの時点は、ほぼ同じ頃を指しているにしても、終わりの時点は半世紀ほど異なっている。ここで、古フランス語期に絞って、もう少し他の研究者たちの見解を調べてみることにする。

2.1.2. 古フランス語の時期の範囲

古フランス語の時期に関する各研究者の見解と、すべての研究者が述べているわけではないが、その区切り目の時点に起こった歴史的事実および判断基準を要約して示せば、次の通りである。なお、この節では、要約によって煩雑になるため、原文を注に掲載しない。訳出の箇所は、特に断らない限り拙訳である。

① Henri Bonnard & Claude Régnier(1989):
　　古フランス語期の初めの時点については、明確な言及がないものの、「我々は、13世紀末までオイル語地域で共有の書記言語を《ancien français》と呼んだ」(cf. p.9) とある。

② Charles Bruneau(1955):
最古フランス語: 842年－1150年頃(cf. t.I, p.33)
(très ancien français)

古フランス語：1150年頃－1328年頃 (cf. t.I, p.72, 96)
(ancien français)

　Bruneau によれば，「百年戦争に至る戦争状態が生じたのが1328年頃であり，この頃を始まりとする時代はフランス語史において決定的である。すなわち，誇張でなく，13世紀の言語はまだすべてラテン語的であり，14世紀末にフランス語の構造が近代のものになった」とされている。

③ Ferdinand Brunot (1966-1972)：
古フランス語： 9－13世紀 (cf. t.I, p.136)

④ Ferdinand Brunot & Charles Bruneau (1969)：
古フランス語： 813年－1276年頃 (cf. p.8-11)

　説明によれば，「813年はトゥール司教会議の年。1276年頃は，アダン・ル・ボッシュ（通称ド・ラ・アル，ダラス）(Adam le Bossu, dit de la Halle, d'Arras) が，『葉蔭の劇』(Jeu de la Feuillée) を書き，次に『ロバンとマリオン』(Jeu de Robin et Marion) を書いた。北フランスが演劇文学の中心となり，遠く広がることになる。」とされている。

⑤ Jacques Chaurand (1969)：
最古フランス語： 9－12世紀初期 (cf. p.4, 6)
(le plus ancien français)
古フランス語：12世紀初期－13世紀 (cf. p.20)
(ancien français)

　最古フランス語期の初めについては，「すなわち，842年，『ストラスブールの誓い』*Serments de Strasbourg*のテキストとともに，われわれにとって最初の言語状態，最古フランス語がはじまる。」[6] とされている。

⑥ Alfred Ewert(1933):
古フランス語: 842 年－1328年(cf. p.2)
(Old French)

　Ewert によれば，「古フランス語は，フランス語の最初の言語的記念碑である『ストラスブールの誓約』(Strasburg Oaths(842))から始まり，非常に目立った文学活動の時期である，12・13世紀を含むと言われている。14・15世紀は，一見すると，近代フランス語よりも古フランス語との類似性をより多く示しているように見えるかもしれないが，12世紀の標準的な語法と比べて，ほとんど同様に著しい相違を示す。ヴァロア家の即位の年である1328年が，前世紀には明らかであったいくつかの傾向が最後の段階に達し，語法上の１つの変化をもたらした時をほぼ示していると認めてよいであろう。」とされている。

⑦ Edmond Faral(1941):
古フランス語: 12－13世紀(cf. p.1)

⑧ Pierre Guiraud(1975):
古フランス語: 843 年－1350年(cf. p.5)
　時期の初めの年は，これまで何度も出てきているフランス語最古の文献『ストラスブールの誓約』の年を指しているようであるが，どういう理由からか 842年でなく 843年となっている。終わりの時点は百年戦争の出だしの頃ということで，この頃から，古フランス語は近代フランス語と区別される主要な特徴を失ったとされている。さらに続けて「実際，14世紀の最初からもう，二重母音や複合子音の縮減，〔二格（筆者補足）〕曲用の衰退，動詞および名詞の屈折語尾の脱落，人称代名詞や冠詞への屈折語尾機能の移行などによって，中フランス語という新しい段階を規定することができる。」と述べられている。

⑨ Geneviève Hasenohr(1993):
古フランス語: 12−13世紀(cf. p.5)

⑩ Philippe Ménard(1988):
古フランス語: 12−13世紀(cf. p.19)
因みに，中フランス語は14−15世紀とされている。(cf. p.19)

⑪ Gérard Moignet(1979):
古フランス語: 12−13世紀(cf. p.7)

⑫ Christopher Nyrop(1979):
古フランス語: 9−14世紀(cf. t.I, p.27, §18; p.40, §25)
　9世紀というのは，ここでもやはり842年の『ストラスブールの誓約』を念頭に置いてのものである。14世紀については，中フランス語を14世紀末，15, 16世紀を含むとし，その中フランス語期の初めに古い諸方言(dialectes)が書き言葉としては消滅し終えて，単なる俚言(patois)の状態になってしまうと記されているので，14世紀といっても，14世紀末少し手前のそのようになる以前の最後の段階が古フランス語期の終わりと見られているようである。

⑬ Guy Raynaud de Lage(1975):
古フランス語「古典」期[7]: 1150−1300年(cf. p.5)
(période《classique》de l'ancien français)

⑭ Peter Rickard(1989):
最古フランス語: 842 年−11世紀(cf. p.20)
(the earliest French)
古フランス語: 12世紀−14世紀前半(cf. p.38, 61)
　Rickard は自分の見解を明確には示していない。古フランス語期

の終わりの時点については，中フランス語の始まりが14世紀前半となっているからである。その根拠は「14世紀初期までには，重要な変化が姿を現し始めており，他方ですでに完了していた他の変化がそれ以前に働いていた体系をひどく掘り崩しつつあったこと」[8]とされている。初めの時点については，明確な記述はないものの，関連する記述を貼り合わせた結果である。

⑮ Robert-Léon Wagner(1974):
古フランス語：9世紀－13世紀末(cf. p.25-26)
　時期の初めはについては，842年の『ストラスブールの誓約』を，終わりについては，ジョワンヴィル(Joinville, 1225-1317)による1309年の『聖ルイ王伝』(Vie de saint Louis)を基準としている。

以上，何人かの研究者の見解を見てきた。各研究者なりに，それなりの根拠をもって，古フランス語の時期を定めているとは思われるが，その初めと終わりの時点についても細かく見れば様々であり，その判断基準となる歴史的事実の選択についても，言語内的歴史（l'histoire interne）[9]に関する事実（言語変化）と言語外的歴史（l'histoire externe）[10]に関する事実（歴史上の出来事）の両方が混ざって含まれており，その内容も色々である。このことは，2．1．1．で引用したMachonis(1990)によるフランス語成立の前段階を含めたフランス語史全体の時期区分についても言えることである。また，例えば，百年戦争の初めの年のような，判断基準となる歴史上の出来事1つを取っても，諸説・異説のある場合が少なくないようである。

　しかしながら，判断基準となる具体的な事実やその事実が起こった細かい年を別にすれば，時期の範囲を，短く設定している場合と長く設定している場合の2つに大きく分けることはできそうである。長く設定している場合では，時期を最古フランス語期と古フランス語期の2期に分けて設定している場合が見られ，この2期を同じ「古フランス語」の時期と見るか，

別の時期と見るかということも意見の分かれるところであろう。そこで、初めの時点がはっきりと示されていない①、「古典」期という特別の限定がある⑬と共に2期に分かれている②, ⑤, ⑭を除いてまとめると下記のようになる。

〔表1〕

古フランス語期 ┬ 短く設定： 12世紀－13世紀　　： ⑦, ⑨, ⑩, ⑪
　　　　　　　└ 長く設定： ┬ 9世紀－13世紀　　： ③, ④, ⑮
　　　　　　　　　　　　　├ 9世紀－14世紀初期： ⑥
　　　　　　　　　　　　　└ 9世紀－14世紀半ば： ⑧, ⑫

　従って、古フランス語期の範囲は、短く設定すれば12世紀から13世紀、長く設定すれば9世紀から13世紀末ないし14世紀初めまで、最大限14世紀半ば頃までが妥当ということになろう。しかし、同じ「古フランス語」と呼ばれる時期の範囲にこれだけずれが見られるというのは、2．1．においてすでに指摘したように、この名称自体が恣意的であるということに加えて、各研究者の見方によって、重要と見る事実が、言語内的なものか言語外的なものか、また具体的にどれであるかが一致していないからである。更に、時期の設定自体の便宜的な面も否めない[11]。そして、便宜的にならざるを得ない最大の理由は、各研究者の見解を見比べるまでもなく、言語の変化が連続的なものである以上、その中の一時期を区切ろうとする行為そのものが、もともと唯一無二の根拠を持つ切れ目で各研究者が一致するような性質のものではないからである[12]。従って、ここでは、古フランス語期の範囲が、従来の研究者たちによってどのように捉えられているかを最大公約数的につかんでおけば、それで十分であるように思われる。
　そこで、本書においては、支持する研究者の総数が多い、時期の範囲を長く設定する方の見解に従うことにしたい。少し細かく言えば、時期の初めは、842年の『ストラスブールの誓約』を基準にすることで比較的意見

が一致している9世紀半ばとし，終わりについては，13世紀末から14世紀半ば辺りまでの間と，幅を持たせて捉えておきたい。従って，中フランス語との際を明確にしないことになるが，今後の論を進める上では何も困ることはないであろう。なぜなら，この終わりの時期を古フランス語と呼ぶか中フランス語と呼ぶかは，本研究の主たる目的とはあまり関わりがないからである。

2．2．語順類型論から見た古フランス語の基本語順の通時的背景

この節では，S，V，Oという3構成要素による，印欧語から古フランス語に至るまでの基本語順の通時的推移を，語順類型論の見地からたどってみることにする。

古フランス語を遡ると，ラテン語を経て印欧語に行き着くが，この印欧語本来の語順の型は，果たしてどのようなものであったのだろうか。また，それがどのような変化を遂げて，古フランス語に至ったのであろうか。この点について，印欧語族における古フランス語の基本語順の位置づけという観点から一瞥しておきたい。印欧語族の基本語順の通時的変化に関しては，松本(1988)が，充実して，コンパクトによくまとまっており，本書の目的にも適っているので参考にさせていただいた。

2．2．1．印欧語の基本語順

松本(1988)によれば，印欧語の古い語順の型を知るためには，ヒッタイト語の証言がとりわけ重要であるとされている。そのヒッタイト語は，およそ紀元前1600から1200年に至るその記録時代の全般を通じて，印欧語としては最も首尾一貫したSOV型の言語である[13]。

「首尾一貫した」というのは，SOVという基本語順と密接に関連している，文中の他の構成要素の配列が，SOV語順の上位タイプであるOV型（従って，S_OV_，O_SV_，_OV_SがOV型のサブタイプ（下線部筆者））という配列型をとるということである。文中の他の構成素の配列とは，例

えば，接置詞(adposition)[14]と名詞の配列，属格，形容詞，関係節といった修飾成分と被修飾名詞の配列などを指す。ＯＶ型言語とは，「支配されるもの(rectum)」が「支配するもの(regens)」に先行する配列（いわゆる「左向き支配」）である。これと対立するのがＶＯ型（<u>ＳＶＯ</u>，<u>ＶＳＯ</u>，<u>ＶＯＳ</u>がＶＯ型のサブタイプ（下線部筆者））言語で，こちらは「支配するもの」が「支配されるもの」に先行する配列（いわゆる「右向き支配」）になっていて，支配(rection)の方向がそれぞれ逆に働いている。そこで，典型的なＯＶ型言語とＶＯ型言語とでは，文中の諸成分の配列がいわゆる「鏡像（mirror image）」的な関係[15]になるわけである。相対立するこの配列型が，ＯＶ型，ＶＯ型と呼ばれる語順のプロトタイプである。もちろん言語によっては，このような支配の方向が単一でなく，2つの配列型が様々な度合いで混合して現れる場合もある。

　従って，首尾一貫したＳＯＶ型の言語であるヒッタイト語では，述語動詞は圧倒的な比率で文末位に現れ，接置詞はすべて後置されて前置詞の用法はまったく見られない。属格や修飾形容詞は被修飾名詞の前に置かれ，また限定的関係詞も前に置かれるのが原則ということである。

　ヒッタイト語に見られるこの語順の型がそのまま印欧祖語の語順の型であると速断することは，もちろん許されないところであるが，松本(1988)では[16]，

　　「しかし，古い時期の印欧語には一貫したＶＯ型の言語が皆無であること，複合語における構成素の配列がほとんどの場合ＯＶ型であること（たとえば漢語の「殺人」「登山」はＶＯ型，日本語の「人殺し」，「山登り」はＯＶ型），形態法がもっぱら接尾辞の付加により，接頭辞を用いないこと，格標示を語末で行なう「格組織」が発達していること等々からみて，<u>祖語の語順のタイプが基本的にはＳＯＶ型であったことは，ほぼ間違いのないところである。</u>」

と結論づけられている。

2．2．2．印欧語から東西のグループへの推移

さて，現代の印欧語について，語順の問題がとりわけ興味深いとされるのは，この語族内部での語順の型が，世界の諸語族でもほとんど例を見ないほど，多種多様な様相を呈しているからである[17]。

現代の印欧語の分布は，各々の言語の地理的な位置と密接に関連している。すなわち，語順の型は，まず東のアジアと西のヨーロッパとで大きく2つに分かれ，アジアの印欧語は，すべてＳＯＶ型，これに対してヨーロッパの印欧語はＳＶＯまたはＶＳＯ型である。

東のグループであるアジアの印欧系の言語は，現在アルメニア語を除いて，すべてインド・イラン語派に属するが，このうち，インドのアーリア諸語とイラン語の東のグループは，大部分，ＳＯＶ型の中でも，首尾一貫したＳＯＶ型である。

次に，西のグループであるヨーロッパの印欧語に目を向けると，その西の片隅，ブリテン諸島に辛うじて生き残るケルト語が孤立したＶＳＯ圏を作るほかは，すべてＳＶＯ型に属する。特に，我々にとって一番関係の深いロマンス語によって代表される南ヨーロッパのグループは，首尾一貫したＳＶＯ型である。

このように，印欧語はその東と西でまったく違った語順の型を現出させた。そこで，この両グループについて統語法を遡ってみると，首尾一貫したＳＯＶ型のインド・アーリア諸語の前身はサンスクリット語であり，首尾一貫したＳＶＯ型のロマンス諸語のそれはラテン語である。どちらも，2千年以上にわたる文献資料を通じて，その変遷の過程を跡づけることができる。語順の特徴に関するかぎり，基本語順がＳＯＶ型である印欧祖語から分かれ出た東西のグループのうち，大きな変化が起こったのは，ＳＶＯ型の基本語順を持つ西のラテン・ロマンス語であって，東のインド・アーリア語ではなかった。

まず，サンスクリット語の方の語順の型は，ヴェーダの散文で確かめられるように，基本的にはＳＯＶ型である。更に，首尾一貫したＳＯＶ型の特徴として，接置詞は大部分が後置され，属格，形容詞，関係節を含めて

名詞の修飾的成分は前に置かれるのが原則である。

　これに対して、ラテン語の場合は、基本語順はSOV型であるが、他の特徴についてはかなり動揺的であり、時代によっても大きな違いが認められるようである。ラテン語以降の詳細については次節に譲りたい。

2．2．3．ラテン語以降の語順変化

　ラテン語の最初の段階においては、基本語順はSOV型であったのであるから、この時期には印欧祖語の基本語順であるSOV型と変わりはないことになる。従って、語順変化が生じたとすれば、それはその後である。

　そこで、ラテン語について、もう少し詳しく語順を調べてみる必要があろう。

　その点について、更に松本(1988)を見てみると、ラテン語の時代区分としては、概略、

　　古期: 紀元前2世紀以前
　　古典期: 紀元前1世紀から紀元後2, 3世紀まで
　　俗ラテン語期: それ以降

が区別される。

　まず、最古期のラテン語の語順の特徴は、サンスクリット語のそれに近いもので、基本語順はかなり厳格なSOV型であったとされている。文中の他の構成要素については、属格や関係節は前に置かれるのが普通であったが、反面、修飾形容詞の位置は、この後の古典期と同じく、名詞の後に置かれる方が通常で、接置詞も名詞起源のもの、例えば、grātiā（属格とともに「～のために、おかげで」）、causā（属格とともに「～のために、理由で」）、fīne(属格とともに「～まで」）などを除いて、前置詞的用法が支配的となっていた。

　古典期のラテン文語は、いわゆる「語順の自由」がかなり顕著であるが、動詞の位置に関しては、文末位がやはり優勢、すなわち、SOV語順であ

る。この点は，Machonis(1990)もZink(1990)も同様の見解を述べている[18]。松本(1988)に示された，主な著作家における文末位をとる動詞の比率を参考までに挙げれば次の通りである。なお，～の前は主文，後は従属文の比率である。

カエサル（『ガリア戦記』）	84%～93%
サルスディウス	75%～87%
カトー	70%～86%
タキトゥス	64%～86%
リヴィウス	63%～79%

一方，属格（G）と被修飾名詞（N）に関しては，この時期にNG配列がGN配列を上回ってはっきりと優勢になるとのことである。例えば，NG配列が，

プラウトゥス（『アウルラリア』紀元前3世紀末）	36%
カエサル（『ガリア戦記』）	58%
タキトゥス（『年代期』）	60%
クインティリアーヌス（『弁舌集』）	64%

という数字になっている。また，接置詞の後置詞的用法も一部の特例を除いて稀となり，関係節も「先行詞」に後続する方が一般的となった。

　俗ラテン語において，上記のようなVO的な配列原理は，一層顕著となり，例えば，紀元後4－5世紀の『アエテリア巡礼記（Peregrinatio Aetheriae）』では，動詞の末尾位置は主文で25%，従属文で37%と激減し，他の配列特徴も後のロマンス語の型に近づいているとされている。

　結論として，松本氏は，

　　「このようにラテン語では古期ラテン語からロマンス語の直接の祖

語というべき俗ラテン語に至る間に，語順のタイプがＳＯＶからＳＶ
　　　Ｏ型へ推移したことがはっきりと確かめられる。」

としている。また，Machonis(1990)も[19]，この見解と同じ方向で，次のように述べている。

　　　「しかしながら，我々は古典ラテン語にはＳＯＶ語順への好みがあ
　　　ったことを指摘しておいた。ラテン語によって好まれたこのＳＯＶ語
　　　順は，近代フランス語ではＳＶＯとなる。聖アウグスティヌス(Saint-
　　　Augustin, 354-430)の著作においても，すでにＳＶＯ語順の方がＳＯ
　　　Ｖ語順よりも頻繁であることに気づく。」〔拙訳〕

　以上，印欧語から古フランス語に至る語順変化の通時的背景を概観してきた。このＳＶＯ型の語順は，やがてヨーロッパの近代諸語に広く見られるようになるわけであるが，それは要するに，ヨーロッパの文化的先進地帯であったロマニア(Romania)[20]で確立されたＳＶＯ型の語順が次第に北・東部へと拡散した結果に他ならないようである。

2．2．4．印欧語から俗ラテン語へ至る語順変化の要因

　2．2．1．以下で概観してきた内容をまとめてみると，印欧祖語の基本語順はＳＯＶ型であったことはほぼ間違いのないことであり，その語順はラテン語にも受け継がれ，最古期のラテン語の基本語順は，サンスクリット語のそれに近いもので，かなり厳格なＳＯＶ型であったとされているが，古期ラテン語から俗ラテン語に至る間に，語順のタイプがＳＯＶからＳＶＯ型へ推移したことがはっきりと確かめられるということであった。

　そこで，この章を締めくくるに当たって，印欧語の語順に関して重要視される印欧語から俗ラテン語に至る過程で起こった大規模な語順変化の理由について，もう一度，松本(1988)[21]の説を解説しつつ見ておきたい。

　これによれば，一般的に語順の変化が他言語からの影響のような外部的

な要因によって起こる場合は,まず文の直接成分であるS,O,Vなど最も自立性の高い要素から始まるのが普通であるとした上で,2.2.3.で見たように,ラテン語のような古い時期の印欧語の場合は,動詞の位置よりも,接置詞,属格,関係節など比較的結びつきの固い成分の方が,先に語順の変化を起こしていると指摘している。すなわち,ラテン語の語順変化には内部的な要因がかなり強く働いていたと見ることができるということである。

そのような要因として具体的には,第1に考えられるのがその形態法,とりわけ動詞の活用形態であるとしている。ラテン語が,他の印欧語と同様に,同じSOV型といっても日本語のような厳格なSOV型言語と大きく異なるのは,動詞(句)がその構造上必ずしも文末に拘束されていないという点であるという。このような述語動詞の自立性の強さが,ラテン語にもいわゆる「語順の自由」という現象を生み出したのであり,必要なときには,動詞が文末を離れて文頭に移動し,また動詞の後に新しい情報を追加することも可能にしたというのである。

この動詞の自立性によって得られた動詞の可動性を,文の情報構造的レベル,すなわちプラーグ学派の「機能的文展望(functional sentence perspective)」[22]という目的のために,最大限に利用したのが,古代ギリシア語であり,そこでは,動詞は旧情報((英)theme)と新情報((英)rheme)をつなぐ境界的役割を担い,中間位置への指向を強めた。それにより,語順を含めた全般的な統語型がSOVから不確定型,そしてSVO型へと推移し,後のラテン語を含めた印欧語の西のグループで起こった大規模な語順変化の先駆けとなったのではないかということである。

2.3. 語順類型論から見た古フランス語の基本語順

語順類型論の上では,上述のような通時的背景から,S,V,Oの3構成要素からなる基本語順は,俗ラテン語までの段階ですでにSVOになっていたことが認められる。従って,その結果として古フランス語の基本語

順もＳＶＯ語順となったわけである。これを裏付けるように，Marchello-Nizia(1995)は[23]，13世紀の散文作品[24]を資料としたデータに基づいて，次のように述べている。

　「しかしながら，文を構成する３つの要素，主語，動詞，目的語がはっきりと現れている場合には，多数派の（majoritaire）[25]語順は，確かにＳＶＯであることを強調しておこう。動詞，名詞ないし代名詞の主語，それに名詞の目的語という３要素を含むのは，平叙文全体（1728例〔筆者補足〕）の49％（845例〔筆者補足〕）で[26]，その74％（622例，すなわち平叙文全体の36％）がＳＶＯn型である。」〔拙訳〕

ここでは，Ｓ，Ｖ，On(Onは名詞目的語(objet nominal)を指す)による基本語順のデータが示されているが，１．６．でもすでに述べたように，フランス語におけるような接語代名詞は特別の配列規則に従うことが多いことから，通常，代名詞を用いた文は基本語順に関しては考慮外にされるので，ＳＶＯとは事実上ＳＶＯnのことであり，その点は何も問題ないことを断っておきたい。

　しかし，本研究においては，先に述べたように，Ｓ，Ｖ，Ｃという３構成要素による語順を扱うが，これらによる古フランス語の語順特徴については，章を改めて４．１．２．で述べることにする。なお，Ｏは，言ってみれば，Ｃの下位範疇ということになるが，本書では，Ｏを指す場合でもこの略号は用いずＣ$_{OD}$を用いるが，これについても，３．１．２．で説明する。

注

第２章
２．１．

2. 1. 1.

1) "Nous avons divisé l'histoire du français en cinq périodes, mais comme vous le laissait entendre la théorie des ondes, ceci n'a rien de scientifique. Cependant, cette division vous sera très utile, et vous donnera des points de repère importants dans l'histoire de la langue française. Les divisions suivantes sont assez standard en linguistique romane:"(Machonis, P. A. (1990), p. 21)

2) ドイツ語で Wellentheorie, フランス語で théorie des ondes, 英語で wave theoryと呼ばれる。August Schleicher((独)1821-1868)の系統樹説((独)Stammbaumtheorie, (仏)théorie de l'arbre généalogique, (英)family-tree theory)に対立する説として, Johannes Schmidt((独)1843-1901)が1872年に唱えた説。言語変化の伝播の仕方を, 静かな水面に小石を投げると, それを中心に波紋が広がり徐々に弱まっていく様子にたとえたもので, 言語の語彙的・文法的変化(改新innovationともいう)は発生地を中心に四方に広がっていくという説。

3) "1) Période du gallo-roman: Ier siècle av. J.-C. jusqu'à la fin du Ve siècle, c'est-à-dire des premières invasions romaines jusqu'aux invasions des Francs. (...)

2) Période du protofrançais: début du VIe siècle jusqu'en 842, c'est-à-dire jusqu'à l'apparition des *Serments de Strasbourg*, le premier texte existant dans une langue qui peut être considérée proche du français. (...)

3) Période de l'ancien français: fin du IXe siècle jusqu'à la fin du XIIIe siècle, c'est-à-dire jusqu'à la disparition de la déclinaison à deux cas, héritée du latin. (...)

4) Période du moyen français: du XIVe siècle jusqu'à la fin du XVIe siècle. Cette période offre un français plus compréhensible du point de vue syntaxique pour le lecteur moderne, mais

le vocabulaire lui présente encore des problèmes. (...)

　　5) Période du français moderne: du XVIIe siècle jusqu'à nos jours. Avec la fondation de l'Académie Française en 1635, le français commence à être une langue non seulement standardisée mais aussi codifiée, une langue qui aura un dictionnaire académique et une grammaire officielle. C'est aussi une période où la langue française attein une certaine renommée dans le monde, elle devient la langue de la diplomatie." (Machonis, P.A. (1990), p.21-22)

4) ガリアで話されていた民衆ラテン語。
5) Cf. 亀井孝他編著(1992), 第3巻, p.792.
6) 訳文は, 川本茂雄・高橋秀雄訳(1977)に依った。
2.1.2.
7) この著書の翻訳書である, 大高順雄訳(1981)『古フランス語入門』の「訳編者あとがき」によれば, 次のようにまとめられる時期区分が示されている。

中世フランス語　　　古フランス語前期（10世紀－11世紀）
français médiéval 　　＝最古フランス語
　　　　　　　　　　très ancien français
　　　　　　　　　　古フランス語盛期（12世紀－13世紀中葉）
　　　　　　　　　　＝「古典」古フランス語
　　　　　　　　　　ancien français《classique》
　　　　　　　　　　古フランス語後期（13世紀中葉－15世紀）
　　　　　　　　　　＝中フランス語
　　　　　　　　　　moyen français

これによれば, 「古典」古フランス語の時期は, およそ1100－1250年となるが, 同じclassique がついても, 時期にずれがあることになる。

8) 訳文は, 伊藤忠夫・高橋秀雄訳(1995)に依った。
9) Machonis, P.A.(1990), p.3-4, 6によれば, これは言語変化を理解す

第 2 章

るために考慮すべき2つの見地の1つで，言語構造の歴史を指し，ある言語の構造，すなわち，音，文法の構成，語の推移を扱う。

10) 注9)の見地と対立するもので，言語使用の歴史を指し，ある言語の誕生，発達，普及に影響を及ぼした政治的・社会的状況を扱う。具体的には，政治史，文化史，制度史などである。

11) 例えば，島岡茂(1982)，p.1 においては，「語史的にみると，古フランス語ancien français は，〔中略〕，文献上その最古のものは9世紀の『ストラスブルクの誓約』と『聖女ウーラリの続誦』である。学者によってはこの二篇は別格として最古フランス語とよび，文献が多くなる11～13世紀の間を古フランス語，それにつづく14～16世紀を中フランス語 moyen français とよんでいるが，本書ではこの両者を一括して古フランス語とよぶことにする。」とされている。

12) 島岡茂(1974)，p.102 にも，「言語の流れは不断に，しかも体系的に移って行くものだから，こうした区分の仕方をあまり杓子定規に守ることには問題がある。」と述べられている。正に的を射た指摘である。

2. 2.
2. 2. 1.

13) 大城光正・吉田和彦(1990)，p.57，においても，「類型論的な立場からみると，ヒッタイト語は基本語順が主語，目的語，動詞の順である厳格なＳＯＶ言語に属する。」と明記されている。

14) 広い意味での名詞の文法関係を表わす形式で，前置詞((仏) préposition) と後置詞((仏)postposition)の総称。

15) 例えば，身近な事例として，配列がきわめて厳格なＳＯＶ型言語である日本語と，同じく厳格なＳＶＯ型言語である英語の対照的な例(cf. 松本克己(1988)，p.91)を比較されたい。

日本語（左向き支配）：
「友達／から／送られた／先生／の／本を／読ま／なかっ／た」
英語（右向き支配）：
(I)did/not/read/the-book/of/the-teacher/sent/from/my-friend.

16) Cf. 松本克己(1988), pp.92-93.

2. 2. 2.

17) 松本克己(1988)において，氏が自らの世界諸言語の語順データに基づいて述べておられることを要約すれば，アルタイ諸語では，首尾一貫したＶＯ型がほとんど100 パーセントを占め，アウストロネシア諸語やバンツー諸語では首尾一貫したＶＯ型が圧倒的多数を占めるのに対し，古代から現代まで含めて100 近く数えられる印欧系の言語では，首尾一貫したＯＶ型は33言語（基本語順はすべてＳＯＶ型），首尾一貫したＶＯ型は，14言語（基本語順はＳＶＯ型）と６言語（基本語順はＶＳＯ型）で，残りは，基本語順および文中の他の構成素配列による様々な形の混合（ないし動揺）型で占められているということである。

2. 2. 3.

18) Machonis, P.A. (1990), p.42によれば，「一般に，ラテン語の統語法（語順）はかなり自由であったと言われる。ラテン語は屈折言語であるので，文法関係は格によって表示され，語順は文の意味を変化させない。例えば，4つの文: *Poeta rosam amat./ Rosam poeta amat./ Rosam amat poeta./ Amat poeta rosam.* はすべて「詩人はバラを愛す」という意味である。それでも，ラテン語が好む語順というものはあり，それは上記の最初の文の語順，すなわち，ＳＯＶの語順である（En général, on dit que la syntaxe(l'ordre des mots) du latin est assez libre. Parce que le latin est une langue à flexion, les rapports grammaticaux sont exprimés par les cas, et l'ordre des mots ne change pas le sens d'une phrase. Par exemple, les quatre phrases: *Poeta rosam amat./Rosam poeta amat./Rosam amat poeta./Amat poeta rosam.* veulent toutes dire "Le poète aime la rose". Il y a tout de même un ordre que le latin préfère, celui de la première phrase ci-dessus -- c'est-à-dire SUJET, OBJET, VERBE(SOV).)」〔拙訳〕と述べられている。また，Zink, G.(1990), p.87にも，「古典ラテン語には，どう見ても動詞に節の末位を振り当てようとする傾向があった: *Scipio*

in Africa Poenos vicit （スキピオはアフリカでカルタゴ人たちを打ち負かした）(La tendance du latin classique portait à réserver au verbe la place finale de la proposition: *Scipio in Africa Poenas vicit*(vainquit les Carthaginois en Afr.).)」〔拙訳〕と記されている。

19) "Nous avons noté, pourtant, une préférence pour l'ordre SOV en latin classique. Cet ordre préféré de latin, SOV, va devenir SVO en français moderne. On note dans les écrits de saint-Augustin (354-430) que l'ordre SVO est déjà plus fréquent que l'ordre SOV." (Machonis, P.A.(1990), p.109)

20) 島岡茂(1976), p.2 によれば、「5世紀のはじめ、オロシウスOrosius が書いた伝道史のなかで、ローマ帝国の全版図をさしてはじめてRomania とよんだ。」と記されている。

2．2．4．

21) Cf. 松本克己(1988), p.93. なお、松本氏は、語順類型論から見た印欧語の基本語順の変化と分布について、松本克己(1975), (1987)で扱っておられるので、詳しくはそちらを参照されたい。

22) 田中春美編(1988), p.234 によれば、「マテジウス(V. Mathesius)に始まるプラーグ学派(Prague School) 独特の言語分析(linguistic analysis)の理論。しばしばＦＳＰと略される。発話(utterance) または文(sentence)の集合を、そこに含まれる情報(information) の配列の仕方や各構成部分が、発話や文の全体の流れに対して伝達機能上、どのような役割を果たすかという視点から、詳細に分析・解明するのが最大の特徴である。」とある。

2．3．

23) "Soulignons cependant que lorsque les trois éléments constitutifs de l'énoncé, sujet, verbe, objet, sont présents, l'ordre majoritaire est bien SVO. Sur les 49% de déclaratives qui comportent les trois éléments verbe, sujet nominal ou pronominal,

et objet nominal, 74% d'entre elles (622, c'est-à-dire 36% du total des déclaratives) sont de la forme SVOn."(Marchello-Nizia, C.(1995), p.82)

24) 13世紀前半に成立したとされる『聖杯の探索(*La Queste del Saint Graal*)』。この資料は，本書においても，資料の1つとして使用している。詳しくは第3章（3．2．2．）を参照のこと。

25) Marchello-Nizia, C.(1995), p.87, 注)98によれば，この用語は「50％に達する，あるいは越える(qui atteint ou dépasse 50% des cas)」頻度を表わすもので，「他の可能性と比べて相対的に最も頻度が高い（従って，全体としてかなり低い頻度の場合もありうる)(le plus fréquent relativement aux autres possibilité (et ce peut être au total une fréquence assez basse)」という意味のdominant「優勢な」とはっきり区分されると述べられている。

26) 従って，平叙文全体の51％は，主語が明示されていない文ということである。

第3章 用語の定義と資料

　この章では，本研究で用いる基本的用語の定義および資料について，説明する。用語の定義についての具体的項目は，文の構成要素S，V，C，機能および位階によるCの下位区分，「文」の定義などである。また，資料については，従来の研究における散文資料と韻文資料の扱いに関する問題点を指摘した上で，本書で扱う散文資料を挙げる。なお，資料については第4章（4．2．2．）でも触れる。

3．1．用語の定義
3．1．1．文の構成要素：S，V，C
　本書では，古フランス語における文の主要構成要素であるS，V，Cからなる語順を問題とするが，もう一度，この3つの要素について確認しておきたい。

　Sとは，「主語(sujet)」を表わす。Sは，名詞の場合と代名詞の場合があり得るが，いずれも考察の対象となる。

　Vとは，「動詞(verbe)」を表わす。本書では，Vが本（〜主）動詞であれ，助動詞(auxiliaire)[1]であれ，準助動詞(semi-auxiliaire)[2]であれ，定形動詞((仏) verbe conjugué(personnel)，（英）finite verb)[3]であるものを指す。

　Cとは，「補語(complément)」を表わす。このCについては，次節以降でその下位区分について詳述する。

3．1．2．機能によるCの下位区分
　Cは，その機能によって，

直接目的補語(complément d'objet direct) 〔以後C_{OD}〕
間接目的補語(complément d'objet indirect) 〔以後C_{OI}〕
状況補語(complément circonstanciel) 〔以後C_C〕

の3つに下位区分することができる。このフランス語の complément は，英語のcomplement「補語」[4]とは指示するものが異なるので，混同しないように注意を要するが，C_{OD}は，英語の direct object「直接目的語」，C_{OI}は，英語の indirect object「間接目的語」に当たる。C_Cは，佐藤他(1991)によれば[5]，

「状況補語は，動詞の表わす動作・状態が実現される時の各種の状況を表わす要素であるから，その形態は多種多様である。副詞・副詞句のほかに，〈前置詞＋名詞〉〈前置詞＋代名詞〉〈前置詞＋不定詞〉によって構成される[6]。さらに，接続詞・接続詞句が導入する従位節や分詞が構成することもある．時には前置詞を伴わない構成（直接構成）も見られる。」

と説明されている。これによれば，C_Cは，機能とは別に，その単位の大きさによっても下位区分され得る，すなわち，語(mot)，句(syntagme)，節(proposition)いずれの場合もあり得るということが分かる。しかし，この3つの区分は，C_Cに限ったことではなく，C_{OD}にもC_{OI}にもあり得ることであるので[7]，この区分については，次節で，詳しく述べることにしたい。また，S，V，C_{OD}（＝O）でなく，S，V，Cの3構成要素による語順を問題とする理由については，第4章（4．2．4．）を参照されたい。

3．1．3．位階によるCの下位区分

3．1．2．において，機能的見地から，CはC_{OD}，C_{OI}，C_Cの3つに下位区分されると述べた。一方，これとは別に，Cが属する位階（(仏)

rang,（英）rank），すなわち，大きさという尺度によって分けられた文法単位の属する階層の違いによってもＣは下位区分され得る。

ここでいう「位階」とは，M. A. K. Halliday[8]などを中心とする体系文法（systematic grammar）[9]の用語としての意味である。田中編(1988)によれば[10]，

> 「文法の諸単位は異なる大きさをもつ形式的項目であるが，その諸単位は大きさという尺度に従って配列される。それぞれの単位は階層（hierarchy）をなす。これら単位間の関係を位階という。
> 　例えば，英語の基本的な単位を大きい順に挙げれば，文(sentence)・節（clause）・群（group）（＝句((英)phrase)〔筆者補足〕）・語（word）・形態素（morpheme）となる。原則として，各単位は一つ下の位階に位置する単位から構成される。英語の場合，文は節により，節は群により，群は語により，語は形態素によって構成される。」

と説明されている。

これにならって，フランス語で位階の単位を大きい方から順に並べてみると，phrase「文」＞ proposition「節」＞ syntagme「句」＞ mot「語」＞ morphème「形態素」ということになろう。このうち，本研究において，Ｃの属する位階の単位として具体的に問題となるのは，単文においては語と句，複文においては，語，句，節ということになるが，その場合Ｃについては，次の3つの下位区分が考えられることになる。

　　語の位階に属する単位であるＣ〔以後Ｃ[MOT]〕
　　句の位階に属する単位であるＣ〔以後Ｃ[SYN]〕
　　節の位階に属する単位であるＣ〔以後Ｃ[PROP]〕

さらに，この位階については，構造的に1つの位階に属する単位が，機能的に別の位階に属する単位と見なしうる場合があるが，これを位階の転

位((英)rankshift)と呼ぶ。田中編(1988)によれば[11]，

> 「ある言語単位(unit)が，位階(rank)の尺度(scale)を下方に移動すること。位階は，単位間の階層的(hierarchical)関係を指すのに用いられるが，普通ある単位 — 例えば節(clause) — は，それより位階が一つ下の単位 — この場合，群(group)つまり句(phrase)のこと — から構成されている。これが通常の関係であるが，時にはこれに反する位階の転位を示すことがある。つまり，ある単位が，それより一つ下または同じ位階の型 — つまり構造(structure) — の一部として働く場合である。例えば，The house where I live is very damp.(私の住んでいる家はとても湿気が多い)という英語の文では，where I liveという節は，the house where I liveという群の中に入りこんで働いている。」

と説明されている。これと同じことは，古フランス語にも見られるが，例えば，C[MOT]あるいはC[SYN]を関係節や同格の名詞節が修飾しているような場合には，

C[MOT]+[PROP]
C[SYN]+[PROP]

のように表わすことにし，C[MOT]やC[SYN]とは別扱いにするものとする。

3．1．4．「副詞」および「接続詞」という用語の使用に関する問題点

本研究においては，限られた場合を除いて，「副詞(adverbe)」と「接続詞(conjonction)」という用語を使用しないことにしたい。それは以下のような理由による。

上記3．1．2．および3．1．3．において説明を行った，機能と位

階を組み合わせたCの下位区分であるC[MOT]：Cc（語のレベルの状況補語），C[SYN]：Cc（句のレベルの状況補語），C[PROP]：Cc（節のレベルの状況補語）は，一般的には「副詞」，「副詞句(syntagme adverbial)」，「副詞節(proposition adverbiale)」と呼ばれるものを指し，むしろ，これらの用語の方がよく用いられている。しかし，従来の研究における用語法を踏まえて言えば，問題を含んでいる。すなわち，「副詞」および「接続詞」という用語には，従来の研究の定義のなかに，文頭にある要素が立った場合に後続語順がVSとなるかSVとなるかということとの関係まで規定してあるものがあるため，不都合が起こってくる。

例えば，Foulet(1980)は[12]，

> 「我々としては，「副詞は倒置を引き起こすが，接続詞は一般に同様のいかなる影響力も持たない」という差が大切である。」〔拙訳〕

と述べている。しかし，まったく同一の要素が文頭に立った際，後続にVSとSVの両方の語順を取る用例がある場合には，その要素をどう呼ぶかについて用語上の矛盾が起こることになる。このような場合，倒置を引き起こせば「副詞的（役割）」であり，引き起こさなければ「接続詞的（役割）」であるとか，あるいは，「副詞的な（役割の）」ものは倒置を引き起こすが，「接続詞的な（役割の）」ものは引き起こさない，というような言い方をすれば，確かにどのような場合でも100％「説明」はできてしまうであろう。実際に，そのような「説明」のし方をしているケースも見られる。例えば，Ménard(1988)は[13]，次のように「説明」している。

> 「接続詞と関係詞は倒置を引き起こさない。従って，*car* は，副詞的意味では，倒置を引き起こす。しかし，*car* が接続詞の役割を担っている時は倒置はない。」〔拙訳〕

しかし，これは，文法上あるいは意味上のどのような違いが本質的にある

のかについては何の説明もない, ad hoc な説明である。このように倒置しているかいないかを見た上で，結果に合わせて「副詞（的）」か「接続詞（的）」かの名を付けることは実に簡単である。しかし，それでは，どうして同一の語彙素(lexème)でありながら，統語上の差異が生じるのかという，本書の第11章で論じるような本質的問題の解決にはならないのである。

そこで，このような従来の研究における用語の定義の脈絡で受け止められるという恐れをなくすため，「副詞」および「接続詞」という用語は使用せず，代わりに「状況補語（句・節）」という用語を使うことに決めたわけである。

3．1．5．「文」の定義

本研究においては，単文(phrase simple) および複文(phrase complexe)をも含む「文(phrase)」をその対象の用例として扱うことになる。複文とは，主節(proposition principale)と従属節(proposition subordonnée)からなるが，古フランス語における複文について，Wartburg(1971)には次のような記述が見られる[14]。

> 「事実，古フランス語は，主節と従属節を伴った長い総合文période[15] をほとんど知らない。従属節は近代フランス語に比べてはるかに少数であり，関係文や仮定文を除けばそれはかなりまれである。古フランス語は短い主節が連続する並列構文 construction paratactique の方を好む。しかしこれをあまり誇張して考えてはならない。これは単に比率の相違であって，古フランス語は決して従属文を排除するわけではない。ただその数が，のちには増加するのに比べて，少ないだけである。」

そこで，この節では，具体的な用例の収集ということも念頭において，「文」というものを本研究ではどのように捉えるのかという点を明らかに

第 3 章

しておきたい。
　まず，田中編(1988)の sentence の項には[16]，

　　　「文法の基本的な単位(unit)の一つ。文は，その多面的な性質のため，包括的定義は困難であるが，大別して，論理主義・心理主義(mentalism)・物理主義(physicalism)の立場，および，それらの折衷という視点から規定されている。」

と述べられている。そして，それぞれの立場からの典型的な定義の例が示されている。

　　　「論理主義的定義の典型は，「一つのまとまった思想・感情を表わす語の集まり」という伝統的な定義にみられる。〔中略〕心理主義の例は，パウル(H. Paul)[17] の「文は，話し手の心の中の表象連合を呼び起こすもの」という規定にみられる。〔中略〕物理主義を代表する例は，ブルームフィールド(L. Bloomfield)[18] の「文は独立した言語形式で，いかなるより大きな言語形式の文法構造にも含まれないもの」や，米国の言語学者ヒル(A. A. Hill)[19] の「一つの高さ接冠辞(pitch superfix)の中で現われる分節要素の連続」などである。」

　しかし，いずれの立場に立ったものも，かなり抽象的であり，本研究において，実際に用例を収集する上で助けとなるもののようには思われない。もう少し具体的で実用的な定義が必要であろう。その点を踏まえた場合，Meillet(1952)による定義は簡潔で明確であり，役に立つもののように思われる[20]。

　　　「文とは相互に文法的関係によって結び合わされたいくつかの分節的要素の集合であり，しかも，それらの分節的要素は文法的にほかのどんな集合にも依存せず，それら自体で充足しているものである」

本書においても，基本的にこの考え方に依拠して「文」というものを捉えたいと考えるが，さらにもう少し踏み込んで，用例の収集に当たってさらに有用な基準となるように説明を加えてみると，次のようになる。

〔定義〕
　「ある分節的要素が，語であれ，句であれ，節であれ，ある文に属するものであるか否かを判定する基準について言えば，その分節的要素が無くなったと仮定した時，その文が文として成立しなくなる場合と成立する場合に分けてみる。そして，前者の場合は，当然その分節的要素はその文に所属することになる。一方，後者の場合，すなわちその要素がなくなってもその文が成立する場合であっても，その要素をその文から切り離してしまうと，その要素自体が意味的に所属するそれ以外の文が見当たらず，孤立してしまうようなら，やはりその分節的要素はその文に属するということになる。すなわち，後者の場合には，他に所属する文が受皿としてある場合のみ，その分節的要素はその文に属さないものとされるということである。」

　本書においては，「文」という場合，この基準に照らして問題となる分節的要素の所属を考えて行きたい。
　本研究におけるように，単文と複文を共通した１つの枠組みによって体系的に捉え，語順変化のメカニズムを考察しようとした試みは，筆者の知るかぎりこれまで見られなかったものである。そこで，単文に比べて複雑な構成をもつ複文も，単文と同じく１つの文という枠組みで捉えて用例を収集し，分析するためには，場合によっては，ある分節的要素が確かにその文の一部をなすものであるという理論的押さえが必要となってくることがあり得る。その際，上述のように定義しておけば，例えば，単文および複文の主節の動詞との間で同一の文法的および意味的関係にある文頭の分節的要素を，後続する語順により，その文に所属させたり，所属させなかったりするような不合理な事態を防ぐことができるであろう。

3.2. 資料
3.2.1. 散文資料と韻文資料

　言語学的に語順を問題とする場合，それに用いられる資料は，当然のことながら散文でなければならないと考えられる。しかし，従来の古フランス語における先行研究では，個別の作者や作品に限られた語順や文体を問題にする場合は別であるが，語順を客観的に論じるべき場合においても，資料として散文と韻文がほとんど区別されずに用いられたり，韻文だけが用いられていることが少なくない。理由の1つとして，古フランス語で扱うことのできる散文資料はその存在に年代的偏りがあるため，扱う時期によっては散文資料が無いという致し方のない事情による一面もなくはないであろうが，韻文は，1行の音節数，脚韻，リズムなどといった作詩上の制約の影響を被っていないとは言えない以上，語順研究においては，やはり両者は資料として厳密に区別して扱い，もちろん存在するという前提であるが，できるだけ散文資料だけを用いるべきであろうし，少なくとも，散文資料の分析を一義的に考えるべきであることは論を待たないであろう。

　Wartburg(1971)は[21]，この点に関連して，次のように述べている。

　　「語形のこの独立性のおかげで，古フランス語は文の構成に極めて大きな自由を保持している。文の3つの主要な要素は，主語(s)と動詞(v)と被制辞(r)[22]である。この3つの要素の間には6つの組み合わせが可能である：〔中略〕

　　詩のテキストには，これらの組み合わせのすべての例が現われる。しかし散文を調べると，古フランス語は，曲用によって提供されるほとんど無制限の自由を決して乱用していないことがわかる。ただ詩人だけが，詩句に柔軟さを与えるためにこれを利用するのである。」

　古フランス語の散文と韻文の間に，この記述にあるような語順使用の相違が認められるのであれば，語順の研究に際しては，散文資料のみを用いたものと韻文資料をそれに交えたり，韻文資料のみを用いたものとを比べれ

ば，同じ内容で同じ方法論を用いた研究であっても，後者の方が精度が落ちるのは自明の理であろう。

3．2．2．本研究で扱う散文資料

本研究で扱う問題の時期には，幸い散文資料が，それも複数存在するので，そのうち下記の資料を使用する。

La Mort le Roi Artu, Roman du XIIIe siècle, éd. J. Frappier, TLF, Genève/Paris: Droz/Minard, 1964. 〔以下, *M.A.*〕

La Queste del Saint Graal, Roman du XIIIe siècle, éd. A. Pauphilet, CFMA, Paris: Honoré Champion, 1980. 〔以下, *Q.G.*〕

La Vie de Saint Eustace, Version en prose français du XIIIe siècle, éd. J. Murray, CFMA, Paris: Honoré Champion, 1929. 〔以下, *S.E.*〕

Merlin de Robert de Boron, Roman du XIIIe siècle, éd. A. Micha, TLF, Genève: Droz, 1979. 〔以下, *Mer.*〕

Villehardouin: *La Conquête de Constantinople*, éd. et trad. E. Faral, CFMA, Paris: Belles Lettres, 1973. 〔以下, *C.C.*〕

なお，II本論，第2部においては，上記使用作品のうち，*M.A.*, *Q.G.*, *S.E.* の3作品から網羅的に収集した用例を使用し，II本論，第3部においては，5作品すべてから網羅的に収集した用例を使用する。

これらの作品の成立年代については，校訂本の解説などから，およそ次のように推定される。

M.A.（『アーサー王の死』）は，同書の解説によれば[23]，成立が1230年代の中頃とされている。また，Marchello-Nizia(1995)によれば[24]，成立年代に少し幅を持たせて，1230～1260年代（dans le second tiers de XIIIe siècle）としている。従って，この作品は，およそ13世紀前半の成立と考えて良かろう。

Q.G.（『聖杯の探索』）は，同書の解説によれば[25]，1220年代の中頃(la date moyenne de 1220)とされている。また，上記*M.A.*の解説においてもこの作品に触れ[26]，1225年頃(des environs de 1225)のものとしている。また，Soutet(1992)も[27]，1225年の成立としている。従って，この作品も13世紀前半の成立ということになろう。

　S.E.（『聖ウスタースの生涯』）は，同書の解説によれば[28]，

> 「それにまた，曲用や活用がずいぶん古い状態に保たれているので，ポール・マイヤーがすでに指摘したように，この作品を13世紀前半よりも後のものとすることはできないであろう。」〔拙訳〕

と述べられている。従って，この作品も13世紀前半の成立と考えられる。

　Mer.（『メルラン』）は，テキストの表題に「13世紀の物語」とされているが，この作品の成立に関する状況として，作者とされるロベール・ド・ボロンが12世紀後半から13世紀初頭の人であり[29]，この作品も*M.A.*，*Q.G.*などを含む散文のいわゆる《聖杯物語群(cycle du Graal)》の1つであることからすれば，この作品を13世紀前半のものとすることに特に矛盾はないものと思われる。

　C.C.（『コンスタンチノープルの征服』）は，Soutet(1992)によれば[30]，1212年の成立とされている。この作品も13世紀前半，それも早い時期のものと考えられる。

注

第3章
3．1．
3．1．1．
1）佐藤房吉他(1991)，p.230 によれば，「動詞の複合形（avoir または

être) ないし受動態 (être) の標識である。「助動詞＋過去分詞」の組み合わせの中で, 助動詞が特定の形を取ることによって, 全体として動詞句の叙法・時制・アスペクト・態が決定する。」と述べられている。

2) 佐藤房吉他(1991), pp.230-231によれば, 「avoir, être 以外のもので, 助動詞的機能を持つものである。これらは一般に「準助動詞＋不定詞」の構成を取る：aller ＋ inf.(～しようとしている), pouvoir ＋ inf.(～できる)。」と述べられている。

3) 田中春美編(1988), p.217 によれば, 「述語動詞として用いられ, 人称・数・時制・法・態などの文法範疇に基づいて特定の形式を取る動詞。定動詞ともいう。一つの動詞が, 種々の文法範疇によってさまざまな形式をとる。このように, ある動詞の諸形式を指すことから, 動詞の定形(finite form)あるいは定動詞形(finite verbal form)ともいう。〔中略〕非定形動詞(non-finite verb) に対する。」と説明されている。

3. 1. 2.

4) フランス語では, 「属詞(attribut)」に当たる。

5) Cf. 佐藤房吉他(1991), pp.438-439.

6) 前置詞を先立てる構成は, C_{oi}と共通するため, C_cとC_{oi}の識別はしばしば微妙な場合があるが, この点については, 佐藤房吉他(1991), pp.440-441 (§10, ①, c.) を参照のこと。

7) 厳密な言い方をすれば, もちろん, CだけでなくSについても, 語, 句, 節いずれの場合もあるわけであるが, 本研究では, Sについて, この区別が問題となることはない。

3. 1. 3.

8) Michael Alexander Kirkwood Halliday(1925- （米）)

9) 田中春美編(1988), p.666 によれば, 「ハリデイは, 英国の言語学者ファース(J. R. Firth) の言語学の流れを汲み, ファースからその基本的な言語観を受け継ぎながらも, 独自の理論を展開している。〔中略〕ハリデイの初期の理論（1960年代前半）は, 特に尺度と範疇の文法(scale-and-category grammar)（あるいは体系＝構造＝理論）と呼ばれる。

その後1960年代後半から,体系(system)の概念を中心的な説明原理としたモデル(model)に発展し(特にこれを指して体系文法ということが多い),初期の理論とは趣を異にしている。尺度と範疇の文法は,その名が示すように,尺度(scale)と範疇(category)を基礎的概念とするモデルである。まず,言語に三つのレベル(level) ― (ⅰ)実質(substance;音声と文字),(ⅱ)形式(form; 文法と語彙(lexis)),(ⅲ)脈絡(context) ― を認める。そして,言語記述のための普遍的な四つの範疇 ― 単位(unit)・構造(structure)・類(class)・体系 ― が立てられる。これらの範疇と三つの抽象の尺度 ― 位階(rank)・具現(exponence)・詳細度(delicacy) ― を相互に関係づけることによって,言語分析がなされるものとする。」と説明されている。

10) Cf. 田中春美編(1988), p.547.
11) Cf. 田中春美編(1988), pp.547-548.

3. 1. 4.

12) "Et dans notre cas la nuance importe: *si l'adverbe entraine inversion, la conjonction n'a en général aucune influence semblable.*"(Foulet, L.(1980), p.309, §451) この他に同様の論法が見られる箇所としては,Foulet, L.(1980), p.311 §454; Moignet, G.(1979), p.358; Ménard, P.(1988), p.52, §36, etc.

13) "Les conjonctions et les relatifs n'entraînent pas l'inversion. Ainsi *car,* au sens adverbial, amène l'inversion; mais lorsque *car* joue le rôle d'une conjonction, il n'y a pas d'inversion." (Ménard, P.(1988), p.53, §36, Remarques: 1/)

3. 1. 5.

14) "En effet, l'ancien français ne connaît guère les longues périodes avec leurs propositions principales et subordonnées. Les propositions subordonnées sont beaucoup moins nombreuses qu'en français moderne. A part les phrases relatives et les phrases hypothétiques, elles sont assez rares. L'ancien français préfère

la construction paratactique, les propositions principales cour-
   tes se suivant. Toutefois, il importe de ne rien exagérer. Il
   ne peut s'agir ici que d'une différence de proportion. L'ancien
   français n'exclut pas du tout les phrases subordonnées; seule-
   ment elles i sont moins nombreuses qu'elles ne le deviendront
   par la suite."(Wartburg, W. von(1971), p.104) 訳文は田島宏他訳
   (1976)に依った。
15) Dubois, J. et al.(1973), p.367によれば、「かなり長い散文の文章
   で、複雑な構文を持ち、その構成要素が、均衡と統一の印象を与えるよ
   う組織されているものに、古典的修辞学は〈総合文〉という名を与えて
   いる。(La rhétorique classique donne le nom de *période* à une
   phrase de prose assez longue et de structure complexe dont les
   constituants sont organisés de manière à donner une impression
   déquilibre et d'unité.)」〔訳文は伊藤晃他訳(1985)に依った〕とあ
   る。
16) Cf. 田中春美編(1988), pp.596-597.
17) Hermann Paul(1846-1921(独))
18) Leonard Bloomfield(1887-1949(米))
19) Archibald Anderson Hill(1902- (米))
20) Cf. Meillet, A.(1952). 訳文は千野栄一(1994), p.261 に依った。因
   みに、千野氏は、Meillet によるこの文の定義について、「彼の定義の
   新しさには驚かざるを得ない。」と述べておられる。
    3. 2.
    3. 2. 1.
21) "Grâce à cette indépendance des formes, l'ancien français
    jouit d'une trés grande liberté dans la construction des phrases.
    Les trois pricipaux éléments d'une phrase sont: sujet(s), verbe
    (v), régime(r). Entre ces trois éléments il y a six combinaisons
    possibles: (...)

第 3 章　　　　　　　　57

　Les textes poétiques nous fournissent des exemples de toutes ces combinaisons. Mais l'étude de la prose montre que le vieux français n'abuse pas de la liberté presque illimitée que lui offre sa déclinaison. Seuls les poètes en profitent pour donner de la souplesse à leurs vers."(Wartburg, W. von(1971), p.103) 訳文は田島宏他訳(1976)に依った。

22) 被制辞（régime）とは，Dubois, J. et al.(1973), p.416によれば，「伝統文法で，文中の他の語に文法的に依存している語とか語連続（名詞または代名詞）をいう。(En grammaire traditionnelle, on donne le nom de *régime* à un mot ou une suite de mots (nom ou pronom) qui dépend grammaticalement d'un autre mot de la phrase.)」〔訳文は伊藤晃他訳(1980)に依った〕とある。ここの脈絡では，動詞の被制辞を指し，本研究におけるC_{OD}とC_{OI}を併せたものと考えればよかろう。

3.2.2.

23) Cf. *M.A.*, p.VIII.
24) Cf. Marchello-Nizia, C.(1995), p.87.
25) Cf. *Q.G.*, p.III.
26) Cf. *M.A.*, p.VIII.
27) Cf. Soutet, O.(1992), p.247.
28) "D'autre part, la déclinaison et la conjugaison y sont conservées à un état assez ancien pour qu'on ne puisse pas placer cette composition plus tard que la première moitié du XIIIe siècle, comme l'a déjà indiqué Paul Meyer."(*S.E.*, p.VI)
29) Cf. ソーニエ, V.-L.(神沢栄三・高田勇共訳)(1977), p.68.
30) Cf. Soutet, O.(1992), p.247.

II 本論

第 1 部

第4章 問題の所在

　本章では，本書で検討する問題の所在を明らかにしておきたい。その際，従来行われていた研究の前提や内容を紹介し，問題点があると思われる場合にはそれを指摘した上で，本研究の特徴としてそれをどのように解消してゆくのかという形を取って説明を行いたい。

4．1．古フランス語における語順の特徴
4．1．1．動詞第2位

　「まえがき」のところでも少し触れたが，古フランス語におけるS，V，Cという3要素による語順の特徴について，Moignet(1979)は，次のように述べている[1]。

　　「S－V－C語順であろうとC－V－S語順であろうと，動詞第2位文(phrase à verbe médian)，すなわち，動詞が2番目の位置を占める文が〔複文の（筆者補足）〕主節と〔単文の（筆者補足）〕独立節では，ずば抜けていちばんよく用いられる（de beaucoup la plus courante）。動詞第2位文は，いかなる特別の表現性も人称変化動詞によって表わされる出来事に求められない場合の，陳述や事実説明や語りの手段である。

　　S－V－C語順は，フランス語史の上では，かなり早く優勢に(prépondérant)なった。文を先行するものに結びつけたり，属詞や目的語や状況補語といった補語要素を明瞭に示す有用性が感じられない場

合，ほとんど規則的である。
　　C－V－S語順も同様によく現れる(aussi très bien représenté)。先行するものに節を結びつける場合には，ほとんど不可欠である。」〔拙訳〕

このような指摘は，古フランス語の語順に関する代表的なものであって，多くの文法書・研究書に見られ[2]，Moignet に限られたものではない。この内容から「動詞第2位文」というものが，古フランス語における統語上の最大の特徴であることが分かる。そして，この点を否定する研究者は見られない。この点を裏付けるかのように，Marchello-Nizia(1995)は[3]，

　　「これまで古フランス語における文の統語法を研究してきた言語学者は，その言語状態を特徴づけるものが，活用動詞の大多数が（文の〔筆者補足〕）第2位に位置することであるという点では，確かに全ての意見が一致している。」〔拙訳〕

と述べている。

4.1.2. S，V，Cによる基本語順

　次に，S，V，Cの3要素による基本語順については，S，V，C_{OD}によるものと異なり語順類型論の立場から見た場合，それがどれほどの重要性を持つものかは別として，一応SVC語順をそれと考えて差し支えないものと思われる。従来の古フランス語の文法書・研究書のなかには，SVC語順とCVS語順の頻度についての記述が比較的漠然とした表現でなされており，あまりはっきりとは述べられていない記述もあるとはいえ，上記のMoignet にしても，語順の型を挙げる順序から見て，全体的頻度としては，SVCが優勢であるとしているように解釈はできる。そして，「動詞第2位文」を古フランス語の特徴として言及している研究者たちは，このMoignetと同様に，SVC語順とCVS語順のどちらがより優勢である

とか基本語順であるとかは断わることなく，ＳＶＣ語順を最初に挙げている者が多い。

　もちろん，Einhorn(1974)のように[4]，

　　「下記の語順の型は，生起の頻度の順に挙げてある。」

と断わった上で，

　　「主語－動詞－補語：この型は，散文と韻文両方において一般的である。主節ならびに従属節，特に接続詞で始まる従属節で見られる。
　　〔中略〕
　　補語－動詞－主語－（さらに別の補語）：この型は，古フランス語として特徴的であり，注目すべきである。この主語と動詞の倒置は，散文よりも韻文においてより一般的であり，主として主節において見られる。」〔拙訳〕

と述べて，ＳＶＣ語順の頻度が最も高いことをはっきりと明記している研究者もいる。
　また，春木(1981)も[5]，次のように明言している。

　　「古フランス語における統語的に基本となる語順はＳ－Ｖ－（Ｃ）であったと言ってよいであろう。」

　一方，ＳＶＣ語順とＣＶＳ語順の生起する統語環境を問題にしている研究者も数名いる。例えば，Bonnard & Régnier(1989)は[6]，論拠となった用例の取捨条件や数量に問題があり，またＣやＳが明示されていない場合も含まれている点は問題があるように思われるが，

　　「ＳＶ（Ｃ）語順は，従属節において優勢であり，ＣＶ（Ｓ）語順

は自立節，すなわち独立節（＝単文〔筆者補足〕）あるいは（複文の〔筆者補足〕）主節において優勢である。」〔拙訳〕

と述べている。また，Revol(2000) も[7]，

「補語（C）とは直接または間接被制辞か，副詞か，あるいは状況補語かであるが，独立節あるいは主節において，最もよく用いられる要素連続は {C＋V＋S} である。〔中略〕
　従属節において，最もよく用いられる要素連続は {S＋V＋C} である。」〔拙訳〕

と，数値は示していないが，明確に述べている。さらに，言い回しは多少微妙ながら，Chaurand(1999)も[8]，

「断定文では，（現代フランス語で〔筆者補足〕）我々にとって馴染み深い語順（SVC）が，特に従属節において，よく現れている。しかし，もう1つの語順（＝CVS〔筆者補足〕）の方が数の上では勝っている。この語順は，補語あるいは連結副詞で始まるものである。」〔拙訳〕

と説明している。1．6．で指摘したように，語順類型論における，主節と従属節で全く語順が異なる言語の基本語順を指定する際の問題点のようなことも考えられなくはない。しかし，この場合はそれとは少し事情も異なるところがある。すなわち，ドイツ語の場合は主節であるか従属節であるかによって絶対的な区別があるが，古フランス語の場合は相対的な頻度の区別しかない。従って，この2つの統語環境における語順の頻度しかも相対的な頻度の違いだけを盾にとって，無標である主節における頻度が高いCVSを基本語順と考えるのは，俗ラテン語や現代フランス語という古フランス語の前後に位置する時期の基本語順の状況に照らしてみて無理が

あるように思われる。しかも，2．3．で述べたように，S，V，C$_{OD}$による基本語順はSVC$_{OD}$であって，S，V，Cによる基本語順がCVSというのは矛盾してもいる。また，統語環境別に語順の違いについて指摘している上述の研究者も含めて，そのようなことを主張している者は誰もいない。従って，この節の最初に述べたように，やはり，基本語順はSVCと捉えておくのが妥当であろうと思われる。

4．1．3．CSV語順

　SVC語順およびCVS語順という動詞第2位文が，統語上の最大の特徴とされる古フランス語であるが，実際に13世紀前半のテキストを見てみると，Cが文頭に来る場合でもCSVという語順が散見される。もちろんここでいうCとは，C[MOT]，C[SYN]だけでなく，C[PROP]を含めたCを指している。このCSV語順は，SVC語順と共に現代フランス語に受け継がれた新しい語順である[9]。

　Wartburg(1971)は[10]，古フランス語における屈折の消失に伴う「構文の自由の喪失」という統語上の変化に関して次のように述べている。少し長いが引用してみたい。

　　「12世紀には事実，文は極めて頻繁に直接被制辞（＝C$_{OD}$〔筆者補足〕）で始まった。ところが，2つの格の区別がなくなったために，当然フランス語は構文の自由も失わねばならなくなり，14世紀以後には文中の位置が主語と直接被制辞を区別する唯一の方法となる。こうして被制辞－動詞－主語の構文は甚大な打撃をこうむることになった。『ロランの歌』（11世紀末から12世紀初め頃の韻文〔筆者補足〕）では，この構文はまだ文全体の42％を占めているが，この比率はジョアンヴィル（13世紀末）になると11％に落ちる。したがって主語と被制辞を区別するのは，もはや屈折ではなく，統辞法上の方法である。しかし，主語と被制辞を区別するこの新しい方法がどうしても必要となるのは，ただ混乱が生ずる恐れのある場合だけである。〔中略〕15世

紀の散文の著作には，《Un autre parlement assembla ce duc.》「この公爵はまた別の評定を開いた」といった文がたくさん現われる。この語順が，統一の名のもとに，文の理解には何の危険もない場合でも禁じられるようになるのは，17世紀に入ってからにすぎない。──しかしこのように語順を固定する必要は，動詞に対して再び重大な結果を及ぼすことになった。<u>12世紀には，一般に，動詞は文の第２の位置を占めていた。つまり　動詞は文を支配していたのである。ところがいまや動詞はこの位置を主語に譲ることになる。12世紀には《＊Maintenant s'agenoillent li six message.》「今６人の使者はひざまずく」と言ったであろうが，しかしジョアンヴィルは《Maintenant li six message s'agenoillent.》と書いている。こうして動詞は古いフランス語の古典期に占めていた支配的な位置を少しずつ失っていく。</u>」

この記述には，文頭のＣについていくつか問題にすべき点があるが，筆者が注目したいのは，下線部の記述である。もちろん，Ｃとは言ってもこの箇所ではＣ［MOT］の位階のＣｃのことを指していることを忘れてはならないが，13世紀末から14世紀初めあたりを境として，ＣＳＶ語順がＣＶＳ語順に取って代わる動きがあったという指摘である。ところが，実際には，それより以前の13世紀前半のものとされる資料において，すでにＣＳＶ語順の文が現れているわけである。例えば，この記述の中で引用されているmaintenantについても，*M.A.* には次のような例が現れている。

（１）*M.A.*［93/27］et *meintenant* <u>messire Gauvains</u> <u>se part</u> de court et ...
　　「すぐにゴーヴァン殿は宮廷を去った」

従って，次章以降でもっと詳しく調べる必要はあるが，Wartburgの指摘とこの事実を考え合わせるならば，少なくともＣ［MOT］の位階のＣｃにつ

いては，CVSからCSVへの語順変化が13世紀前半には，すでに始まっていて，その後13世紀末以降にCSV語順が一般的になって行った可能性があると考える1つの証拠にはなろう。また，この記述の前半で指摘されているC$_{OD}$については，この場合の引用例のC$_{OD}$はC[SYN]の位階のものであるが，かなり時期が下るまでCVS語順が用いられていたようである。従って，Cの位階による下位区分にも注意しつつ，このC$_{OD}$とC$_{C}$の違いが13世紀前半の語順変化にどのように絡んでくるのかも明らかにする必要があろう。

4．1．4．まとめ

これまでに概観してきた古フランス語から現代フランス語への平叙文における語順の変化について了解している範囲のことを図示してみると，およそ次のようになろう。

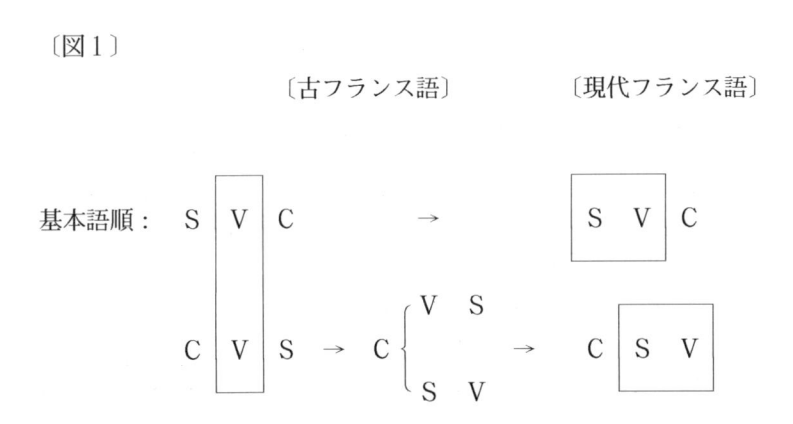

〔図1〕

〔古フランス語〕　　　〔現代フランス語〕

基本語順： S [V] C　　→　　[S V C]

C [V] S → C { V S / S V } → C S [V]

具体的な時期や各構成要素の下位区分など細かい点については図示していないが，この図はつぎのように説明される。古フランス語におけるS，V，Cによる基本語順はSVCであり，Cが文頭に立てばCVS語順を取る。この語順の特徴を動詞第2位と呼び，それを示すためSVCとCVSの両方のVが四角で括られている。

動詞第2位の2つの語順のうち，SVC語順は，そのまま現代フランス語においても，基本語順として受け継がれるが，CVS語順の方は，現時点ではC[MOT]のC$_c$についてしか言えないが，13世紀前半頃にはすでにCSV語順との間でゆれを起こすものがあり，Wartburg(1971)によれば，13世紀末から14世紀初め頃には，CSV語順が一般的となり，最終的にそれが現代語にまでつながってCSV語順が原則となって行ったと考えられる可能性があるということである。ただし，C$_{OD}$については，かなり時代が下るまで，CVS語順を保持していたようではある。

そして，現代フランス語については，Vidos(1965)が指摘しているように[11]，動詞活用語尾の実質的磨滅に代わって接頭辞的機能を有するようになった人称代名詞のSのはたらきをもその中に担うことになったSVというつながりが，いわば定置化された語順への動きの結果とも見ることができるということで，SVCとCSVの両語順のSVが，四角で囲まれているわけである。

また，文頭にCという構成要素が立った場合のみを問題にするなら，CVS語順からCSV語順への変化に還元できるとも言えよう。本書では，特にこの見地から重点的に研究を行なうことになる。

4．2．従来の研究の問題点と本研究の特徴

古フランス語の語順を扱った先行研究はかなりの数にのぼる。しかし，筆者が明らかにしようとしている問題の観点に沿った論考はなく，内容を部分的にでも参考にできるものもわずかである。また，筆者が利用し得るような充分なデータを備えた研究は，残念ながら皆無である。研究の目的が異なれば，用例収集の条件や枠組みが異なり，それによって収集した用例の内容も異なるのは当然である。そこで，筆者独自の研究目的を果たすためには，資料体も独自に作成する必要が出てくる。

また，資料体の内容が異なれば，当然そこから導き出された結果も異なってくるわけであるが，従来の語順研究における問題点を踏まえ，改良す

第 4 章

べき点は改良した上で分析を行うことができれば,それは逆にその研究の大きな特徴の1つとなる。従って,ここでは,本研究におけるその特徴を明らかにしてみたい。

4.2.1. 本研究に関わる先行研究とその問題点について

この節では,本研究の内容に関わると思われる先行研究とその問題点を指摘し,それに対する本書の立場を明確にしておきたい。

4.2.1.1.「接触原理」について

まず取り上げるのは,古フランス語における語順体系を特徴づける動詞第2位の語順を説明しようとする「接触原理((独) Kontaktprinzip, (仏) principe de contact)」についてである。この理論は,Richter(1903)[12]において,この用語を使わずにすでに展開されているが,この用語を用いて,最初にこれを主張した研究者はLerch(1925-1934)[13]である。さらにその弟子であるHaarhoff(1936)[14]やSiepmann(1937)[15]もこの説を踏襲している。

この説は,もともとラテン語から古フランス語への語順変化の中での動詞第2位の形成過程において,動詞第2位の語順のうちCVS語順の場合,Cが文頭に立つとなぜ後続語順がVSとなるのかを説明しようとするものである。この説によれば,VとCは1つの「意味的まとまり」を形成し,両者の間には非常に緊密な「意味関係((独) Sinnzusammenhang)」があり,それで文頭に置かれたCによってVが「引きつけ」られるとされている。

この説に異議を唱える研究者もいる。Herman(1954)[16]は,この説明を不十分とし,もしVとCとの間にある「意味関係」がVをCに引きつける機能をCに与え得るのなら,いかなる理由でこの牽引力はVの前に置かれたCによってしか発揮されないのかが分からないと反論する。例えば,(C)VSC語順と(C)VCS語順を比べると前者の出現比率が後者よりも圧倒的に高く,SがVとCの間にしばしば割って入ってくる,すなわち,Vの後に置かれたCは非常に容易にVから遠ざけられる。従って,ど

んな「意味関係」があるにせよ，Vの後のCはVを引きつけていないことは明らかであると主張している。Marchello-Nizia(1995)[17]もこの箇所を引いて Herman の反論を支持している。

この議論については，下記に挙げるいくつかの問題点があるが，何より議論の内容があまり緻密でないように見える。両者の主張する論点が少しすれ違っていて議論が嚙み合っていないのではないかという印象すら感じられる。

①まず，「接触原理」の主張が，かなり漠然としているように思われる。Richter(1903)によれば，この理論は，もともと時期的にはラテン語から古フランス語への語順変化の中での動詞第2位の形成過程を問題にしていると考えられるが[18]，それにしても，ラテン語のＳＣＶ語順から動詞第2位の語順への通時的変化全体を視野に入れているのか，それとも，動詞第2位の語順体系だけを問題にしているのか，また，後者の場合，動詞第2位のうちＣＶＳ語順だけを説明しようとしているのか，あるいは，もう一方のＳＶＣ語順との関係も視野に入っているのかということがはっきりしていない。

一方，Hermanの反論の方も，不備の感が否めない。すなわち，（Ｃ）ＶＳＣ語順において，Ｓが容易にＶとＣの間に割って入ることを理由に，後置されたＣはＶを引きつけていないとしているが，そもそも散文資料における平叙文の場合，そのようなＶＳＣという後続語順を取り得るためには，文頭には何らかのＣが立つ必要があるはずであり，そのＣが（　）に入っているのはどういうことかを含めて，その文頭のＣが問題にされていない。さらに，この場合，その文頭のＣと後続のＶＳＣのＶとの「意味関係」と後続のＶＳＣのＣとＶとの「意味関係」の間の差異が重要になってくると考えられるのに，その点については一切触れられていない。この点は，もとの「接触原理」の方にもそのような視点がないので，そこまでの議論の必要性が感じられなかったのかもしれない。しかし，文頭のＣとそれ以外のＣを比べるのなら，そこまで踏み込んで説明しなければ説明したことになるまい。なぜなら，文頭のＣの方がＶの後のＣよりＶとの「意味関係」

第 4 章

が強い場合もあるかもしれないからである。しかも,本書では論じないが,筆者の見るところ,文頭のCとVとの間にも,別のCが割って入る,言い換えれば,Cが「単独の要素」でない例は多く存在している。しかも,Sでさえ少しずつ文頭のCとVとの間に入ってくるようになるのである。

　本研究では,Cが「単独の要素」として文頭に立っているということを大前提として,そのCの位階および機能に基づく下位区分,すなわちCの範列関係((仏)rapport paradigmatique, (英)paradigmatic relation)[19]のある種の違い,と後続語順の関係を問題としており,文頭のC以外のCについては問題としていない。この点はこの「接触原理」の議論とは一線を画している。なお,この「単独の要素」という条件については,第5章(5.2.1.)で詳しく述べることにする。

　ついでながら,動詞第2位という現象の根幹である,そもそもなぜ文頭にSが来たり,Cが来たりするのかという問題は,もはやS,V,Cという構成要素だけによる議論でなく,これとは異なる,テーマ((独)Thema, (仏)thème, (英)Theme)[20]／レーマ((独)Rhema, (仏)rhème, (英)rheme)[21],情報の新／旧あるいは話題((仏)topique, (英)topic)[22]／評言((仏)remarque, (英)comment)[23]といったレベルの議論が関係する可能性があり[24],S,V,Cのみによるレベルと一緒にすべきではないと筆者は考えるので,本研究では触れず,別の機会に譲りたい。

　②次に,文頭のCを問題にするといっても例えば,C_C のみを対象とするのか,C_{OD} や C_{OI},あるいは属詞までも含めるのかについて,Lerch, Haarhoff, Hermanの間でずれが見られる[25]。このように分析の枠組みにずれがあると,上述の4.1.3.で問題となったような,文頭の C_{OD} と C_C の違いによる後続語順への影響についてのような議論は実際にうまく噛み合わず,そもそも同じ土俵での議論はできないであろう。

　③さらに,よく注意しなければならないのは,この「接触原理」に関わる議論は動詞第2位という語順体系の形成までの問題であって,筆者が本研究で問題にしようとしている動詞第2位の体系から出発してどのような変化が起こり,現代フランス語に至ったのかという問題とは根本的に時期

を異にするということである。

　以上見てきたように，この「接触原理」の議論には，筆者が分析の枠組みとして考えている位階や機能の組み合わせに基づくＣの下位区分のような細かな観点は，どちらの側でもまったく考慮されていない。

　しかも，「接触原理」の主張では，ＶとＣの間の「意味的まとまり」とか「意味関係」というものを同質的な１つのものと考え，それに基づく単純な一元論によって説明を行なおうとしているが，それだけでは説明は無理であろう。例えば，ＶとＣの「意味関係」の強さには，統合関係（(仏) rapport syntagmatique, (英) syntagmatic relation)[26] においても，範列関係においても，個々のＣによって差があることは充分に考えられ得る。そのことを考慮に入れずに済むほど，現象は単純ではないはずである。

　一方，その点について言及している研究者として挙げられるのは，筆者の知るかぎり，W. Zwanenburg のみである。氏は，13世紀と14世紀を境としてＣＳＶ語順が特徴的になる条件として「文頭のＣとＶとの間のつながりの緊密さのいくつかの段階」を考慮すべきとしているが，それ以上は具体的に何も述べていない。しかし，いずれにせよ，このことは，筆者が提示しようとしている考え方と基本的に同じ方向性を持つものであるので，第10章（10．2．2．）でもう一度改めて触れる。

4．2．1．2．二格体系の消失と語順の固定化との関係について

　次に，もう１つ取り上げておくべきなのは，古フランス語における２つの格を有する曲用の消失と語順の固定化の問題である。4．1．3．において引用したWartburg(1971)の中で「二格体系がなくなったために，当然フランス語は構文の自由も失われねばならなくなり，14世紀以降には文中の位置が主語と直接被制辞を区別する唯一の方法となる。」という指摘があるが，これは，二格体系の消失と語順固定化の間の因果関係に関して従来からあった指摘のうちの典型的なものの１つである。同じくWartburgによれば[27]，

第 4 章

「曲用は13世紀にはすでに動揺していたように思われる。そして14世紀の初めには，口頭言語ではもはやそれは存在しなかったと言ってよい。」

とされている。しかし，比較的新しい研究においては，この両現象の因果関係については，異論が多い。

Schøsler(1984)は[28]，データを統計処理した研究において，

「二格による曲用の消失は語順の変化とは無関係である。」〔拙訳〕

という結論に至っている。また，Zwanenburg(1974)も[29]，同様に次のように結論づけている。

「フランス語史において，（1300年頃の）名詞の屈折の消失と,（その始まりが1300年頃に現われた）いわゆる語順の固定との間に直接的関係はない。」〔拙訳〕

さらに，Zwanenburg(1978)は[30]この結果を受けて，1300年を境にしての語順の根本的相違は，その後では文頭のＣの後続語順が倒置せずＳＶとなることであるとし，この語順の出現は語順の固定化への一歩ではあるが，出現当時は結果的に語順の多様化になったとしている。従って，このことから，しばしば提案される屈折の消失と語順の固定化の間の因果関係についての２つの逆の仮説，すなわち，（i）屈折の消失がより固定した語順を必要とした，（ii）より固定した語順出現が屈折の消失を許した，という２つのうちの一方を主張することはできないと思われると述べている。

一方，春木(1981)[31]は，データの調査結果から，実際は，格は語順に比べ統語的機能が小さく，その担う情報量が小さかったといえるとして，語順の固定化が格の崩壊に先立っていたことは確かであるという立場で，次のように述べている。

「古フランス語においても，S－Vという語順が次第に文法化し始めたことにより，格体系の持つ情報の余剰性が大きくなり，その結果，不安定な名詞体系は現代フランス語にみられる安定した体系へと移行し，表層における形態上の格の区別はなくなったと考えることができる。」

以上のようにいくつかの意見が見られるが，現時点では，筆者はこのうちのいずれかを正しいとか，支持すると言い得るほどの材料は持ち合わせていない。今言い得るのは，もし，「二格体系の消失が語順の変化とは無関係である」とか，「語順の固定化が格の崩壊に先立っていた」という場合，本研究における古フランス語の語順変化を引き起こした原因という点で，統語面の要因の重要性が増すことになるであろうということである。そこで，今のところは，Burling(1992)[32]の次のような説明を引用して，判断を留保しておくことしかできない。

「動詞の人称語尾は，もはや主語を指示する頼りにはならず，主語代名詞が義務的になった。名詞の格標示は失われたが，語順は固定し，定冠詞と不定冠詞の両方が発展した。我々はこれらすべての変化に対してただ1つの生起の原因を見出すことはできないが，それらは相互に密接な関係があると考えるのが確かに穏当である。」〔拙訳〕

従って，本書の中では，もうこれ以上この問題については触れず，また別の機会に譲ることにしたい。

4．2．2．資料について

本研究において，その内容を部分的にでも参考にできる先行研究がわずかである理由の1つには，3．2．1．でも指摘したように，資料上の問題点を含んでいるものが少なくないという点がある。ここで，その逐一を

挙げることはできないし，またそのつもりもないが，およそ散文資料と韻文資料の混在した，あるいは別々であっても，それらのデータを比較して導いた結果は，その内容以前に大きな問題を抱えていると言わざるを得ない。厳密に言えば，散文資料のみを扱うにしても，資料上の問題がないわけではないが，散文資料と韻文資料の区別は，語順の問題を言語学的客観性をもって同じ土俵の上で論議するためには，最低限不可欠なことと思われる。そこで，本研究では，散文資料のみを対象として論を進める。

4．2．3．対象となる文について
4．2．3．1．Cが文頭に立つ文

本研究では，まず語順変化の端緒をつかむことが何より大切なのであるが，4．1．4．で述べた方針から，文頭にCという構成要素が立った場合のCVS語順からCSV語順への変化に着目して，これを端緒として古フランス語における語順変化の問題を考えようとしているわけである。そのためには，文頭のCの個々の具体的項目の把握が必要となるが，従来の文法書・研究書には，その点の記述が不備である。そこで，本書では，文頭に「単独の要素」として立つCについてのできるだけ細かく詳しい個々の項目の用例を得る目的から，限られた範囲の資料ではあっても，文頭のCについての網羅的な記述を行う。

4．2．3．2．対象となる文の種類

さらに，本研究では，統一的な同じ1つの枠組みで単文も複文も「文」という1つの単位と捉えて，体系的に語順を考えるという立場を取る。従来の研究では，SとVの倒置を起こしたり起こさなかったりするCについて，個別的，部分的にその事例を数例挙げるだけに留まっており，本書のように体系的に捉えるという視点はこれまで見られなかったものである。

従って，単文においては，位階の単位で言えばC［MOT］あるいはC［SYN］が単独の要素として文頭に立つ文が対象である。

複文の場合は，その主節のみを問題にすればよいものと，複文全体を扱

うものがあることになる。前者は，従属節が主節に後続している複文で，主節中のC[MOT]ないしC[SYN]が文頭に立っている文である。この場合は，必然的に主節の語順のみを扱うだけでよく，後続する従属節の語順までは問題にする必要はないことになる。また，後者は，従属節である節そのものがC（具体的には，C[PROP]）として複文文頭に立っている文である。

4．2．3．3．S，V，Cが明示されている文

また，本研究では，S，V，Cが揃って明示されている文を収集の対象とする。古フランス語では，CVS語順のSの省略，すなわちCVだけの文が頻繁に起こる。そして，従来この点については，Sが代名詞であれば，SとVが倒置されたあと，Vの後ろで省略されると説明がなされてきている[33]。しかし，テキストを見ると，倒置されても省略されていない代名詞のSが散見される[34]。

また，第5章（5．1．）で詳しくは述べるが，本稿において着目している現象として，文頭のCの中に全く同一のCでありながら後続語順にVS語順とSV語順の間で「ゆれ」(oscillation)が見られるものがある。例えば，4．1．2．で示したCSV語順の例，

(1) *M.A.*[93/27] et *meintenant* messire Gauvains se part de court et ...
「すぐにゴーヴァン殿は宮廷を去った」

に対して，*M.A.*には，次のようなCVS語順の例も見られる。

(2) *M.A.*[16/63] *Meintenant* se part Lancelos de leanz entre lui et son compaignon et deus escuiers qui li chevaliers avoit amenez avec lui.
「ランスローは彼の連れとその騎士が伴に連れてきていた2人の楯持

ちと共にそこから去った」

このmeintenantのようなCの場合，顕在化していないSの位置について，もともと後続の語順がゆれているのに従来のような「Sが代名詞であれば，SとVが倒置されたあと，Vの後ろで省略される」という説明ができないことは明らかであろう。そもそも，現実に現れていないものの位置を観念的に措定してしまうということは非常に危険である[35]。

村上(1977)は[36]，本書で扱う問題とは異なるが，古フランス語における従属節内の語順の問題に関して，次のように述べている。

「例えば，その他の接続詞(quant, se, etc.)に導かれる従属文においては，S. が明示されている時のみその語順が論ぜられるであろう。(S. が省略されている場合，── これは古仏語には非常に多い ── それがどの位置に省略されているかは永久にわからない問題であり，この種の例文は統計上省かざるを得ないであろう。)」

蓋し卓見である。

そして，そういう危険を冒し，文頭に立つC全体と比べた場合のこの種のCの種類の数や出現の頻度だけを問題視することによって，この「ゆれ」の現象の重要性を見過ごすことの方が，語順変化の端緒をつかみ損ねることにつながると筆者は考える。そこで，目に見えないものの位置を措定するというような非生産的で煩雑な労力は省いて，S，V，Cの顕在化した文のみを対象としたい。それにより，扱う用例の数は減ることになるが，その分実証性において確度の高い，説得力のある論が展開できるものと考えている。

4．2．4．分析内容について

本研究において，S，V，C_{OD}（＝O）でなく，S，V，Cの3要素による語順を分析しようとするのには理由がある。

最近でこそ，語順類型論の影響を受けて，S，V，C_{OD}の3要素による語順が問題にされ，その枠組みでの記述が行われ始めてきているが，従来の古フランス語の文法書や研究書においては，S，V，Cの3要素によって語順の記述が行われている方が，はるかに一般的であった。このことは，文法書・研究書の記述をいくつか見てみれば，すぐに分かることである。以下に示したのは，初版（右肩の[1]で示す）の発行年の早いものから順番にその事例を，2つのグループに分けて並べたものである。すなわち，

①S，V，Cの3要素によって語順を扱ったもの：
Foulet(1919[1])，Guiraud(1963[1])，Moignet(1973[1])，Einhorn(1974[1])，Wagner(1974[1])，Raynaud de Lage(1975[1])，Kibler(1984[1])，Zink(1987[1])，Bonnard & Régnier(1989[1])，Joly(1998[1])，Chaurand(1999[1])，Revol(2000[1])

②S，V，C_{OD}の3要素によって語順を扱ったもの：
Ménard(1976[1])，Machonis(1990[1])，Marchello-Nizia(1995[1])，Buridant(2000[1])

しかし，これら2つのグループは，語順変化を扱うに当たっては，いずれにしても大事な視点を欠いているという点で問題があるように思われる。

①のS，V，Cの3要素によって語順を扱ってきた従来のグループについては，Cという幅広い中身を持つ構成要素を対象としながら，その属する位階に基づいて下位区分される単位（C[MOT]かC[SYN]かC[PROP]か）ならびに機能に基づいて下位区分される単位（C_{OD}かC_{OI}かC_Cか）による語順のさらなる分析が行われていないという点で問題がある。

また，②のS，V，C_{OD}の3要素によって語順を扱っている比較的新しいグループについては，C_{OD}だけを問題としているため，それ以外のC_{OI}やC_Cとの関係で語順がどのような影響を受けるのかについての分析が行われておらず，またこちらの場合も①のグループと同じく位階に基づく下位区分についての分析も行われていないという点でやはり問題があるということである。

筆者は，①のグループと同様にS，V，Cの3要素による語順を扱うわ

けであるが，従来の研究の場合と異なり，上述のような3．1．2．と3．1．3．で規定したＣの中身のより細かい下位区分に着目し，第5章（5．1．）で述べる一定の分析の枠組みに沿って，従来よりさらに精緻な分析を行おうと考えている。

4．3．問題の所在についてのまとめ

　さて，ここまで本書で扱う問題の所在を，従来の研究の問題点と本研究の特徴という形を取って説明してきた。動詞第2位の語順のうち，ＳＶＣ語順はそのまま現代フランス語へと受け継がれて行ったと考えられる。一方，ＣＶＳ語順の方は，位階および機能によるＣの下位区分から見た場合，そのすべての区分についてＣＳＶ語順へ移行したわけではないことが分かる。そして，Ｃが文頭に立った場合，後続語順がＶＳを取るもの，ＶＳとＳＶの間でゆれているもの，ＳＶ語順を取るものという3つのグループが存在する。そこで，問題の核心となるのは，実際にこの後第10章でそれを検討する順序は別として，Ｃが文頭に立った場合の後続語順の3つのグループの違いはなぜ生まれたのか，ＣＶＳ語順からＣＳＶ語順への移行は，Ｃの下位区分のうち，一体どの範囲の区分において起こったのか。また，どのようなメカニズムで，すなわち，どのような要因によって，どの区分から，どのような過程をたどって起こったと考えられるのかということにある。

注

Ⅱ本論
第1部
第4章
　4．1．

4. 1. 1.
1) "La phrase à verbe median, c'est-à-dire celle où il occupe la seconde place — qu'il s'agisse de l'ordre Sujet-Verbe-Complément ou de l'ordre Complément-Verbe-Sujet —, est de beaucoup la plus courante dans les pricipales et les indépendantes. Elle est l'instrument de l'énonciation complète, de l'exposé des faite, du récit, quand aucune expressivité particulière ne s'applique à l'événement signifié par le verbe personnel.

L'ordre Sujet-Verbe-Complément devient assez vite prépondérant, dans l'histoire du français. Il est quasiment de règle quand l'utilité ne se fait pas particulièrement sentir de lier la phrase à ce qui précède ou à mettre en relief un élément complément: attribut, objet, complément circonstanciel.

L'ordre Complément-Verbe-Sujet est aussi très bien représenté. Il sImpose presque quand il s'agit de lier la proposition à ce qui précède."(Moignet, G.(1979), p.357)

2) Cf. Joly, G.(1998), pp.215-216; Kibler, W.(1984). pp.3-4; Wartburg, W.von(1971), p.103; Zink, G.(1990), p.87, etc.
3) Cf. Marchello-Nisia, C.(1995), p.62.

4. 1. 2.
4) "The patterns below are listed in order of frequency of occurrence. (...)

Subject-verb-complement

This pattern is common in both prose and poetry. It is found in main clauses: (...) and in subordinate clauses, especially those beginning with a conjunction: (...)

Complement-verb-subject-(further complement)

This pattern is characteristic for OFr and should be noted. This inversion of subject and verb, common in prose but more so in poetry, is found chiefly in the main clause." (Einhorn, E. (1974), p.128)

5) Cf. 春木仁孝(1981), p.3.

6) "(...), l'ordre SV(C) domine dans les propositions subordonnées (...) et l'ordre CV(S) dans les propositions autonomes, c'est-à-dire indépendantes ou principales(...)," (Bonnard, H. & Régnier, C.(1989), p.184)

7) *"En proposition indépendante ou principale*
La séquence la plus courante est {C+V+S}, étant entendu que le complément(C) peut être un régime direct ou indirect, un adverbe ou un complément circonstanciel. (...)

En proposition subordonnée
Pour ces propositions, la séquence la plus courante est {C+V+S}."(Revol, T.(2000), pp.196-197)

8) "Dans la phrase assertive, l'ordre devenu pour nous habituel (SVC) est bien représenté, surtout dans les subordonnées, mais un autre ordre l'emporte par le nombre: il consiste à commencer par un complément ou un adverbe de liaison."(Chaurand, J.(1999), p.51)

4．1．3．

9) 現代フランス語においても，文頭のＣの中には後続語順がＶＳとなるものがあることは周知の事実であるが，このＳとＶの倒置は義務的ではなく，任意であり，ＳとＶとの長さの対比も関係しているようである。中には必ずＶＳ語順を取るものもありはするが，ここで述べているのは，現代語の平叙文では，Ｃが文頭に立っても原則はＣＳＶ語順であるということである。Cf. 佐藤房吉他(1991), p.377.

10) "Au 12e s., en effet, on commençait très souvent la phrase par le régime direct. Or, en renonçant à la distinction des deux cas, le français devait forcément renoncer aussi à la liberté de la

construction, et à partir du 14ᵉ s. la place dans la phrase était le seul moyen de distinguer le sujet du régime direct. Aussi la construction régime-verbe-sujet subit-elle une déchéance très grande. Dans la Chanson de Roland elle comprend encore 42% de l'ensemble des phrases; cette proportion tombe à 11% quand nous arrivons à Joinville (fin du 13ᵉ s.). On ne distingue donc plus le sujet du régime par des moyens flexionnels, mais par des moyens syntactiques. Toutefois cette nouvelle façon de dinstinguer le sujet et le régime ne s'impose que là où une confusion est possible. (...) Les écrits en prose du 15 ᵉ s. fourmillent de phrases du genre de *un autre parlement assembla ce duc*. Il n'appartiendra qu'au 17ᵉ s. d'interdire, au nom de l'uniformité, cet ordre des mots même là où il ne comporte aucun danger pour la compréhension de la phrase. - Mais cette nécessité de fier l'ordre des mots a de nouveau de graves conséquences pour le verbe. Au 12ᵉ s. le verbe occupait d'habitude la 2ᵉ place dans la phrase; il la dominait. Maintenant, il lui arrive de céder cette place au sujet. Au 12ᵉ s. on aurait dit **maintenant s'agenoillent li six message*. Mais Joinville écrit *maintenant li six message s'agenoillent*. Ainsi le verbe perd peu à peu la place dominante qu'il avait eue à l'époque classique du vieux français."(Wartburg, W. von(1971), pp. 129-130) 訳文は田島宏他(1971)に依った。

4. 1. 4.
11) Cf. Vidos, B. E. (1965), p. 396.
4. 2.
4. 2. 1.
4. 2. 1. 1.
12) Cf. Richter, E. (1903), p. 134 sq.

13) Cf. Lerch, E.(1925-1934), Ⅲ, pp.377, 436 sq.
14) Cf. Haarhoff, A.(1936), pp.3, 5.
15) Cf. Siepmann, E.(1937), p.7.
16) Cf. Herman, J.(1954), pp.358-359. そして, Hermanは, この反論の後, 「我々の意見としては, Vを「引きつけている」のはCではない。Vを文頭の要素に直接後続するように要求するのは, その文の構造そのものである。(A notre sens, ce n'est donc pas le complément qui 《attire》le verbe, mais c'est la structure même de la proposition qui exige que le verbe suive immédiatement le premier terme.)」〔拙訳〕と述べている。
17) Cf. Marchello-Nizia, C.(1995), pp.63-64.
18) Richter, E.(1903)の論文題目は「ラテン語からロマンス語への語順変化(Zur Entwicklung der romanischen Wortstellung aus der lateinischen)」である。
19) 田中春美編(1988), p.460 によれば, 「2つ (以上) の要素が分立的あるい排他的・選択的である関係。」と説明されている。連合関係, 系列関係ともいう。
20) 田中春美編(1988), pp.680-681によれば, 「ドイツの言語学で, 機能的文展望(Functional Sentence Perspective)において情報の起点となるもの。既知の情報を含む文の成分。」(Thema)あるいは「話し手が何かについて話す時の, その何かのこと。」(theme)と説明されている。主題ともいう。
21) 田中春美編(1988), pp.573によれば, 「プラーグやドイツの言語学で機能的文展望における情報の核となるもの。聞き手にとって未知の情報・新しい情報を含む文の成分。陳述の核をなす。」(Rhema)あるいは「話し手が主題について述べていることで, 主題に対する。」(rheme)と説明されている。解題, 説述, 評言ともいう。
22) 田中春美編(1988), pp.686-687によれば, 「談話(discourse)において, 何かついて話す時の, その何かのこと。」と説明されている。

23) 田中春美編(1988), pp.99-100 によれば、「談話(discourse)において、人または物などの話題について述べられていること。話題に対する。文を主題と説述に分ける時の、説述に相当するといえる。」と説明されている。
24) Cf. Marchello-Nizia, C.(1995), pp.65; Buridant, C.(1987); Vennemann, T.(1974).
25) Cf. Haarhoff, A.(1936), pp.3, 5; Herman, J.(1954), p.355.
26) 田中春美編(1988), pp.663-664によれば、「2つ（以上）の要素が連結的あるいは並列的に置かれて、より大きな単位を作る関係。」と説明されている。

4.2.1.2.

27) "La déclinaison paraît déjà ébranlée au 13e s., et l'on peut dire qu'à partir du commencement du 14e s. elle n'existe plus dans la langue parlée."(Wartburg, W. von(1971), pp.129) 訳文は田島宏他(1971)に依った。
28) "Les études et les statistiques citées nous mènent ainsi à deux conclusions:
　1. (...)
　2. la disparition de la déclinaison bicasuelle est indépendante du développement de l'ordre des mots."(Schøsler, L.(1984), p.161)
29) Cf. Zwanenburg, W.(1978), p.153: "Dans Zwanenburg 1974 nous avons essayé de montrer qu'il n'y a pas, dans l'histoire du français, un rapport direct entre la perte de la flexion nominale (aux environs de 1300) d'une part et la prétendue fixation de l'ordre des mots(dont le début se manifeste vers 1300) d'autre part."
30) Cf. Zwanenburg, W.(1978), p.154.
31) Cf. 春木仁孝(1981),

32) "Person suffixes on the verb no longer reliably indicate the subject, and subject pronouns have become obligatory. Case marking of nouns has been lost, but word order has become more rigid, and both definite and indefinite articles have developed. While we can find no single initiating cause for all these changes, it is certainly plausible to see them as interrelated."(Burling, R. (1992), p.312)

4. 2. 2.
4. 2. 3.
4. 2. 3. 1.
4. 2. 3. 2.
4. 2. 3. 3.

33) Cf. Moignet, G.(1979), p.357; Menard, P.(1988), p.52-53, etc.

34) Ménard, P.(1976), p.52. が、「主語が人称代名詞の時は省かれる。(Lorsque le sujet est un pronom personnel, il est omis.)」〔拙訳〕としていたのを、Ménard, P.(1988), p.52の改訂増補版では「主語が人称代名詞の時はしばしば省かれる。(... , il est souvent omis.)」〔拙訳〕と訂正しているのは興味深い。

35) Ménard(1988), p.53, §36, Remarques: 2/ によれば、「主節に先行する従属節が、〔中略〕主節の主語の倒置あるいは省略を引き起こし得る: Quant Guielin vit adoubé son oncle, Cort en la chambre(Prise d'Orenge, 960).「ギエランは、自分の伯父が騎士に叙任されたのを見ると、部屋に駆け込んだ」(『オランジュの占領』,960行)(人称代名詞の省略)(Dans une phrase, une proposition suboedonnée qui précede la principale peut entraîner l'inversion ou l'omission du sujet de la principale (...): Quant Guielin vit adoubé son oncle, Cort en la chambre(Prise d'Orange, 960). 《Lorsque Guielin vit que son oncle était armé, il courut à la chambre》(omission du pronom personnel).」〔拙訳〕と述べられているが、この例の主節の「主語」

が「動詞cortのあとで省略されている」というのは，大変に疑わしいと筆者は考えている。資料が韻文作品であり，この作品の成立が12世紀半ば頃であることは考慮に値するかもしれないが，少なくとも13世紀の散文においては，quant の節に後続する語順が，Ｓが名詞であれ代名詞であれ，実際に出現する場合には筆者の知るかぎりＳＶしか見られないことからしても，この場合，「主語」は，「動詞の前でも」十分に省略され得るからである。

36) Cf. 村上勝也(1977)，p.58.

4．2．4．

4．3．

第5章 方法論

　この章では，本研究における方法論について述べる。具体的には，用例分析の枠組み，用例収集の取捨条件，用例に関する注意事項について説明したい。

5．1．用例分析の枠組み
　前章の4．2．3．1．で述べたように，本書で問題とするのは，Cが単独の要素として文頭に立っている文である。また，同じく4．2．3．2．で述べたように，対象となる文の種類は，平叙文の単文と複文である。そこで，収集した用例を分析する枠組みを，Cに後続するSとVの語順がどうか，すなわちCVSとなるかCSVとなるかを含めて，あり得る用例のタイプを示せば次の通りである。
　なお，[PROP]だけで示されているものは，ここでは，複文において主節に後続する従属節を示す。

〈単文〉　　　　　　　　　〈複文〉
〔1〕 C[MOT]－V－S　　　〔5〕 C[MOT]－V－S－[PROP]
〔2〕 C[MOT]－S－V　　　〔6〕 C[MOT]－S－V－[PROP]
〔3〕 C[SYN]－V－S　　　〔7〕 C[SYN]－V－S－[PROP]
〔4〕 C[SYN]－S－V　　　〔8〕 C[SYN]－S－V－[PROP]
　　　　　　　　　　　　〔9〕 C[PROP]－V－S
　　　　　　　　　　　　〔10〕 C[PROP]－S－V

　しかし，〔5〕～〔8〕については，本稿の目的からすると，同じく前章4．2．3．2．でも述べた通り，後続する従属節の語順までは問題に

することはないのであるから，単文と複文の違いはあっても，扱いとしては〔1〕～〔4〕に準じて扱って差し支えないことになる。そこで，単文と複文の区別についてはここで取り払い，ここまでの用例のタイプの可能性を示すと次のように整理できよう。

$$C[MOT]-V-S \qquad C[MOT]-S-V$$
$$C[SYN]-V-S \qquad C[SYN]-S-V$$
$$C[PROP]-V-S \qquad C[PROP]-S-V$$

また，これらのCはそれぞれ機能に基づく下位区分であるC_{OD}，C_{OI}，C_Cに分けることができるので，それを含めてさらに整理して示すなら，用例のタイプの可能性は，〔表2〕のようになる。

〔表2〕

文頭		$-V-S$	$-S-V$
C[MOT]	C_{OD}	$C_{OD}-V-S$	$C_{OD}-S-V$
	C_{OI}	$C_{OI}-V-S$	$C_{OI}-S-V$
	C_C	C_C-V-S	C_C-S-V
C[SYN]	C_{OD}	$C_{OD}-V-S$	$C_{OD}-S-V$
	C_{OI}	$C_{OI}-V-S$	$C_{OI}-S-V$
	C_C	C_C-V-S	C_C-S-V
C[PROP]	C_{OD}	$C_{OD}-V-S$	$C_{OD}-S-V$
	C_{OI}	$C_{OI}-V-S$	$C_{OI}-S-V$
	C_C	C_C-V-S	C_C-S-V

第 5 章

ただし,その用例のタイプが実際に存在するかどうかは,資料を調べてみなければ分からないのは言うまでもない。すなわち,あり得る可能性としては用例のタイプとして表の中に挙げられているが,実際にはそのタイプの用例が見当たらない場合もあり得るということである。

しかし,参考のために具体例をいくつか示してみることにする。次の例を見られたい。

（3）M.A.[57/11] Lors commence la damoisele trop durement a plorer;
「そこでその娘はとても激しく泣き始めました」

（4）M.A.[56/2] Au soir dist Lancelos a la dame de leanz que ...
「その晩ランスローはその奥方に言いました」

（5）M.A.[204/1] A l'endemain se parti li rois Boorz de la Joieuse Garde.
「翌日ボオール王はジョワユーズガルドの城を去った」

（6）M.A.[161/1] Au matin s'armerent cil de Logres;
「朝になるとローグルの者たちは武具を身につけた」

（7）M.A.[41/83] Quant la nuiz fu venue, messire Gauvains s'en vint a l'ostel le roi de Norgales;
「夜になるとゴーヴァン殿はノールガルの王の館へやって来た」

（8）M.A.[180/16] et si tost com li jorz aparut, li rois Artus se leva et ...
「夜が明けるや否やアーサー王は起床した」

例えば，(3)について言えば，文頭のCは，語の位階の状況補語，すなわちC[MOT]のC_cであり，後続の語順がVSであるので，〔表2〕で言えば，C[MOT]:C_c－V－Sのタイプの例ということになる。また，(4)(5)，(6)は，句の位階の状況補語，すなわちC[SYN]のC_cであり，後続の語順がVSであるから，C[SYN]:C_c－V－Sのタイプの例である。さらに，(7)，(8)は，節の位階の状況補語，すなわちC[PROP]のC_cであり，後続の語順はSVであるので，C[PROP]:C_c－S－Vのタイプの例になる。

一方，語であれ，句であれ，節であれ，文頭に立つCの側から見た場合，全く同一のC（ただし，当然のことながら節については，Cとなる従属節を構成する従位接続詞（句）の部分[1]のみが全く同一で，従属節内のそれ

〔表3〕

文頭		－V－S	－V－S～S－V	－S－V
C[MOT]	C_{oD}	C_{oD}－V－S	C_{oD}－V－S～S－V	C_{oD}－S－V
	C_{oI}	C_{oI}－V－S	C_{oI}－V－S～S－V	C_{oI}－S－V
	C_c	C_c－V－S	C_c－V－S～S－V	C_c－S－V
C[SYN]	C_{oD}	C_{oD}－V－S	C_{oD}－V－S～S－V	C_{oD}－S－V
	C_{oI}	C_{oI}－V－S	C_{oI}－V－S～S－V	C_{oI}－S－V
	C_c	C_c－V－S	C_c－V－S～S－V	C_c－S－V
C[PROP]	C_{oD}	C_{oD}－V－S	C_{oD}－V－S～S－V	C_{oD}－S－V
	C_{oI}	C_{oI}－V－S	C_{oI}－V－S～S－V	C_{oI}－S－V
	C_c	C_c－V－S	C_c－V－S～S－V	C_c－S－V

第 5 章　　　　　　　　　　91

い）に対して，ＶＳ／ＳＶ両方の後続語順が用例に現れる，すなわち，後続の語順にゆれが見られるＣが存在する。この場合〔表２〕の枠組みでは，同一のＣがＣＶＳ語順の欄とＣＳＶ語順の欄に分かれて現れることになり，語順のゆれについては見落とされてしまう恐れがある。そこで，語順がゆれているＣについて，その異なり項目の種類や用例数を明示するためには，〔表３〕のような提示の枠組みも必要となろう。

　例えば，4.2.3.3.で引用した（１），（２）における文頭の*meintenant*がその事例である。また，上述の（８）で*si tost com*の従属節の用例を引用したので，それに合わせて述べるなら，（８）は，このＣ[PROP]のＣcが文頭に立った場合後続がＳＶ語順を取る，Ｃ[PROP]：C_c－Ｓ－Ｖのタイプの用例であった。しかし，実は*M.A.*の用例の範囲内ではこのタイプとしてしか現れないものの，*Q.G.*では，（９）のような例が見られる。

（９）*Q.G.*[268/13] *Si tost com ceste parole fu dite s'en ala fors
　　　li rois Pellés et …*
　　　「この言葉が発せられるや否やペレス王は立ち去った」

この場合は，後続の語順がＶＳなので，上述の〔表２〕の区分では用例のタイプはＣ[PROP]：C_c－Ｖ－Ｓということになる。しかし，（８）のタイプと別々に示されたのでは，同じ*si tost com*の従属節が文頭に立った場合に語順にゆれが見られることを確認できない。そこで，〔表３〕の区分を使えば，Ｃ[PROP]：C_c－Ｖ－Ｓ～Ｓ－Ｖ：si tost com [PROP]のように示して，後続語順がゆれているＣにはどのような項目が有るのか，あるいはさらにＶＳ語順とＳＶ語順とが何例ずつ見られるのかなどを明示することができるわけである。そして，このようなゆれを示す事例は，*meintenant*のように，*M.A.*という同一の作品の中に見られることもあるし，*si tost com*の従属節のように，*M.A.*という作品の中ではゆれを示さず，*Q.G.*という作品の中ではゆれを示しているということもある。さらに，ゆれを

示すCVS語順の用例とCSV語順の用例が2つの作品に混じることなく分かれていて、2つの作品の用例を比べてみないとゆれを示していることが分からないこともあるということを指摘しておきたい。いずれの場合でも、〔表3〕の枠組みによって示してやるのが、ゆれを確認するためには有効である。

5.2. 用例収集の基本的取捨条件
5.2.1. 「単独の要素」

　ここで、まず第1に挙げておかなければならない用例の条件としては、文頭のCについては、語にせよ、句にせよ、節にせよ、それが「単独の要素」として文頭に立っている用例のみが収集する対象となるということである。

　この点を厳密に考える最大の理由は、もちろんこれが本研究の根幹に関わる重要な点であり、この点をはっきりさせておかなければ、文頭のCが後続の語順に影響を及ぼしているといっても、具体的に文頭のどの要素が影響を及ぼしているのか特定できないからである。そこで、「単独の要素」をいかにして判定するかを先に示したあとで、具体的な例を挙げて説明してみたい。

　文頭に立つ要素について、それが「単独の要素」であるか否かの判定は次のようなルールに基づいて考えることにする。

　〔ルール①〕文頭に立つある要素が、さらにそれぞれ別々に文頭に立ち得る資格を持った2つ以上の単位に分析できなければ、それは単独の要素である。

　〔ルール②〕文頭に立つある要素が、さらにそれぞれ別々に文頭に立ち得る資格を持った2つ以上の単位に分析できれば、その元の要素は単独の要素ではないことになる。

　〔ルール③〕文頭に立つある要素が、さらに2つの単位に分析できるように思われても、その一方しか単独で文頭に立ち得なければ、その

第 5 章   93

元の要素は単独の要素と見なす。

　〔ルール④〕文頭に立つある要素が，さらに3つ以上の単位に分析できて，そのうち少なくとも2つ以上の単位がそれぞれ別々に文頭に立ち得る資格を持っていれば，その元の要素は単独の要素ではないことになる。

　以上のようなルールによって，文頭に立つ要素が「単独の要素」であるかどうかを判定して，用例の取捨を行うことにしたい。

　具体例を挙げてみよう。例えば，まず前節で示した（3）〜（9）は，ここで再び引用はしないが，いずれも単独の要素としてのCが文頭に立っていると判定できる例である。それは，〔ルール①〕にあるように，（3）から（9）までのイタリック体で示した文頭の要素は，さらにそれぞれ別々に文頭に立ち得る資格を持った2つ以上の単位に分析できないからである。

　ところが，次の例を見られたい。

(10) M.A.[89/1] *Au soir, quant il fu tens de couchier,* Lancelos se parti de leanz a grant compaignie de chevaliers;
「その晩，床につく時間になると，ランスローは大勢の騎士たちと共にそこを去った」

(11) M.A.[89/14] *A l'endemain, quant li jorz parut,* dist messire Gauvains a Lancelot: ...
「翌日，夜が明けると，ゴーヴァン殿はランスローに言った」

(12) M.A.[165/1] *Au matin, si tost comme il fu ajorné,* mut l'ost.
「その朝，夜が明けるや否や，軍勢は移動した」

(13) M.A.[173/17] *Au matin, si tost comme il fu ajorné,* li rois Artus qui se voit encombré de toutes choses prist cent

chevaliers et ...

「その朝，夜が明けるや否や，なすべき様々なことが山積していることが分かっているアーサー王は100人の騎士を選んだ」

　(10)～(13)の例におけるイタリック体で示した文頭の要素は，上述の(4)～(8)で確認できるように，さらにそれぞれ別々に文頭に立ち得る資格を持った2つ以上の単位（C[SYN]とC[PROP]）に分析できる。しかも，(10)と(11), (12)と(13)を対比してみれば明らかなように，文頭の要素が後続の語順に影響を及ぼしているといっても，いったい文頭のどの要素が影響を及ぼしているのか特定できない。

　なぜなら，(10)と(11)の *au soir* と *a l'endemain* は，上記(4),(5)に見られるように，単独で文頭に立てば，いずれも後続にＶＳ語順を取るC[SYN]であり，*quant* の節は，上記(7)に見られるように，単独では後続が必ずＳＶ語順を取るC[PROP]であるという同じ条件と見られる要素が文頭にありながら，後続が(10)はＳＶ語順，(11)はＶＳ語順となっているからである。

　また，(12)と(13)では，*au matin* は上記(6)にあるように，単独だと後続にＶＳ語順を取るC[SYN]であり，*si tost comme* の節は，上記の(8),(9)で確認できるように，M.A.の用例の範囲では後続がＳＶ語順を取るC[PROP]であるが，Q.G.の用例まで範囲を拡大すれば，単独でＳＶ語順もＶＳ語順も取りうる，語順がゆれているC[PROP]である。そこで，後続が(12)でＶＳ語順となり，(13)でＳＶ語順となっている理由を，*si tost comme* の節単独における後続語順のゆれに帰することもできなくはないかもしれないが，確証はなく，しかも，(10), (11)のような後続語順にゆれのない *quant* の節の場合にも，(12), (13)と同様の問題が依然としてあり，いったい文頭のどの要素が影響を及ぼしているのかが特定できないことに変わりはない。そこで，〔ルール②〕にあるように，この(10)～(13)の場合，文頭に立つ要素は単独の要素ではないとして，収集する用例から除外することにする。

第 5 章

〔ルール③〕については，次の例を見られたい。

(14) M.A.[13/1] Celui jor　demora　Lancelos leanz et ...
「その日ランスローはそこに留まった」

(15) M.A.[57/1] Celui jor meïsmes　vint a Lancelot la damoisele qui ...
「ちょうどその日その娘はランスローのところへやって来た」

(16) M.A.[194/1] Au matin que li jorz aparut et li soleuz fu levez et li oisel ont commencié leur chant, Girflet fu si dolenz et corrouciez comme nus plus;
「その朝，夜が明け，日が昇り，小鳥がさえずり始めても，ジルフレは誰よりも悲嘆に暮れ，絶望していた」

　(14)の文頭のCelui jorは，さらにそれぞれ別々に文頭に立ち得る資格を持った2つ以上の単位に分析できないC[SYN]である。これに対して(15)のCelui jor meïsmesは，(14)から判断して，さらにCelui jorとmeïsmesの2つの単位に分析できるように思われるが，meïsmesの方はこれだけが単独で文頭に立つことは意味的にも考えにくく，筆者の知るかぎり，これまでのところ実際に用例も見られない。そこで，このような場合には，〔ルール③〕にしたがって，このCelui jor meïsmesという要素は単独の要素と見なす。
　また，(16)の場合も，que以下の節は，au matinとの関係において上述のmeïsmesの場合と同じく単独で文頭に立つことはないと考えられるので，このような節を伴ったC[SYN]も単独の要素として扱う。ただし，この場合を含め，関係節や同格節など何らかの節による位階の転位[2]を伴うC[SYN]は，収集する用例には含めるが，用例の枠組みとしてはC[SYN]+[PROP]：$C_c - V - S$のように考え，C[SYN]とは別のグループとして扱

うものとする。
　〔ルール④〕については，特に説明すべきことはないが，該当する事例を挙げておきたい。

(17) M.A.[15/14] ; pres de ci, hors del grant chemin, a senestre, est li ostex a une moie antein, ...
「この近く大きな通りから外れた左側に私の伯母の館があります」

(18) M.A.[9/1] Au soir, quant il fu anuitié, si tost comme il furent communalment couchié par la cité de Kamaalot, si vint Lancelos a son escuier et ...
「その晩，日が暮れて，カマローの町中の者が寝静まってしまうや否や，ランスローは自分の楯持ちのところへやって来た」

(19) M.A.[93/4] et au matin a eure de prime, quant li baron furent assemblé el palés, si dist li rois;[3)]
「その朝，一時課に諸侯が広間に集まると王は言った」

(20) M.A.[115/44] A l'endemain, si tost com il fu jours, avant que li solaus fust levés, tantost com il se furent vestu et chauxié, il corurent as armes;
「翌日，夜が明け，日が昇る前に，彼らは上も下も身繕いすると急いで武具を取った」

5．2．2．その他の取捨条件

　第2に，Sについては，それを表示し得るものが，on(en, len), nus以外の不定代名詞や数詞など (autre, tout, chascun; andui, etc.)のみの場合は，用例から除外する。なぜなら，これらの不定代名詞や数詞などは，単独の場合，必ずしもSの位置を示しているとは言えず，名詞や代名詞の

第　5　章　　　　　　　　　　　　　97

Sから離れて現れることもあるからである。次の例を見られたい。

(21) M.A.[184/43] car il sont andui navré a mort. 〔波線部筆者〕
　　 「というのも彼らは2人とも致命傷を負っていたからである」

(22) M.A.[185/27] Einsi furent tuit torné en fuie li home le roi
　　 Artu; 〔波線部筆者〕
　　 「かくしてアーサー王の部下たちは皆やむを得ず逃げた」

(21)のSはil, (22)のSはli home であるが，anduiやtuitはSの位置から離れているのが分かる。ただし，不定代名詞，数詞に冠詞などが共起している場合はこの限りではない。
　第3に，属詞(attribut)が文頭に立つ用例は，本研究においては除外する。
　第4に，定式文における一部あるいは定式文全体が文頭のCとなっている文は，用例から除外する。例えば，bien veingniez vos. や bien soiez vos venu. の bien とか，si m'aïst Dex −S−Vの si m'aïst Dexなどは文頭のC[MOT]とかC[PROP]には含めない。
　なお，この他にも微妙な問題を伴う用例はあるが，それは問題がある場合にのみその都度対処することにして，ここでは基本的な取捨条件ついてだけ述べておく。

5．3．用例に関する注意事項

　これまでに指摘した点のほかに，用例に関しての少し細かい点として，次のような注意事項を挙げておきたい。
　ⅰ）個々の用例において，文頭のCの前後に現れることがあるが，その文の主要な構成要素には含まれず，語順にも影響も及ぼさない要素のグループがいくつかある。これらの要素は当然用例の中に含まれて出てくるため，文頭のCが一見文頭に現れていないように見える場合があるが，それ

らの要素は外して考えればよい。また，これらの要素のグループは，すべての例で必ずそうなっているというわけではないが，出現順序が左方から概ね相対的に定まっているので，一応それに従って示してみる。

①文と文の境界となるグループ：

　　et, ne, mais(mes), ou, car(quar, que), etc.

　　　　これらのうちetについては注意を要する。すなわち，ある状況下でetそのものの直後の後続語順がＶＳ語順となる場合が見受けられるのである。もちろんet－Ｓ－Ｖとなる方が圧倒的に多いことは言うまでもない。しかし，このet－Ｖ－Ｓとなるetの用法だけは，14世紀の散文作品であるJean Froissart: *Chroniques*『年代記』においても，統計的に数量を確認したわけではないが，ＣＳＶ語順が増加しＣＶＳ語順が減少する中で，逆に用例数が増加している様子さえ認められる。この問題は現時点では結論を出せそうにはないので，別の機会に考察するものとし，本書では一応別扱いにしておきたい。

②感嘆，返事などのグループ：

　　ha, hé, oïl, etc.

③固有人名，親族名，敬称など対称詞の呼格的用法[4]のグループ：

　　Lancelos, messire Gauvain, rois Artus; biaus cousins, biaus frere, biaus niés; sire, beau seigneur, dame, damoisele; biax amis, fortune, traïtres, etc.

④地の文から会話文に移る際の話し手を示す挿入節のグループ： fet il, fet Lancelos, fet li rois, etc.

　ⅱ）動詞の前に置かれる補語人称代名詞弱形，再帰代名詞弱形，否定辞，中性代名詞は，動詞に付く接語(clitique)として動詞の一部に含まれるので，語順に関わる構成要素ではない。

　ⅲ）文頭のＣ以外の補語要素などがＳとＶ，あるいはＶとＳの間に入り込んでいる用例があるが，この場合も本稿の本来の目的に照らし，文頭のＣのみとＳ，Ｖの関係を問題とする。

5．4．付録の資料体について

　用例は，本書の本文中で引用するだけでなく，収集した全用例を「付録：資料体」として本文末に付すことにする。

　Ⅱ本論，第2部では，*M.A.*，*Q.G.*，*S.E.*の3作品から網羅的に収集した用例を使用するが，その全用例を，作品ごとにこの第5章のなかで説明してきた分析の枠組みや様々な条件や注意事項を踏まえ，上述の5．1．の〔表2〕に基づいた順序，すなわち，

$$
\begin{array}{l}
\text{C[MOT]}:\text{C}_{oD}-\text{V}-\text{S} \;\Rightarrow\; \text{C[MOT]}:\text{C}_{oD}-\text{S}-\text{V} \;\Rightarrow\; \\
\text{C[MOT]}:\text{C}_{oI}-\text{V}-\text{S} \;\Rightarrow\; \text{C[MOT]}:\text{C}_{oI}-\text{S}-\text{V} \;\Rightarrow\; \\
\text{C[MOT]}:\text{C}_{c}\;-\text{V}-\text{S} \;\Rightarrow\; \text{C[MOT]}:\text{C}_{c}\;-\text{S}-\text{V} \;\Rightarrow\; \\
\text{C[SYN]}:\text{C}_{oD}-\text{V}-\text{S} \;\Rightarrow\; \cdots
\end{array}
$$

という順序で示す。また，視覚的に区別をしやすいようにするため，☆印をC[MOT]，C[SYN]，C[PROP]の前に，○印をCVS語順の下位タイプの前に，●印をCSV語順の下位タイプの前に付けた。

　なお，3．1．3．および5．2．1．で指摘した，何らかの節を伴うC[SYN]+[PROP]：C_c-V-Sのような用例があれば，C[SYN]：C_c-V-Sのように[PROP]のないタイプの直後に入れることにする。

　用例の配列は，用例のタイプごとに文頭のCのアルファベット順とした。また，同一のCの用例が複数ある場合や，綴字上あるいは形態上の違いだけで同一の機能を持ったCの用例であると考えられる場合は，一まとめに括って見出しを付け，その見出しには綴字上，形態上の変異形(variante)をアルファベット順ですべて挙げた。なお，見出しの前には＊印を付けた。

　C[PROP]については，個々の用例は1例だけしかなくても，見出しとして，＊ainçois/ainz/ançois que PROP，＊quant PROP のように示した。

　次に，Ⅱ本論，第3部では，*C.C.*，*M.A.*，*Mer.*，*Q.G.*，*S.E.*の5作品から網羅的に収集した用例を使用するが，その用例については，第10章で扱うC_cの項目の順序で，その項目ごとに示すことにする。各項目内の用例

の順序は上述の作品の順序通りである。

注

第5章

5. 1.

1) 例えば, (7) なら *quant*, (8) なら *si tost com*を指す。

5. 2.

5. 2. 1.

2) Cf. 3. 1. 3.

3) *au matin a eure de prime*の箇所については, テキストに句読点はないが, *au matin*と *a eure de prime*という2つの単位と見なす。なお, この「一時課」とは, 教会や修道院の聖務日課に由来する時刻の1つで「午前6時頃, 夜明け」を指す。

5. 2. 2.

5. 3.

4) Cf. 鈴木孝夫(1973), pp.146-147.

5. 4.

第 2 部

第6章 *La Mort le Roi Artu* の分析

　本章では，まず最初に，第5章（5．1．）で示した用例分析の枠組みを使って，同じく第5章（5．2．）で示した用例収集の取捨条件に基づいて収集した全用例のうち，*M.A.* から収集した用例を分析する。

　なお，収集した全用例の一覧表は，「付録：資料体」のところに示してある。本文中で引用した用例以外のものについては，そちらを参照していただきたい。

6．1．同一のCによる語順のゆれを考慮しない異なり項目数と用例総数の分布

　この節では，まず，語順のゆれを考慮しない *M.A.* の用例全体の異なり項目数と用例総数の分布をまとめてみることから始めたい。5．1．に示した〔表2〕を使って，*M.A.* の全用例について，文頭に単独の要素として立つCの異なり項目数および用例総数の分布を示したものが〔表4〕である。

　なお，各欄の左の数値が異なり項目数を示し，その右の（　）内の数値が用例総数を示す。また，用例総数については，表の横軸のCの下位区分ごとの百分率の概数も［　］内に示した。ただし，ここでは，異なり項目ごとの用例数は分からない。また，異なり項目数，用例総数の両方の数値がゼロとなっている欄は用例が見当たらなかった箇所である。そして，ＣＶＳとＣＳＶの両方の語順において用例が見当たらない場合は，その位階と機能の組み合わせによる下位区分に属するCが文頭に立っている用例そのものが全くなかったということで斜線を入れた。なお，この表にはＣ［MOT］

+[PROP]やC[SYN]+[PROP]という位階の転位を含むものは含まれていない。これは，以後の表についても同様である。

〔表4〕

文頭	後続	-V-S	-S-V	計
C[MOT]	C_{OD}	6 (30[100%])	0 (0[0%])	6 (30[100%])
	C_{OI}	1 (1[100%])	0 (0[0%])	1 (1[100%])
	C_C	38 (542[88%])	9 (76[12%])	47 (618[100%])
C[SYN]	C_{OD}	24 (47[100%])	0 (0[0%])	24 (47[100%])
	C_{OI}	9 (11[100%])	0 (0[0%])	9 (11[100%])
	C_C	140 (245[87%])	13 (38[13%])	153 (283[100%])
C[PROP]	C_{OD}			
	C_{OI}			
	C_C	12 (36[8%])	13 (426[92%])	25 (462[100%])

この表は，要するに，「付録：資料体」に示した M.A. の全用例の一覧表に合わせて，異なり項目数および用例総数をゆれを考慮せずに示したものであるが，すでにこの表からもある傾向は読み取ることができる。例えば，

①C_{OD}およびC_{OI}については，C[MOT]の位階でも，C[SYN]の位階でも，すべての用例がＣＶＳ語順を取っており，ＣＳＶ語順はまったく見られない。また，C[PROP]の位階には，C_{OD}およびC_{OI}の機能を持った用例が見当たらない。一方，C_Cについては，C[MOT]，C[SYN]，C[PROP]の各位階において，ＣＶＳ語順およびＣＳＶ語順いずれの用例も見られる。これは，はっきりとした大きな特徴と言えよう。

②出現総用例数によるＣＶＳ語順とＣＳＶ語順の出現頻度を比べてみると，C_{OD}とC_{OI}については，①からも明らかなように，ＣＶＳ語順の出現率が100％である。一方，C_Cについては，C[MOT]の位階で，総用例数618例のうち，ＣＶＳ語順が542例で88％の出現率に対し，ＣＳＶ語順は76例で12％の出現率である。また，C[SYN]の位階では，総用例数283例のうち，ＣＶＳ語順が245例で87％の出現率に対し，ＣＳＶ語順は38例で13％の出現率である。C[MOT]とC[SYN]の位階では，わずかにC[SYN]が下がるもののほぼ同じ出現率で，ＣＶＳ語順の方がＣＳＶ語順よりも約7倍も出現頻度が高い。ところが，C[PROP]の位階では，総用例数462例のうち，ＣＶＳ語順が36例で8％の出現率に対し，ＣＳＶ語順は426例で92％の出現率である。C[MOT]とC[SYN]の位階に比べてC[PROP]の位階では，逆にＣＳＶ語順の方がＣＶＳ語順よりも約11倍以上も出現頻度が高くなっている。言い換えれば，C_Cについては，ＣＶＳ語順とＣＳＶ語順の出現頻度が，C[MOT]およびC[SYN]の位階とC[PROP]の位階の間で，かなり極端に逆転していることが分かる。

なお，この節では，Ｃの異なり項目数について触れていないが，それは，この表では，位階と機能の組み合わせによる各下位区分におけるＣＶＳ語順を取る異なり項目数とＣＳＶ語順を取る異なり項目数の間に重なりがある可能性があるからである。言い換えれば，文頭に立った場合ＶＳ／ＳＶ両方の後続語順を取るＣ，すなわち後続語順がゆれているまったく同一のＣの数がこの表では表われていないからである。異なり項目数は，この語順がゆれているＣの数が分からなければ，分析しにくく意味もあまりないということである。

6.2. Cの位階と機能の組み合わせに基づく下位区分別の分析

〔表4〕からは前節で指摘したようなことを読み取ることができるが、この表では読み取ることができないのが、当然ながら、各欄（すなわち位階と機能の組み合わせによる下位区分）ごとのCの異なり項目の内容、また上でも述べたが、異なり項目ごとの出現用例数、および文頭に立つまったく同一のCに対してVS／SV両方の後続語順の用例が存在するC、すなわち語順にゆれが見られるCがあるのかどうかということである。そこで、それらを明らかにするために、Cの位階および機能の組み合わせによる下位区分別に、Cの異なり項目の個々の内容の一覧表を示してみよう。なお、文頭に立つ、まったく同一のCでCVS／CSV両語順間のゆれが見られるものについては、網掛けを施した。

6.2.1. C[MOT]:C_{OD}の異なり項目の一覧表

表の横軸は、そのCが単独の要素として文頭に立った際に取る後続語順がVSであるかSVであるかによって分かれている。そして、縦にCの異

〔表: M.A. C[MOT]:C_{OD}〕

C[MOT]:C_{OD}−V−S		C[MOT]:C_{OD}−S−V	
autretel	1 (2)		
ce/ice	1 (24)		
joie	1 (1)		
Lancelot	1 (1)		
pes	1 (1)		
repos	1 (1)		
計	6 (30)	計	0 (0)

なり項目がアルファベット順に挙がっている。その各項目の右側の数値は，異なり項目としての数（従って，数値はすべて1である），および（　）内がその項目の出現用例数を示す。従って，表の「計」の数値は，以後の表についても同様であるが，〔表4〕の該当する欄の数値と一致している。

6.2.2. $C[MOT]:C_{oI}$ の異なり項目の一覧表

〔表: $M.A. C[MOT]:C_{oI}$〕

$C[MOT]:C_{oI}-V-S$		$C[MOT]:C_{oI}-S-V$	
vos	1 (1)		
計	1 (1)	計	0 (0)

6.2.3. $C[MOT]:C_c$ の異なり項目の一覧表

〔表: $M.A. C[MOT]:C_c$〕

$C[MOT]:C_c-V-S$		$C[MOT]:C_c-S-V$
adonques/adont	1 (6)	
ainçois/einz	1 (8)	
ainsi/ainsint/einsi/einsint/ensi/issi	1 (48)	
alors	1 (1)	
aprés	1 (3)	
assez	1 (5)	

atant	1 (43)		
ausi/ausint/aussi	1 (18)		
autresi/autresin	1 (7)		
autrement	1 (13)		
bien	1 (5)		
ceanz	1 (1)		
		certes	1 (51)
ci/ici	1 (11)		
devant	1 (1)		
dont	1 (5)		
encor/encore	1 (20)		
ilec/illec/illuec/iluec	1 (5)		
ja	1 (6)	ja	1 (5)
la	1 (1)		
leanz	1 (1)		
lors	1 (101)		
		meesmement	1 (1)
maintenant/meintenant	1 (3)	meintenant	1 (1)
mar	1 (1)		
meintefoiz	1 (1)		
merveilleusement	1 (1)		
mielz	1 (1)		
moult	1 (15)		
		neporquant/nonpourquant[1]	1 (10)
		nequedant	1 (1)
non	1 (3)		
onques	1 (1)	onques	1 (3)

or/ore	1 (67)			
plus	1 (2)			
puis	1 (2)			
si	1 (102)			
tant	1 (18)			
toutevoies	1 (8)			
touz	1 (1)			
trop	1 (6)			
		veraiement	1 (1)	
		voire	1 (3)	
voirement	1 (1)			
計	38 (542)	計	9 (76)	

6．2．4． C[SYN]:C_{OD}の異なり項目の一覧表

〔表: *M.A.* C[SYN]:C_{OD}〕

C[SYN]:C$_{OD}$−V−S		C[SYN]:C$_{OD}$−S−V
autre chose	1 (1)	
ce chastel	1 (1)	
ces deus cox	1 (1)	
ceste/iceste chose	1 (6)	
ceste parole	1 (5)	
ceste promesse	1 (1)	
cestui cop	1 (1)	
grant domage	1 (1)	

icestui message	1 (1)		
itex/itieus/itiex/tieus/ tiex/tex paroles	1 (9)		
la derrienne	1 (1)		
la premiere	1 (1)		
l'escu	1 (2)		
l'uitiesme	1 (1)		
le respit de quarante jorz	1 (1)		
ma volenté	1 (1)		
meint autre miracle	1 (1)		
son non	1 (1)		
tel loier	1 (1)		
tel parole	1 (1)		
tout ce/ice	1 (6)		
tout ce plet	1 (1)		
toutes ces vertuz	1 (1)		
victoire et honor	1 (1)		
計	24 (47)	計	0 (0)

6.2.5. C[SYN]:C_{oI}の異なり項目の一覧表

〔表: M.A. C[SYN]:C_{oI}〕

C[MOT]:$C_{oI}-V-S$		C[MOT]:$C_{oI}-S-V$
a celui	1 (1)	

a celz de la cité	1 (1)		
a cestui	1 (1)		
a Guerrehet et a Agravain	1 (1)		
a la bataille	1 (1)		
a l'un et a l'autre	1 (1)		
a touz	1 (1)		
a touz les chevaliers de la Table Reonde	1 (1)		
a vos	1 (3)		
計	9 (11)	計	0 (0)

6.2.6. C[SYN]:Cc の異なり項目の一覧表

〔表: *M.A.* C[SYN]:Cc 〕

C[MOT]:Cc －V－S		C[MOT]:Cc －S－V
a ce	1 (2)	
a cel cop	1 (1)	
a cel encontre	1 (1)	
a cele chose	1 (1)	
a cele eure	1 (2)	
a cele parole	1 (1)	
a celi termine	1 (1)	
a ces criz et a ces noises	1 (1)	

a ces paroles	1 (	4)
a cest conseill	1 (	3)
a cest coup	1 (	1)
a ceste chose	1 (	3)
a ceste parole	1 (	3)
a ceus de ceanz	1 (	1)
a chief de piece	1 (	1)
a eure/heure de none	1 (	2)
a l'endemain	1 (	3)
a madame la reïne	1 (	1)
a poines	1 (	1)
a son tens	1 (	1)
a tout le moins	1 (	1)
aprés ce	1 (	1)
aprés ceste chose	1 (	1)
aprés ceste parole	1 (	3)
aprés cestui cop	1 (	1)
aprés la mort le roi Artu	1 (	1)
aprés li	1 (	1)
aprés lui	1 (	1)
au cheoir	1 (	1)
au matin	1 (	2)
au meins	1 (	1)
au mien escient	1 (	1)
au parcheoir	1 (	3)
au partir	1 (	1)
au quart	1 (	1)
au quinziesme		

jor devant mai	1 (1)	
		au revenir 1 (1)
au soir	1 (1)	
au tierz jor	1 (1)	
avec ce	1 (1)	
avec li	1 (2)	
avec lui	1 (1)	
cel jor	1 (3)	
cele/icele nuit	1 (16)	
celui jor/jour	1 (10)	
celui/icelui jor meïsmes	1 (3)	
celui soir	1 (2)	
ci endroit	1 (4)	
		d'autre part 1 (2)
de ce	1 (4)	
de cele	1 (1)	
de celui cop	1 (1)	
de ceste chose	1 (2)	
de ceste chose fere	1 (1)	
de ceste parole	1 (1)	
de chevalerie	1 (1)	
de compaignie	1 (1)	
de l'orgueill a ceus dedenz	1 (1)	
de lui	1 (1)	
de moi	1 (1)	
de sa mort	1 (1)	
de tant	1 (1)	

de tout ce	1 (	1)
de toutes parz	1 (	1)
de trop douter	1 (	1)
dedenz ce terme	1 (	1)
dedenz cel lit	1 (	1)
del demorer	1 (	1)
del revenir	1 (	1)
del test	1 (	1)
del tornoiement	1 (	1)
des icele eure	1 (	1)
devant la nuit	1 (	1)
Dieu merci et la vostre	1 (	1)
el milieu des deus tombes	1 (	1)
el siege Boort/ Hestor/Gaheriet [2]	1 (	3)
en ce	1 (	3)
en ce chastel	1 (	1)
en ce pensé	1 (	1)
en cel besier	1 (	1)
en cel bois	1 (	2)
en cel hermitage	1 (	1)
en cele	1 (	2)
en cele chambre	1 (	2)
en ceste partie	1 (	5)
en ceste plaigne	1 (	1)
en dormant	1 (	1)
en fin	1 (	1)

en la cité de Gaunes	1 (	1)
en la derreniere	1 (	1)
en plus demorer	1 (	1)
en poor avoir	1 (	1)
en si pou de terme	1 (	1)
en tel maniere	1 (	6)
en toz leus	1 (	1)
en vos	1 (	1)
en vostre terre	1 (	1)
encontre cest afere	1 (	1)
entre mes ennemis	1 (	1)
es deus autres aprés	1 (	1)
jusques la	1 (	1)
l'endemain	1 (	2)
la nuit	1 (	1)
par bataille	1 (	1)
par ce	1 (	4)
par ces deus choses	1 (	1)
par ceste parole	1 (	1)
par deça	1 (	1)
par delés		
cele fontaine	1 (	1)
par essample		
de son bien fere	1 (	1)
par le non		
del chastel	1 (	1)

en non Dieu	1 (	5)
en nule maniere	1 (	1)
par foi	1 (	12)

			par mon chief	1 (3)
par mort	1 (1)			
par tel couvent	1 (1)			
par toi	1 (1)			
par vostre defaute	1 (1)			
plus biau ne				
plus cointement	1 (1)			
por amour				
de cest coup	1 (1)			
por/pour ce	1 (22)			
por ce cop	1 (1)			
por/pour ceste chose	1 (2)			
			por Dieu	1 (1)
por l'amor de lui	1 (1)			
por la pes porchacier	1 (1)			
por le pleur	1 (1)			
por moi	1 (2)			
por neant	1 (1)			
			por nule riens	1 (1)
por pes	1 (1)			
pour la bataille	1 (1)			
quatre anz	1 (1)			
quatre jorz aprés				
ceste requeste	1 (1)			
			sans/sanz faille	1 (8)
sanz grant merveille	1 (1)			
sanz lui	1 (1)			
sanz mort	1 (1)			
tout celui jor	1 (1)			

tout einsi/einsinc	1 (3)		
tout en ceste maniere	1 (1)		
tout le jour	1 (2)		
toute cele semeinne et l'autre aprés	1 (1)		
toute jor	1 (1)		
toute la nuit	1 (1)		
toutes voies	1 (2)		
touz/toz jorz	1 (2)		
trois jorz	1 (1)		
trois jorz devant l'assemblee	1 (1)		
un jor	1 (2)		
un poi aprés eure de none	1 (1)		
un pou aprés eure de prime	1 (1)		
計	140 (245)	計	13 (38)

6.2.7. C[PROP]：C_c の異なり項目の一覧表

〔表：*M.A.* C[PROP]：C_c 〕

C[PROP]：C_c －V－S	C[PROP]：C_c －S－V	
ainçois/ainz/ançois	a ce que PROP	1 (1)

que PROP	1 (5)			
autant come PROP	1 (1)	comment que PROP	1 (4)	
einsi ～ comme PROP	1 (1)	en ce que PROP	1 (8)	
endementiers/endementres que PROP	1 (4)	endementiers/endementres que PROP	1 (5)	
entretant com PROP	1 (1)			
la ou PROP	1 (1)			
		meintenant que PROP	1 (3)	
por ce que PROP	1 (11)	por ce que PROP	1 (1)	
puis que PROP	1 (1)	puis que PROP	1 (23)	
		quant PROP	1 (229)	
		qui PROP	1 (3)	
se PROP	1 (3)	se PROP	1 (135)	
si ～ comme PROP	1 (2)			
		si tost com/comme PROP	1 (12)	
tant comme PROP	1 (3)	tant comme PROP	1 (1)	
tout einsi com/comme PROP	1 (3)	tout einsi com/comme PROP	1 (1)	
計	12 (36)	計	13 (426)	

6．3．同一のCによる語順のゆれを含む異なり項目数に基づく分析

　6．1．においては，Cの用例総数に基づいた分析を行ったが，本研究の主要な関心は，Cの異なり項目数に基づいた分析である。6．2．1．

～6.2.7. の各節で示した，Cの位階および機能の組み合わせによる下位区分別の異なり項目の一覧表によって，文頭に立つまったく同一のCに対してVS／SV両方の後続語順の用例が存在する，すなわち語順にゆれが見られるCがどれかがはっきりした。

〔表5〕

文頭 \ 後続		ーVS	ーVS～SV	ーSV	計
C[MOT]	C_{OD}	6 [100%]	0 [0%]	0 [0%]	6 [100%]
	C_{OI}	1 [100%]	0 [0%]	0 [0%]	1 [100%]
	C_C	35 [79%]	3 [7%]	6 [14%]	44 [100%]
C[SYN]	C_{OD}	24 [100%]	0 [0%]	0 [0%]	24 [100%]
	C_{OI}	9 [100%]	0 [0%]	0 [0%]	9 [100%]
	C_C	140 [92%]	0 [0%]	13 [8%]	153 [100%]
C[PROP]	C_{OD}				
	C_{OI}				
	C_C	6 [32%]	6 [32%]	7 [36%]	19 [100%]

そこで，5.1. に示した〔表3〕を使って，文頭のCの異なり項目数

を示したのが〔表5〕である。なお，異なり項目数の右の〔　〕内は，表の横軸，すなわち，それぞれのCの下位区分ごとのCVS，CVS〜SV（語順がゆれているもの），CSV各語順を取る異なり項目数の全体に占める百分率の概数である。

　この表によれば，ゆれの存在が明確に読み取れる。また，M.A.という資料のみから収集したこの表のみでも，古フランス語における語順変化についてのかなり明確な傾向が現れている。すなわち，次のような点が指摘できよう。

　①C_{oD}およびC_{oI}については，用例のまったく見当たらないC[PROP]の位階を除いて，C[MOT]の位階でも，C[SYN]の位階でも，100％CVS語順が保持されている。

　②C_cについては，C[MOT]の位階では，CVS語順を取るものが他の語順，すなわち，CVS〜SV語順およびCSV語順を取るものに比べて，はるかに多く，79％と全体の5分の4を占めている。しかし，他の残りの語順のグループも，語順が揺れているものが7％，CSV語順を取るものが14％と少ないながら見受けられる。

　③同じく，C_cについて，C[SYN]の位階では，CVS語順を取るものが圧倒的に多く，全体の92％を占め，CSV語順を取るものが8％ほど見られる。

　④さらに，C_cについて，C[PROP]の位階では，CVS語順を取るもの32％とCSV語順を取るもの36％が，その両語順の間でゆれているもの32％を挟んで，CSV語順のグループがわずかに多いが，ほぼ拮抗した状態になっている。この時期まだ動詞第2位が原則であったはずであることを考慮すれば，これは特徴的な発見であると言えよう。

注

第2部

第6章
6．1．
6．2．
6．2．1．
6．2．2．
6．2．3．
1）Moignet, G.(1973), p.291によれば，neporquantは，文頭に立った場合でも，neporuec, neportant, nequedentと並んで通常は(d'ordinaire)SとVの倒置を引き起こさないが，時として(parfois)倒置を引き起こす場合があるとして，*M.A.*から次の例を引用している。

M.A.[20/22] Et *neporquant,* ou il volsissent ou non, fist il tant par sa proesce que cil de la cité furent enbatu dedenz.

しかし，この用例には問題があるように思われる。なぜなら，文頭に立つ neporquant の直後のou il volsissent ou non という，ここでは挿入的な要素が，後続の語順に影響を与えているのかいないのかはっきりしないからである。この点は，neporquantが単独の要素として文頭に立ちＣＶＳ語順を取っている用例が見つかるか，そういう例が存在しないことが判明するか，あるいは少なくともou il volsissent ou non という要素が単独の要素として文頭に立っている用例が見つからないかぎり最終的な判断はできないわけであるが，この表に挙っている用例10例は，すべて neporquant(/nonpourquant)が単独の要素として文頭に立ちＣＳＶ語順を取っているものばかりであることからすれば，この用例をそれらの用例と同様に扱うことには疑問が残るので，収集用例からは除外した。

6．2．4．
6．2．5．
6．2．6．
2）この項目は，３つの異なり項目としてカウントすることもできるかも

しれないが，el siegeの部分が共通なので，1項目とカウントした。
6．2．7．
6．3．

第7章 *La Queste del Saint Graal* の分析

　本章では，*Q.G.* から収集した用例の分析を行なう。用例分析の枠組みについては，前章と同様である。また，個々の用例の一覧表についても，前章で扱った*M.A.*と同じく，「付録：資料体」を見られたい。

7．1．同一のＣによる語順のゆれを考慮しない異なり項目数と用例総数の分布

　この節でも，例によってまず，語順のゆれを考慮しない*Q.G.*の用例全体の異なり項目数と用例総数の分布をまとめてみることにする。5．1．に示した〔表2〕を使って，*Q.G.*の全用例について，文頭に単独の要素として立つＣの異なり項目数および用例総数の分布を示したものが〔表6〕である。

　この表から読み取れる傾向を示せば，次のようになろう。例えば，

　①C_{OD}およびC_{OI}については，Ｃ[MOT]の位階でも，Ｃ[SYN]の位階でも，*M.A.*と同じくすべての用例がＣＶＳ語順を取っており，ＣＳＶ語順はまったく見られない。ただし，この*Q.G.*においては，*M.A.*の場合と異なりＣ[MOT]の位階のC_{OI}の用例が見当たらなかった。また，Ｃ[PROP]の位階には，C_{OD}およびC_{OI}の機能を持った用例が見当たらない。一方，C_Cについては，Ｃ[MOT]，Ｃ[SYN]，Ｃ[PROP]の各位階において，ＣＶＳ語順およびＣＳＶ語順いずれの用例も見られる。これらの特徴は，*M.A.*とほぼ同様である。

　②出現総用例数によるＣＶＳ語順とＣＳＶ語順の出現頻度を比べてみると，C_{OD}とC_{OI}については，①からも明らかなように，ＣＶＳ語順の出現率が100％である。一方，C_Cについては，Ｃ[MOT]の位階で，総用例数529例のうち，ＣＶＳ語順が446例で84％の出現率に対し，ＣＳＶ語順は

〔表6〕

文頭 \ 後続		−V−S	−S−V	計
C[MOT]	C_{OD}	8 (31[100%])	0 (0[0%])	8 (31[100%])
	C_{OI}			
	C_C	36 (446[84%])	9 (83[16%])	45 (529[100%])
C[SYN]	C_{OD}	22 (25[100%])	0 (0[0%])	22 (25[100%])
	C_{OI}	2 (2[100%])	0 (0[0%])	2 (2[100%])
	C_C	179 (307[88%])	11 (40[12%])	190 (347[100%])
C[PROP]	C_{OD}			
	C_{OI}			
	C_C	13 (58[18%])	11 (266[82%])	24 (324[100%])

83例で16％の出現率である。また，C[SYN]の位階では，総用例数347例のうち，CVS語順が307例で88％の出現率なのに対し，CSV語順は40例で12％の出現率である。C[MOT]とC[SYN]の位階では，M.A.の場合とは逆に，わずかにC[SYN]が上回っているもののほぼ近い出現率で，CVS語順の方がCSV語順よりも，C[MOT]で約5倍，C[SYN]で約7倍ほど出現頻度が高い。ところが，C[PROP]の位階では，総用例数324例のう

ち，ＣＶＳ語順が58例で18％の出現率なのに対し，ＣＳＶ語順は 266例で82％の出現率である。M.A.の場合と比べると，ＣＶＳ語順が10％多くなり，ＣＳＶ語順が10％少なくなっている。それでも，C[MOT]およびC[SYN]の位階に比べてC[PROP]の位階では，ＣＳＶ語順の方がＣＶＳ語順よりも約5倍出現頻度が高くなっている。従って，C_c については，ＣＶＳ語順とＣＳＶ語順の出現頻度が，C[MOT]およびC[SYN]の位階とC[PROP]の位階の間で，極端に逆転しているという点は，M.A.に比べて開きの度合いは下がるものの，このQ.G.においても同様の傾向を示している。

7．2．Cの位階と機能の組み合わせに基づく下位区分別の分析

〔表6〕からは前節で指摘したようなことを読み取ることができる。そこで次に，前章と同じく各欄（すなわち位階と機能の組み合わせによる下位区分）ごとのCの異なり項目の個々の内容，異なり項目ごとの出現用例数，および文頭に立つまったく同一のCに対してＶＳ／ＳＶ両方の後続語順の用例が存在するC，すなわち語順にゆれが見られるCがあるのかどうかということを示すために，Cの位階および機能の組み合わせによる下位区分別に，Cの異なり項目の内容の一覧表を示してみる。

7．2．1．C[MOT]：C_{oD}の異なり項目の一覧表

表の見方は，前章と同様であるが，もう1度だけ断っておくと，表の横軸は，そのCが単独の要素として文頭に立った際に取る後続語順がＶＳであるかＳＶであるかで分かれている。そして，縦にCの異なり項目がアルファベット順に挙がっている。その各項目の右側の数値は，異なり項目としての数（従って，数値はすべて1である），および（　）内がその項目の出現用例数を示す。従って，表の「計」の数値は，以後の表についても同様であるが，〔表6〕の該当する欄の数値と一致している。

〔表: Q.G. C[MOT]: C₀D〕

C[MOT]:C_{oD}-V-S		C[MOT]:C_{oD}-S-V	
autretel	1 (1)		
ce	1 (23)		
honor	1 (1)		
poor	1 (1)		
saluz	1 (1)		
toi	1 (2)		
vilanie	1 (1)		
vos	1 (1)		
計	8 (31)	計	0 (0)

7.2.2. C[MOT]:C_c の異なり項目の一覧表

〔表: Q.G. C[MOT]:C_c 〕

C[MOT]:C_c -V-S		C[MOT]:C_c -S-V
ainz/ançois	1 (6)	
ainsi/einsi/ einsint/ensi	1 (59)	
alors	1 (1)	
altreci/autresi	1 (2)	
aprés	1 (8)	
assez	1 (3)	

atant	1 (2)		
ausi/ausint	1 (16)		
autrement	1 (9)	autrement	1 (1)
bien	1 (4)		
çaienz/ceenz	1 (2)		
		certes	1 (36)
ci/ici	1 (7)		
devant	1 (1)		
donc	1 (6)	donc	1 (1)
dont	1 (6)	dont	1 (8)
encor/encore	1 (10)		
hui	1 (1)		
ilec	1 (4)		
ja	1 (7)	ja	1 (6)
la	1 (5)		
laienz	1 (1)		
longuement	1 (3)		
lor/lors	1 (104)		
maintenant	1 (21)		
mielz	1 (1)		
molt/mout	1 (5)		
		neporec	1 (11)
		neporquant	1 (13)
non	1 (2)		
		onques	1 (6)
or/ore	1 (47)		
orendroit	1 (1)		
plus	1 (2)		
puis	1 (3)		

si	1 (82)		
tant	1 (9)	tant	1 (1)
toutevoies	1 (4)		
trop	1 (1)		
voirement	1 (1)		
計	36 (446)	計	9 (83)

7. 2. 3. C[SYN]:C_{OD}の異なり項目の一覧表

〔表: Q.G. C[SYN]:C_{OD}〕

C[SYN]:$C_{OD}-V-S$		C[SYN]:$C_{OD}-S-V$
autre escu	1 (1)	
cel chevalier	1 (1)	
cele a senestre	1 (1)	
cele aventure	1 (1)	
cele virginité	1 (1)	
ceste aventure	1 (1)	
ceste avision	1 (1)	
ceste costume	1 (1)	
ceste parole	1 (3)	
grant estor et grant meslee	1 (1)	
grant franchise	1 (1)	
icele table	1 (1)	
itel vertu	1 (1)	

la darreaine parole et vostre songe	1 (1)	
le retorner	1 (1)	
sa mort	1 (1)	
sa parole	1 (1)	
son cors	1 (1)	
tex paroles	1 (1)	
tot ce	1 (1)	
toutes bones huevres	1 (1)	
toutes ces choses	1 (2)	
計	22 (25)	計　　　　0 (0)

7.2.4. C[SYN]:C_{oI}の異なり項目の一覧表

〔表: $Q.G.$ C[SYN]:C_{oI}〕

C[MOT]:$C_{oI}-V-S$	C[MOT]:$C_{oI}-S-V$
a Hestor　　　1 (1) a lui　　　　　1 (1)	
計　　　　　　2 (2)	計　　　　　　0 (0)

7. 2. 5. C [SYN]：Cc の異なり項目の一覧表

〔表：Q.G. C [SYN]：Cc 〕

C [MOT]：Cc －V－S	C [MOT]：Cc －S－V
a aventure　　　　　1（ 1）	
a biauté　　　　　　1（ 1）	
a bon droit　　　　　1（ 1）	
a ce　　　　　　　　1（ 2）	
a cel encontrer　　　1（ 1）	
a cel tens　　　　　 1（ 1）	
a cele table　　　　 1（ 1）	
a celui tens　　　　 1（ 1）	
a ceste aventure　　 1（ 1）	
a ceste chose　　　　1（ 1）	
a ceste demande　　　1（ 1）	
a ceste espee trere　　　　　　　　fors de cest perron 1（ 1）	
a ceste parole　　　 1（ 1）	
a ceste Queste　　　 1（ 1）	
a force　　　　　　 1（ 1）	
a hore de midi　　　 1（ 1）	
a hore de none　　　 1（ 1）	
a issir　　　　　　 1（ 1）	
a l'endemain　　　　1（ 2）	
a l'escouter　　　　1（ 1）	
	a non Dieu　　　　　1（ 3）
a tant　　　　　　　1（18）	

aprés ce	1 (	2)
aprés cele table	1 (	2)
aprés ceste avision	1 (	1)
aprés ceste parole	1 (	2)
aprés ceste vertu	1 (	1)
aprés le serpent	1 (	1)
aprés lui	1 (	1)
au darain/ darreain/derreain	1 (	3)
au jor de la Pentecouste	1 (	1)
au matin	1 (	1)
avec aux	1 (	1)
avec ce	1 (	1)
avec vos	1 (	1)
cele nuit	1 (	10)
celui jor	1 (	4)
celui jor meismes	1 (	1)
ci pres	1 (	1)
contre humilité	1 (	1)
contre le filz de ta mere	1 (	1)
contre virginité et chasteé	1 (	1)
d'ausi haut lignage	1 (	1)
d'itant	1 (	1)
d'une part	1 (	1)
de ce	1 (	8)
de cel Arbre	1 (	2)

de cel lac	1 (	1)
de cel sanc	1 (	1)
de cel serpent	1 (	1)
de cele	1 (	1)
de cele part	1 (	1)
de celui	1 (	3)
de celui lac	1 (	1)
de celui sanc	1 (	1)
de ces deus virges	1 (	1)
de ces nuef	1 (	1)
de ces trois	1 (	1)
de ces trois choses	1 (	1)
de ces trois colors	1 (	1)
de cest songe	1 (	1)
de ceste aventure	1 (	2)
de ceste/cette chose	1 (	5)
de ceste damoisele	1 (	1)
de ceste novele	1 (	1)
de chevalerie	1 (	1)
de combatre a li	1 (	1)
de fruit	1 (	1)
de la tombe	1 (	1)
de la veue des eulz	1 (	1)
de mon mon	1 (	1)
de mort	1 (	1)
de nul plus		
preudome de vos	1 (	1)
de par Dieu	1 (	1)
de pierre	1 (	1)

de plus preudome ne de meillor chevalier	1 (	1)
de sivre chevalerie et de fere d'armes	1 (	1)
de tant	1 (	2)
de tel aage ne de tel semblant	1 (	1)
de tel maniere et de tel force	1 (	1)
de tel viande	1 (	1)
de toi	1 (	1)
de toz çax de la Table Reonde	1 (	1)
de vos	1 (	1)
de vos deus	1 (	1)
de vos meismes	1 (	1)
de vostre venue	1 (	1)
dedenz celui terme	1 (	1)
del pooir del cors	1 (	1)
del remanant	1 (	1)
del resuscitement	1 (	1)
des lors	1 (	1)
des lors en avant	1 (	1)
des or mes	1 (	1)
des ore	1 (	1)
des pechiez mortiex	1 (	1)
des trois sanz tache	1 (	2)
devant ax	1 (	1)
devant ce	1 (	1)

devant cel Arbre	1 (	1)
devant l'autel	1 (	1)
devant l'uis	1 (	1)
devant le Saint Vessel	1 (	1)
Dieu merci et la vostre	1 (	1)
dou cors	1 (	1)
einsi garniz de toutes bontés et de toutes vertuz terriennes	1 (	1)
en ce lit	1 (	1)
en cel penser	1 (	2)
en cel siege	1 (	1)
en cele nef	1 (	1)
en celui	1 (	1)
en ceste voie	1 (	1)
en la Queste del Saint Graal	1 (	1)
en nom/non Deu/Dieu	1 (	4)
en peril	1 (	1)
en tel duel et en tel ire	1 (	1)
en tel duel et en tel martire	1 (	1)
en tel maniere	1 (	7)
en toz ces set	1 (	1)
en toz les cinc anz	1 (	1)
es circonstances		

dou firmament	1 (	1)
grant piece	1 (	1)
l'endemain	1 (	2)
le jor meismes	1 (	1)
le soir	1 (	1)
o ces trois	1 (	1)
ou mileu dou lit	1 (	1)
ou perron	1 (	1)
par Abel	1 (	1)
par aventure	1 (	1)
par Caym	1 (	1)
par ce	1 (	4)
par cele a destre	1 (	1)
par cele a senestre	1 (	1)
par cele entencion	1 (	1)
par ceste aventure	1 (	1)
par ceste espee	1 (	1)
par ceste parole	1 (	1)
par Dieu	1 (	4)
par eve	1 (	1)
par feu	1 (	1)
par foi	1 (	16)
par la bone vie de vos	1 (	1)
par la confession	1 (	1)
par la proesce des compaignons de la Table Reonde	1 (	1)
par le		

Chastel as Puceles	1 (	1)
par le conseil Josephe	1 (	1)
par le frain	1 (	1)
par le pré	1 (	1)
par le rastelier	1 (	1)
par le roi Amant	1 (	1)
par les set chevaliers	1 (	1)
par les toriaux	1 (	1)
par li	1 (	1)
par lui	1 (	1)
par mon chief	1 (	2)
par Sainte crois	1 (	1)
por aler par estranges terres et en loingtains païs et por chevauchier de jorz et de nuiz	1 (	1)
por autre chose	1 (	1)
por ce/ceu	1 (	59)
por cele parole	1 (	1)
por celui meffet	1 (	1)
por ceste chose	1 (	2)
por ceste parole	1 (	1)
por icele venjance	1 (	1)
por lor grant desloiauté	1 (	1)
por lui	1 (	1)

por plus				
preudome sauver	1 (	1)		
por si pou de chose	1 (	1)		
pres de lui	1 (	1)		
quatre jorz	1 (	1)		
			salve vostre grace	1 (1)
sanz ce	1 (	1)		
			sanz faille	1 (6)
sanz grant senefiance	1 (	1)		
sanz la mort				
de maint preudome	1 (	1)		
solement en volenté	1 (	1)		
sor ceste piere	1 (	1)		
sor toutes choses	1 (	1)		
tot celui jor	1 (	1)		
tot/tout le jor	1 (	4)		
tout ausi	1 (	1)		
tout en tel maniere	1 (	1)		
tout premierement	1 (	1)		
toute la nuit	1 (	1)		
toutes voies	1 (	3)		
toz dis	1 (	1)		
toz jorz	1 (	1)		
trop longuement	1 (	1)		
un an et trois jorz	1 (	1)		
計	179	(307)	計	11 (40)

7．2．6．C [PROP]：Cc の異なり項目の一覧表

〔表：*Q.G.* C [PROP]：Cc 〕

C [PROP]：Cc －V－S	C [PROP]：Cc －S－V
ançois que PROP　　1（ 2）	
aprés ce que PROP　　1（ 1）	
	des que PROP　　　　1（ 1）
des lors que PROP　　1（ 1）	
en ce que PROP　　　1（13）	en ce que PROP　　　1（ 4）
	endementres que PROP　1（ 1）
la ou PROP　　　　　1（ 4）	
maintenant que PROP　1（ 1）	meintenant que PROP　1（ 2）
par ce que PROP　　　1（ 4）	
por ce que PROP　　　1（21）	
puis que PROP　　　　1（ 1）	puis que PROP　　　　1（14）
	quant PROP　　　　　1（139）
	que que PROP　　　　1（ 1）
	qui PROP　　　　　　1（ 7）
	qui que PROP　　　　1（ 1）
se PROP　　　　　　　1（ 1）	se PROP　　　　　　　1（78）
si tost	si tost
com/comme PROP　　1（ 5）	com/comme PROP　　1（18）
tant comme PROP　　　1（ 2）	
(tout)einsi come PROP　1（ 2）	
計　　　　　　　　　13（58）	計　　　　　　　　　11（426）

7．3．同一のCによる語順のゆれを含む異なり項目数に基づく分析

7．2．1．～6．2．6．の各節で示した，Cの位階および機能の組み合わせによる下位区分別の異なり項目の一覧表によって，文頭に立つまったく同一のCに対してVS／SV両方の後続語順の用例が存在する，すなわち語順にゆれが見られるCをはっきりさせることができた。

そこで，前章と同様に，5．1．に示した〔表3〕を使って，文頭のC

〔表7〕

文頭	後続	－VS	－VS～SV	－SV	計
C[MOT]	C_{OD}	8 [100%]	0 [0%]	0 [0%]	8 [100%]
	C_{OI}				
	C_C	31 [77%]	5 [13%]	4 [10%]	40 [100%]
C[SYN]	C_{OD}	22 [100%]	0 [0%]	0 [0%]	22 [100%]
	C_{OI}	2 [100%]	0 [0%]	0 [0%]	2 [100%]
	C_C	179 [94%]	0 [0%]	11 [6%]	190 [100%]
C[PROP]	C_{OD}				
	C_{OI}				
	C_C	8 [42%]	5 [26%]	6 [32%]	19 [100%]

の異なり項目数を示したのが〔表7〕である。

　Q.G.から収集した用例に基づくこの表からは，次のような点が指摘できよう。

　①C_{OD}およびC_{OI}に関しては，用例を収集できたC[MOT]の位階のC_{OD}についても，C[SYN]の位階のC_{OD}およびC_{OI}についても，100％CVS語順が保持されている。

　②C_Cについては，C[MOT]の位階では，CVS語順を取るものが他の語順，すなはち，CVS～SV語順およびCSV語順を取るものに比べて，やはりはるかに多く，77％と全体の5分の4近くにのぼる。しかし，他の残りの語順のグループも，語順が揺れているものが13％，CSV語順を取るものが10％と少ないながら見受けられる。

　③同じく，C_Cについて，C[SYN]の位階では，CVS語順を取るものが圧倒的に多く，全体の94％を占め，CSV語順を取るものが11％ほど見られる。

　④さらに，C_Cについて，C[PROP]の位階では，CVS語順を取るもの42％とCSV語順を取るもの32％が，その両語順の間でゆれているもの26％を挟んで，このQ.G.ではCVS語順のグループが少し多いが，やはり比較的近い状態になっている。この時期の動詞第2位の原則からすれば，前章のM.A.と並んでこの資料も，特徴的な傾向を示していると言えよう。

第8章　La Vie de Saint Eustace の分析

　この章では，S.E.から収集した用例を分析する。用例分析の枠組みは，前々章，前章と同様である。

8．1．同一のCによる語順のゆれを考慮しない異なり項目数と用例総数の分布

　これまでと同じく，この節では，語順のゆれを考慮しないS.E.の用例全体の異なり項目数と用例総数の分布をまとめてみることから始める。5．1．に示した〔表2〕を使って，S.E.の全用例について，文頭に単独の要素として立つCの異なり項目数および用例総数の分布を示したものが〔表8〕である。

　このS.E.は，短い作品(45p.)なので用例総数そのものが少なく，また，そのことにも原因があるかもしれないが，C[MOT]とC[SYN]の両方の位階にC_{oI}の用例がまったく現れていない。用例の分布も，M.A.のそれと比べてみると，少し傾向が異なっている。すなわち，次のような点が指摘できよう。

　①C_{oD}について，C[MOT]の位階でも，C[SYN]の位階でも，すべての用例がＣＶＳ語順を取っており，ＣＳＶ語順はまったく見られないという点は，他の作品と変わっていない。また，C[PROP]の位階には，C_{oD}およびC_{oI}の機能を持った用例が見当たらず，C_cについては，C[MOT]，C[SYN]，C[PROP]の各位階において，ＣＶＳ語順およびＣＳＶ語順いずれの用例も見られるという点も，他の資料と同じである。これは，各作品に共通した特徴であると言えよう。先にも述べたC_{oI}の用例が見当たらないという点が他の作品と異なっている。

　②出現総用例数によるＣＶＳ語順とＣＳＶ語順の出現頻度を比べてみる

〔表8〕

文頭	後続	−V−S	−S−V	計
C[MOT]	C_{OD}	1 (2[100%])	0 (0[0%])	1 (2[100%])
	C_{OI}			
	C_C	14 (36[95%])	2 (2[5%])	16 (38[100%])
C[SYN]	C_{OD}	6 (6[100%])	0 (0[0%])	6 (6[100%])
	C_{OI}			
	C_C	13 (15[88%])	2 (2[12%])	15 (17[100%])
C[PROP]	C_{OD}			
	C_{OI}			
	C_C	0 (0[0%])	8 (41[100%])	8 (41[100%])

と, C_{OD}については, 用例の数は少ないものの, ＣＶＳ語順の出現率は, 100％である。一方, C_Cについては, C[MOT]の位階で, 総用例数38例のうち, ＣＶＳ語順が36例で95％の出現率に対し, ＣＳＶ語順は2例で5％の出現率である。また, C[SYN]の位階では, 総用例数17例のうち, ＣＶＳ語順が15例で88％の出現率に対し, ＣＳＶ語順は2例で12％の出現率である。C[MOT]とC[SYN]の位階では, やはりC[SYN]が下がり, 数字

の上では，ＣＶＳ語順の方がＣＳＶ語順よりも，Ｃ[MOT]の位階で19倍，Ｃ[SYN]の位階で約7倍も出現頻度が高い。ところが，Ｃ[PROP]の位階では，総用例数41例すべてをＣＳＶ語順が占め出現率100％で，ＣＶＳ語順の方は用例0で出現率0％という極端な結果となっている。言い換えれば，Ｃ[MOT]＜Ｃ[SYN]＜Ｃ[PROP]と位階が上がってゆくにつれて，ＣＶＳ語順の出現率は下がり，逆にＣＳＶ語順の方は上がってゆくという状況になっている。そして，その際の出現頻度の大きな溝が，他の資料の場合と同様にＣ[SYN]の位階とＣ[PROP]の位階の間にあると言える。

8．2．Ｃの位階と機能の組み合わせに基づく下位区分別の分析

〔表8〕からは前節に述べたような点を指摘できるが，ここでも，各欄（すなわち位階と機能の組み合わせによる下位区分）ごとのＣの異なり項目の個別内容，異なり項目ごとの出現用例数，および文頭に立つまったく同一のＣに対してＶＳ／ＳＶ両方の後続語順の用例が存在する，すなわち語順にゆれが見られるＣがあるのかどうかということを明らかにするために，Ｃの位階および機能の組み合わせによる下位区分別に，Ｃの異なり項目の個々の内容の一覧表を示してみる。

8．2．1．Ｃ[MOT]：C_{oD}の異なり項目の一覧表

〔表：$S.E.$ Ｃ[MOT]：C_{oD}〕

C[MOT]：C_{oD}－Ｖ－Ｓ		C[MOT]：C_{oD}－Ｓ－Ｖ	
ce	1（ 2）		
計	1（ 2）	計	0（ 0）

8.2.2. C[MOT]:C_c の異なり項目の一覧表

〔表: S.E. C[MOT]:C_c 〕

C[MOT]:C_c －V－S		C[MOT]:C_c －S－V	
adonc	1 (1)		
ainçois	1 (1)		
		aprés	1 (1)
ausi	1 (1)		
bien	1 (1)		
encor	1 (1)		
ensi	1 (1)		
itant	1 (1)		
ja	1 (1)		
lors	1 (14)		
molt	1 (2)		
or	1 (5)		
puis	1 (2)		
si	1 (4)		
tant	1 (1)		
		tantost	1 (1)
計	14 (36)	計	2 (2)

8.2.3. C[SYN]:C_{oD} の異なり項目の一覧表

〔表: $S.E.$ C[SYN]: C_{OD}〕

C[SYN]: C_{OD} − V − S		C[SYN]: C_{OD} − S − V	
autre deu	1 (1)		
ce meismes	1 (1)		
cest don	1 (1)		
ceste temptation	1 (1)		
neis mes enfanz	1 (1)		
toz barbarins	1 (1)		
計	6 (6)	計	0 (0)

8. 2. 4. C[SYN]: C_c の異なり項目の一覧表

〔表: $S.E.$ C[SYN]: C_c 〕

C[MOT]: C_c − V − S		C[MOT]: C_c − S − V	
a cest fet	1 (1)		
aprés ce	1 (1)	au departir	1 (1)
de ce	1 (1)		
de chiens d'oiseaus	1 (1)		
de meismes	1 (1)		
en ce	1 (1)		
en grant effroi	1 (1)		
l'endemain	1 (1)		

par le signe del baptesme	1 (1)		
por ce	1 (3)		
por l'amor de toi	1 (1)		
por tex jeus e por autres	1 (1)		
		tot ausi	1 (1)
totes voies	1 (1)		
計	13 (15)	計	2 (2)

8．2．5．C[PROP]：C_c の異なり項目の一覧表

〔表：S.E. C[PROP]：C_c 〕

C[PROP]：C_c －V－S		C[PROP]：C_c －S－V	
		ainz/ançois que PROP	1 (2)
		la ou PROP	1 (1)
		por ce que PROP	1 (1)
		qant/quant PROP	1 (28)
		que que PROP	1 (5)
		qui PROP	1 (1)
		se PROP	1 (2)
		si tost come PROP	1 (1)
計	0 (0)	計	8 (41)

8．3．同一のCによる語順のゆれを含む異なり項目数に基づく分析

8．2．1．～8．2．5．の各節で示した，Cの位階および機能の組み合わせによる下位区分別の異なり項目の一覧表に網掛けの箇所がないことから明らかなように，この資料には，文頭に立つまったく同一のCに対してVS／SV両方の後続語順の用例が存在するC，すなわち語順にゆれが見られるCが見当たらない。

〔表9〕

文頭	後続	－VS	－VS～SV	－SV	計
C[MOT]	C_{OD}	1 [100%]	0 [0%]	0 [0%]	1 [100%]
	C_{OI}				
	C_C	14 [87%]	0 [0%]	2 [13%]	16 [100%]
C[SYN]	C_{OD}	6 [100%]	0 [0%]	0 [0%]	6 [100%]
	C_{OI}				
	C_C	13 [87%]	0 [0%]	2 [13%]	15 [100%]
C[PROP]	C_{OD}				
	C_{OI}				
	C_C	0 [0%]	0 [0%]	8 [100%]	8 [100%]

しかし，5．1で示した〔表3〕を用いて，文頭に立つCの異なり項目数をまとめておきたい。〔表9〕がそれである。この表からは，次のことが言えよう。

①C_{OD}については，用例のまったく見当たらないC[PROP]の位階を除いて，C[MOT]の位階でも，C[SYN]の位階でも，用例の絶対数はわずかなのであるが，100％CVS語順が保持されている。

②C_Cについては，C[MOT]の位階では，CVS語順を取るものが圧倒的に多く，全体の87％である。しかし，CSV語順を取るものも少ないながら13％見受けられる。

③同じく，C_Cについては，C[SYN]の位階でも，CVS語順を取るものが圧倒的に多く，百分率はC[MOT]の場合と同じ数値を示している。

④さらに，C_Cについて，C[PROP]の位階では，CSV語順を取るものが8例すべてを占め100％の出現率である。動詞第2位というこの時期の原則からすると，これはやはり特徴的である。

第9章　資料体全体の分析

　本章では，第6章，第7章，第8章において個々の作品ごとに行ってきた分析のデータを，13世紀前半の散文作品ということで1つにまとめて資料体全体の分析を行なう。
　なお，用例分析の枠組みについては，第5章で示し，これまで用いてきたものと同様である。

9．1．同一のCによる語順のゆれを考慮しない異なり項目数と用例総数の分布

　言うまでもないかもしれないが，*M.A.*，*Q.G.*，*S.E.*という別個の3つの作品から収集した用例を1つにまとめるということは，用例総数については単純に各作品の用例総数を合計すればよいが，異なり項目数については各作品どうしで異なり項目に重なりがあり得るので，各作品の異なり項目数を単純に合計するというわけには行かない。しかも，このように用例をひとまとめにするということは，時期としてはかなり幅のある13世紀前半という時期を1つの共時態(synchronie)と見なして分析するという意味を持っている。この点については，第10章で触れる。
　この節では，まず，例によって，語順のゆれを考慮しない資料体全体の異なり項目数と用例総数の分布をまとめてみる。5．1．に示した〔表2〕を使って，資料体全体の用例について，文頭に単独の要素として立つCの異なり項目数および用例総数（（　）内）とその横軸に占める百分率の概数（〔　〕内）の分布を示したものが〔表10〕である。
　この表からは，資料体全体の用例の分布とCの位階と機能の組み合わせによる下位区分における用例総数について，次の点が指摘できよう。
　①C_{OD}およびC_{OI}については，C〔MOT〕の位階でも，C〔SYN〕の位階で

も，すべての用例がＣＶＳ語順を取っており，ＣＳＶ語順はまったく見られない。また，Ｃ[PROP]の位階には，C_{OD}およびC_{OI}の機能を持った用例

〔表10〕

文頭 \ 後続		－Ｖ－Ｓ	－Ｓ－Ｖ	計
C[MOT]	C_{OD}	12 (63[100%])	0 (0[0%])	12 (63[100%])
	C_{OI}	1 (1[100%])	0 (0[0%])	1 (1[100%])
	C_C	42(1024[86%])	16 (161[14%])	58(1185[100%])
C[SYN]	C_{OD}	49 (78[100%])	0 (0[0%])	49 (78[100%])
	C_{OI}	11 (13[100%])	0 (0[0%])	11 (13[100%])
	C_C	297 (567[88%])	21 (80[12%])	318 (647[100%])
C[PROP]	C_{OD}			
	C_{OI}			
	C_C	18 (94[11%])	18 (733[89%])	36 (827[100%])

が見当たらない。一方，C_Cについては，C[MOT]，C[SYN]，C[PROP]の各位階において，ＣＶＳ語順およびＣＳＶ語順いずれの用例も見られる。これは，用例の分布についてのはっきりとした大きな特徴と言えよう。

②出現総用例数によるＣＶＳ語順とＣＳＶ語順の出現頻度を比べてみると、C_{OD}とC_{OI}については、①からも明らかなように、ＣＶＳ語順の出現率が100％である。一方、C_Cについては、Ｃ[MOT]の位階で、総用例数1185例のうち、ＣＶＳ語順が1024例で86％の出現率であるのに対し、ＣＳＶ語順は161例で14％の出現率である。また、Ｃ[SYN]の位階では、総用例数647例のうち、ＣＶＳ語順が567例で88％の出現率であるのに対し、ＣＳＶ語順は80例で12％の出現率である。Ｃ[MOT]とＣ[SYN]の位階では、わずかにＣ[SYN]の方が上回るもののほぼ同じ出現率で、ＣＶＳ語順の方がＣＳＶ語順よりも約6～7倍も出現頻度が高い。ところが、Ｃ[PROP]の位階では、総用例数827例のうち、ＣＶＳ語順が94例で11％の出現率なのに対し、ＣＳＶ語順は733例で89％の出現率である。Ｃ[MOT]とＣ[SYN]の位階に比べてＣ[PROP]の位階では、逆にＣＳＶ語順の方がＣＶＳ語順よりも約8倍も出現頻度が高くなっている。言い換えれば、C_Cについては、ＣＶＳ語順とＣＳＶ語順の出現頻度が、Ｃ[MOT]およびＣ[SYN]の位階とＣ[PROP]の位階の間で、かなり極端に逆転していることが分かる。

9．2．Ｃの位階と機能の組み合わせに基づく下位区分別の分析

次に、〔表10〕からは読み取ることができない、各欄（すなわち位階と機能の組み合わせによる下位区分）ごとのＣの異なり項目の個別内容、異なり項目ごとの出現用例数、および文頭に立つまったく同一のＣに対してＶＳ／ＳＶ両方の後続語順の用例が存在するＣ、すなわち語順にゆれが見られるＣがあるのかどうかという点について明らかにするために、Ｃの位階および機能の組み合わせによる下位区分別に、Ｃの異なり項目の個々の内容の一覧表を示してみる。

なお、ここでは、資料体全体としての下位区分別および語順別の用例の有無がはっきりしたので、以下に示す各一覧表の後に文頭のＣに後続する語順別に事例を１つずつ挙げておくことにする。従って、後続語順がゆれているＣについてはＶＳ語順の事例とＳＶ語順の事例の２つを挙げること

になる。

9.2.1. C[MOT]：C_{OD}の異なり項目の一覧表

　表の横軸は，そのＣが単独の要素として文頭に立った際に取る後続語順がＶＳであるかＳＶであるかで分かれている。縦にＣの異なり項目がアルファベット順に挙がっている。その各項目の右側の数値は，異なり項目としての数（従って，数値はすべて１である），および（　）内がその項目の出現用例数を示す。従って，表の「計」の数値は，以後の表についても同様であるが，〔表４〕の該当する欄の数値と一致している。

〔表11〕資料体全体のＣ[MOT]：C_{OD}

C[MOT]：C_{OD}－Ｖ－Ｓ		C[MOT]：C_{OD}－Ｓ－Ｖ	
autretel	1 (3)		
ce/ice	1 (49)		
honor	1 (1)		
joie	1 (1)		
Lancelot	1 (1)		
pes	1 (1)		
poor	1 (1)		
repos	1 (1)		
saluz	1 (1)		
toi	1 (2)		
vilanie	1 (1)		
vos	1 (1)		
計	12 (63)	計	0 (0)

C[MOT]：C_{oD}-V-S語順の事例：

(23) Q.G.[220/16] Et *ce* ne doit pas <u>l'en</u> tenir a merveille;
「人はそれを驚いてはならない。」

9．2．2．C[MOT]：C_{oI}の異なり項目の一覧表

〔表12〕資料体全体のC[MOT]：C_{oI}

C[MOT]：C_{oI}-V-S	C[MOT]：C_{oI}-S-V
vos 1（ 1）	
計 1（ 1）	計 0（ 0）

C[MOT]：C_{oI}-V-S語順の事例：

(24) M.A.[147/68] ; et *vos* fera homage <u>toz mes parentez</u>, fors seulement les deus rois,
「あなたには，2人の王だけを除き，わが一族すべてが敬意を表するでしょう。」

9．2．3．C[MOT]：C_cの異なり項目の一覧表

〔表13〕資料体全体のC[MOT]：C_c

C[MOT]：C_c-V-S	C[MOT]：C_c-S-V
adonc/ 　adonques/adont　 1（ 7）	

ainçois/ainz/			
ançois/einz	1 (15)		
ainsi/ainsint/einsi/			
einsint/ensi/issi	1 (108)		
alors	1 (2)		
altreci/			
autresi/autresin	1 (9)		
aprés	1 (11)	aprés	1 (1)
assez	1 (8)		
atant	1 (45)		
ausi/ausint/aussi	1 (35)		
autrement	1 (22)	autrement	1 (1)
bien	1 (10)		
çaienz/ceanz/ceenz	1 (3)		
		certes	1 (87)
ci/ici	1 (18)		
devant	1 (2)		
donc	1 (6)	donc	1 (1)
dont	1 (11)	dont	1 (8)
encor/encore	1 (31)		
hui	1 (1)		
ilec/illec/			
illuec/iluec	1 (9)		
itant/tant	1 (29)	tant	1 (1)
ja	1 (14)	ja	1 (11)
la	1 (6)		
laienz/leanz	1 (2)		
longuement	1 (3)		
lor/lors	1 (219)		

			meesmement	1 (1)
maintenant/meintenant	1 (24)		meintenant	1 (1)
mar	1 (1)			
meintefoiz	1 (1)			
merveilleusement	1 (1)			
mielz	1 (2)			
molt/moult/mout	1 (22)			
			neporec	1 (11)
			neporquant/ nonpourquant	1 (23)
			nequedant	1 (1)
non	1 (5)			
onques	1 (1)		onques	1 (9)
or/ore	1 (119)			
orendroit	1 (1)			
plus	1 (4)			
puis	1 (7)			
si	1 (188)			
			tantost	1 (1)
toutevoies	1 (12)			
touz	1 (1)			
trop	1 (7)			
			veraiement	1 (1)
			voire	1 (3)
voirement	1 (2)			
計	42(1024)		計	16 (161)

C[MOT]:Cc－V－S語順の事例：

(25) *S.E.*[6/1] *Lors descendi Placidas de la montaigne;*
「それからプラシダスはその山を下りた。」

C[MOT]:Cc－V－S～－S－V語順の事例：

(26) *Q.G.*[3/9] *Aprés li ceint Lancelot l'espee et ...*
「その後ランスローは彼に剣を佩かせる。」

(27) *S.E.*[19/8] *Aprés il comenda a chascun qu'il l'alassent querre,*
「その後彼はかれら1人1人にあの者を探しに行くようにと命じた。」

C[MOT]:Cc－S－V語順の事例：

(28) *M.A.*[35/36] *et neporquant ele me dist qu'ele me mostreroit son escu;*
「しかしながら彼女は私にその者の楯を見せてくれると申しました。」

9．2．4．C[SYN]:C_OD の異なり項目の一覧表

〔表14〕資料体全体のC[SYN]:C_OD

C[SYN]:C_OD－V－S		C[SYN]:C_OD－S－V
autre chose	1 (1)	
autre deu	1 (1)	
autre escu	1 (1)	
ce chastel	1 (1)	
ce meismes	1 (1)	
cel chevalier	1 (1)	
cele a senestre	1 (1)	

cele aventure	1 (	1)
cele virginité	1 (	1)
ces deus cox	1 (	1)
cest don	1 (	1)
ceste aventure	1 (	1)
ceste avision	1 (	1)
ceste/iceste chose	1 (	6)
ceste costume	1 (	1)
ceste parole	1 (	8)
ceste promesse	1 (	1)
ceste temptation	1 (	1)
cestui cop	1 (	1)
grant domage	1 (	1)
grant estor et grant meslee	1 (	1)
grant franchise	1 (	1)
icele table	1 (	1)
icestui message	1 (	1)
itel vertu	1 (	1)
itex/itieus/itiex/tieus/tiex/tex paroles	1 (	10)
la darreaine parole et vostre songe	1 (	1)
la derrienne	1 (	1)
la premiere	1 (	1)
l'escu	1 (	2)
l'uitiesme	1 (	1)
le respit de quarante jorz	1 (	1)

le retorner	1 (	1)
ma volenté	1 (	1)
meint autre miracle	1 (	1)
neis mes enfanz	1 (	1)
sa mort	1 (	1)
sa parole	1 (	1)
son cors	1 (	1)
son non	1 (	1)
tel loier	1 (	1)
tel parole	1 (	1)
tot/tout ce/ice	1 (	7)
toz barbarins	1 (	1)
tout ce plet	1 (	1)
toutes bones huevres	1 (	1)
toutes ces choses	1 (	2)
toutes ces vertuz	1 (	1)
victoire et honor	1 (	1)
計	49 (78)	計　　0 (0)

$C[SYN] : C_{OD} - V - S$

(29) *M.A.* [187/1] *Ceste parole* dist li rois Artus moult esmaiez.
「アーサー王はとても途方に暮れて，このような言葉を発しました。」

9. 2. 5. $C[SYN] : C_{OI}$ の異なり項目の一覧表

〔表15〕資料体全体の $C[SYN] : C_{OI}$

C[MOT]:$C_{oI}-V-S$		C[MOT]:$C_{oI}-S-V$	
a celui	1 (1)		
a cestui	1 (1)		
a celz de la cité	1 (1)		
a Guerrehet et a Agravain	1 (1)		
a Hestor	1 (1)		
a la bataille	1 (1)		
a l'un et a l'autre	1 (1)		
a lui	1 (1)		
a touz	1 (1)		
a touz les chevaliers de la Table Reonde	1 (1)		
a vos	1 (3)		
計	11 (13)	計	0 (0)

C[MOT]:$C_{oI}-V-S$語順の事例：

(30) *M.A.*[145/9] Sire, *a vos* m'envoie messire Gauvains a cui je sui ;
　「騎士様，私がお仕えしているゴーヴァン殿があなた様に私を遣わしました。」

9.2.6. C[SYN]:C_cの異なり項目の一覧表

〔表16〕資料体全体のC[SYN]:C_c

C[SYN]:$C_c - V - S$	C[SYN]:$C_c - S - V$
a aventure 1 (1)	
a biauté 1 (1)	
a bon droit 1 (1)	
a ce 1 (4)	
a cel cop 1 (1)	
a cel encontre 1 (1)	
a cel encontrer 1 (1)	
a cel tens 1 (1)	
a cele chose 1 (1)	
a cele eure 1 (2)	
a cele parole 1 (1)	
a cele table 1 (1)	
a celi termine 1 (1)	
a celui tens 1 (1)	
a ces criz et	
a ces noises 1 (1)	
a ces paroles 1 (4)	
a cest conseill 1 (3)	
a cest coup 1 (1)	
a cest fet 1 (1)	
a ceste aventure 1 (1)	
a ceste chose 1 (4)	
a ceste demande 1 (1)	
a ceste espee trere	
fors de cest perron 1 (1)	
a ceste parole 1 (4)	

a ceste Queste	1 (1)	
a ceus de ceanz	1 (1)	
a chief de piece	1 (1)	
a eure/heure/		
hore de none	1 (3)	
a force	1 (1)	
a hore de midi	1 (1)	
a issir	1 (1)	
a l'endemain	1 (5)	
a l'escouter	1 (1)	
a madame la reïne	1 (1)	
		a non Dieu 1 (3)
a poines	1 (1)	
		a son tens 1 (1)
a tant	1 (18)	
a tout le moins	1 (1)	
aprés ce	1 (4)	
aprés cele table	1 (2)	
aprés ceste avision	1 (1)	
aprés ceste chose	1 (1)	
aprés ceste parole	1 (5)	
aprés ceste vertu	1 (1)	
aprés cestui cop	1 (1)	
aprés la		
mort le roi Artu	1 (1)	
aprés le serpent	1 (1)	
aprés li	1 (1)	
aprés lui	1 (2)	
au cheoir	1 (1)	

au darain/				
darreain/derreain	1 (	3)		
			au departir	1 (1)
au jor de				
la Pentecouste	1 (	1)		
au matin	1 (	3)		
au meins	1 (	1)		
			au mien escient	1 (1)
au parcheoir	1 (	3)		
au partir	1 (	1)		
au quart	1 (	1)		
au quinziesme				
jor devant mai	1 (	1)		
			au revenir	1 (1)
au soir	1 (	1)		
au tierz jor	1 (	1)		
avec aux	1 (	1)		
avec ce	1 (	2)		
avec li	1 (	2)		
avec lui	1 (	1)		
avec vos	1 (	1)		
cel jor	1 (	3)		
cele/icele nuit	1 (	26)		
celui jor/jour	1 (	14)		
celui/icelui				
jor meïsmes/meismes	1 (	4)		
celui soir	1 (	2)		
ci endroit	1 (	4)		
ci pres	1 (	1)		

contre humilité	1 (	1)
contre le filz de ta mere	1 (	1)
contre virginité et chasteé	1 (	1)
d'ausi haut lignage	1 (	1)
d'itant	1 (	1)
d'une part	1 (	1)
de ce	1 (	13)
de cel Arbre	1 (	2)
de cel lac	1 (	1)
de cel sanc	1 (	1)
de cel serpent	1 (	1)
de cele	1 (	2)
de cele part	1 (	1)
de celui	1 (	3)
de celui cop	1 (	1)
de celui lac	1 (	1)
de celui sanc	1 (	1)
de ces deus virges	1 (	1)
de ces nuef	1 (	1)
de ces trois	1 (	1)
de ces trois choses	1 (	1)
de ces trois colors	1 (	1)
de cest songe	1 (	1)
de ceste aventure	1 (	2)
de ceste/cette chose	1 (	7)
de ceste chose fere	1 (	1)
d'autre part	1 (	2)

de ceste damoisele	1 (	1)
de ceste novele	1 (	1)
de ceste parole	1 (	1)
de chevalerie	1 (	2)
de chiens d'oiseaus	1 (	1)
de combatre a li	1 (	1)
de compaignie	1 (	1)
de fruit	1 (	1)
de l'orgueill		
a ceus dedenz	1 (	1)
de la tombe	1 (	1)
de la veue des eulz	1 (	1)
de lui	1 (	1)
de meismes	1 (	1)
de moi	1 (	1)
de mon mon	1 (	1)
de mort	1 (	1)
de nul plus		
preudome de vos	1 (	1)
de par Dieu	1 (	1)
de pierre	1 (	1)
de plus preudome ne de		
meillor chevalier	1 (	1)
de sa mort	1 (	1)
de sivre chevalerie		
et de fere d'armes	1 (	1)
de tant	1 (	3)
de tel aage ne		
de tel semblant	1 (	1)

de tel maniere et de tel force	1 (	1)
de tel viande	1 (	1)
de tout ce	1 (	1)
de toutes parz	1 (	1)
de trop douter	1 (	1)
de toi	1 (	1)
de toz çax de la Table Reonde	1 (	1)
de vos	1 (	1)
de vos deus	1 (	1)
de vos meismes	1 (	1)
de vostre venue	1 (	1)
dedenz ce terme	1 (	1)
dedenz cel lit	1 (	1)
dedenz celui terme	1 (	1)
del demorer	1 (	1)
del pooir del cors	1 (	1)
del remanant	1 (	1)
del resuscitement	1 (	1)
del revenir	1 (	1)
del test	1 (	1)
del tornoiement	1 (	1)
des icele eure	1 (	1)
des lors	1 (	1)
des lors en avant	1 (	1)
des or mes	1 (	1)
des ore	1 (	1)
des pechiez mortiex	1 (	1)

des trois sanz tache	1 (	2)
devant ax	1 (	1)
devant ce	1 (	1)
devant cel Arbre	1 (	1)
devant l'autel	1 (	1)
devant l'uis	1 (	1)
devant la nuit	1 (	1)
devant le Saint Vessel	1 (	1)
Dieu merci et la vostre	1 (	2)
dou cors	1 (	1)
einsi garniz de toutes bontés et de toutes vertuz terriennes	1 (	1)
el milieu des deus tombes	1 (	1)
el siege Boort/Hestor/Gaheriet	1 (	3)
en ce	1 (	4)
en ce chastel	1 (	1)
en ce lit	1 (	1)
en ce pensé	1 (	1)
en cel besier	1 (	1)
en cel bois	1 (	2)
en cel hermitage	1 (	1)
en cel penser	1 (	2)
en cel siege	1 (	1)
en cele	1 (	2)

en cele chambre	1 (2)			
en cele nef	1 (1)			
en celui	1 (1)			
en ceste partie	1 (5)			
en ceste plaigne	1 (1)			
en ceste voie	1 (1)			
en dormant	1 (1)			
		en fin	1 (1)	
en grant effroi	1 (1)			
en la cité de Gaunes	1 (1)			
en la derreniere	1 (1)			
en la Queste del Saint Graal	1 (1)			
		en nom/non Deu/Dieu	1 (9)	
		en nule maniere	1 (1)	
en peril	1 (1)			
en plus demorer	1 (1)			
en poor avoir	1 (1)			
en si pou de terme	1 (1)			
en tel duel et en tel ire	1 (1)			
en tel duel et en tel martire	1 (1)			
en tel maniere	1 (13)			
en toz ces set	1 (1)			
en toz les cinc anz	1 (1)			
en toz leus	1 (1)			
en vos	1 (1)			
en vostre terre	1 (1)			

encontre cest afere	1 (	1)
entre mes ennemis	1 (	1)
es circonstances dou firmament	1 (	1)
es deus autres aprés	1 (	1)
grant piece	1 (	2)
jusques la	1 (	1)
l'endemain	1 (	4)
la nuit	1 (	1)
le jor meismes	1 (	1)
le soir	1 (	1)
o ces trois	1 (	1)
ou mileu dou lit	1 (	1)
ou perron	1 (	1)
par Abel	1 (	1)
par bataille	1 (	1)
par Caym	1 (	1)
par ce	1 (	8)
par cele a destre	1 (	1)
par cele a senestre	1 (	1)
par cele entencion	1 (	1)
par ces deus choses	1 (	1)
par ceste aventure	1 (	1)
par ceste espee	1 (	1)
par ceste parole	1 (	2)
par deça	1 (	1)
par delés cele fontaine	1 (	1)

par aventure 1 (1)

par essample		par Dieu	1 (4)
de son bien fere	1 (1)		
par eve	1 (1)		
par feu	1 (1)		
		par foi	1 (28)
par la			
bone vie de vos	1 (1)		
par la confession	1 (1)		
par la proesce			
des compaignons			
de la Table Reonde	1 (1)		
par le			
Chastel as Puceles	1 (1)		
par le			
conseil Josephe	1 (1)		
par le frain	1 (1)		
par le non			
del chastel	1 (1)		
par le pré	1 (1)		
par le rastelier	1 (1)		
par le roi Amant	1 (1)		
par le signe			
del baptesme	1 (1)		
par les			
set chevaliers	1 (1)		
par les toriaux	1 (1)		
par li	1 (1)		
par lui	1 (1)		

par mort	1 (	1)	par mon chief	1 (5)
			par Sainte crois	1 (1)
par tel couvent	1 (	1)		
par toi	1 (	1)		
par vostre defaute	1 (	1)		
plus biau ne				
plus cointement	1 (	1)		
por aler par				
estranges terres et				
en loingtains païs				
et por chevauchier				
de jorz et de nuiz	1 (	1)		
por amour				
de cest coup	1 (	1)		
por autre chose	1 (	1)		
por/pour ce/ceu	1 (	84)		
por ce cop	1 (	1)		
por cele parole	1 (	1)		
por celui meffet	1 (	1)		
por/pour ceste chose	1 (	4)		
por ceste parole	1 (	1)		
			por Dieu	1 (1)
por icele venjance	1 (	1)		
por l'amor de lui	1 (	1)		
por l'amor de toi	1 (	1)		
por la pes porchacier	1 (	1)		
por le pleur	1 (	1)		
por lor				

grant desloiauté	1 (	1)
por lui	1 (	1)
por moi	1 (	2)
por neant	1 (	1)
por nule riens	1 (	1)
por pes	1 (	1)
por plus		
preudome sauver	1 (	1)
por si pou de chose	1 (	1)
por tex jeus		
e por autres	1 (	1)
pour la bataille	1 (	1)
pres de lui	1 (	1)
quatre anz	1 (	1)
quatre jorz	1 (	1)
quatre jorz aprés		
ceste requeste	1 (	1)
salve vostre grace	1 (	1)
sans/sanz faille	1 (	14)
sanz ce	1 (	1)
sanz grant merveille	1 (	1)
sanz grant senefiance	1 (	1)
sanz la mort		
de maint preudome	1 (	1)
sanz lui	1 (	1)
sanz mort	1 (	1)
solement en volenté	1 (	1)
sor ceste piere	1 (	1)
sor toutes choses	1 (	1)

tot/tout celui jor	1	(2)			
tot/tout le jor	1	(6)			
totes/toutes voies	1	(6)			
tout ausi	1	(1)	tot ausi	1	(1)
tout einsi/einsinc	1	(3)			
tout en ceste maniere	1	(1)			
tout en tel maniere	1	(1)			
tout premierement	1	(1)			
toute cele semeinne et l'autre aprés	1	(1)			
toute jor	1	(1)			
toute la nuit	1	(2)			
touz/toz jorz	1	(3)			
toz dis	1	(1)			
trois jorz	1	(1)			
trois jorz devant l'assemblee	1	(1)			
trop longuement	1	(1)			
un an et trois jorz	1	(1)			
un jor	1	(2)			
un poi aprés eure de none	1	(1)			
un pou aprés eure de prime	1	(1)			
計		297 (567)	計		21 (80)

第 9 章   171

C[SYN]：Cc －V－S語順の事例：
(31) *S.E.*[11/1] *Aprés ce* repaira Eustaces a son ostel,
　　「この後ウスタスは自分の館に戻りました。」

C[SYN]：Cc －V－S～－S－V語順の事例：
(32) *Q.G.*[66/33] *Tout ausi* seroit perdue en vos la peine nostre,
　　「同じように私たちの骨折りもあなたにとって無駄になるでしょう。」
(33) *S.E.*[14/24] *Tot ausi* li enfes que li leus ravi eschapa
　　sain e sauf,
　　「同じように狼がさらった子供も無事に助かりました。」

C[SYN]：Cc －S－V語順の事例：
(34) *M.A.*[168/23] et *d'autre part* touz li siecles li aportoit
　　et ...
　　「一方，すべての者たちが彼に付け届けをした。」

9．2．7．C[PROP]：Cc の異なり項目の一覧表

〔表17〕資料体全体のC[PROP]：Cc

C[PROP]：Cc －V－S	C[PROP]：Cc －S－V
	a ce que PROP　　1（ 1）
ainçois/ainz/ançois	ainz/ançois
que PROP　　　　1（ 7）	que PROP　　　　1（ 2）
aprés ce que PROP　1（ 1）	
autant come PROP　1（ 1）	
	comment que PROP　1（ 4）
	des que PROP　　　1（ 1）

des lors que PROP	1 (1)		
einsi 〜 comme PROP	1 (1)		
en ce que PROP	1 (13)	en ce que PROP	1 (12)
endementiers/endementres que PROP	1 (4)	endementiers/endementres que PROP	1 (6)
entretant com PROP	1 (1)		
la ou PROP	1 (5)	la ou PROP	1 (1)
maintenant que PROP	1 (1)	meintenant que PROP	1 (5)
par ce que PROP	1 (4)		
por ce que PROP	1 (32)	por ce que PROP	1 (2)
puis que PROP	1 (2)	puis que PROP	1 (37)
		qant/quant PROP	1 (396)
		que que PROP	1 (6)
		qui PROP	1 (11)
		qui que PROP	1 (1)
se PROP	1 (4)	se PROP	1 (215)
si 〜 comme PROP	1 (2)		
si tost com/comme PROP	1 (5)	si tost com/come/comme PROP	1 (31)
tant comme PROP	1 (5)	tant comme PROP	1 (1)
(tout) einsi com/comme PROP	1 (5)	tout einsi comme PROP	1 (1)
計	18 (94)	計	18 (733)

C[PROP]: $C_c - V - S$ 語順の事例：

(35) *M.A.*[123/12] car *autant come g'i demorai* m'i avint il

toute boneürté plus abandoneement que ele ne feïst se je fuisse en une autre terre.
「というのも，ここに留まるかぎり，他の地にいるよりもはるかに私は幸福に満たされるでしょうから。」

C[PROP]: $C_c - V - S \sim - S - V$ 語順の事例:
(36) M.A.[159/26] *Ançois qu'il fu bien ajourné*, commanda li rois que on destendist ses tres et ses paveillons.
「夜がすっかり明ける前に王は天幕を片づけるように命じた。」
(37) S.E.[28/28] e *ançois qu'il a moi repairast*, uns lions sailli del bois qui ...
「彼が私の所へ戻る前に1匹のライオンが森から飛び出しました。」

C[PROP]: $C_c - S - V$ 語順の事例:
(38) Q.G.[21/15] Et *quant il fu bien ajorné*, li rois se leva de son lit.
「夜がすっかり明けると王は床から起き上がりました。」

9.3. 同一のCによる語順のゆれを含む異なり項目数に基づく分析

9.2.1.〜9.2.7.の各節で示した，Cの位階および機能の組み合わせによる下位区分別の異なり項目の一覧表によって，文頭に立つまったく同一のCに対してVS／SV両方の後続語順の用例が存在する，すなわち語順にゆれが見られるCがどれかがはっきりした。

そこで，5.1.に示した〔表3〕を使って，文頭のCの異なり項目数を示したのが〔表18〕である。

文頭に立つCによる語順のゆれを考慮に入れて資料体全体の用例を分析したこの表によれば，次のような点が指摘できよう。

〔表18〕

文頭	後続	−VS	−VS〜SV	−SV	計
C[MOT]	C_{OD}	12 [100%]	0 [0%]	0 [0%]	12 [100%]
	C_{OI}	1 [100%]	0 [0%]	0 [0%]	1 [100%]
	C_C	34 [68%]	8 [16%]	8 [16%]	50 [100%]
C[SYN]	C_{OD}	49 [100%]	0 [0%]	0 [0%]	49 [100%]
	C_{OI}	11 [100%]	0 [0%]	0 [0%]	11 [100%]
	C_C	296 [93.4%]	1 [0.3%]	20 [6.3%]	317 [100%]
C[PROP]	C_{OD}	/	/	/	/
	C_{OI}	/	/	/	/
	C_C	7 [28%]	11 [44%]	7 [28%]	25 [100%]

①C_{OD}およびC_{OI}については，用例のまったく見当たらないC[PROP]の位階を除いて，C[MOT]の位階でも，C[SYN]の位階でも，用例が極端に少ない箇所もありはするが，100％CVS語順が保持されている。

②C_Cについては，C[MOT]の位階では，CVS語順を取るものが他の語順，すなわち，CVS語順とCSV語順の間でゆれているものおよびCSV語順を取るものに比べて，はるかに多く，68％と全体の7割近くにな

っている。しかし，他の残りの語順のグループも，語順が揺れているものが16％，ＣＳＶ語順を取るものも同じく16％と少ないながらある程度見受けられる。

③同じく，C_c について，C[SYN]の位階では，ＣＶＳ語順を取るものが圧倒的に多く，全体の93％強を占め，ＣＳＶ語順を取るものが６％強ほど見られる。また語順がゆれているものも１例（0.3％）ほど見受けられた。

④さらに，C_c について，C[PROP]の位階では，ＣＶＳ語順を取るもの28％とＣＳＶ語順を取るもの28％が，割合としては最も多くその両語順の間でゆれているもの44％を挟んで，拮抗した状態になっている。従来の古フランス語の語順に関する記述にあるように，この時期はまだ動詞第２位が原則であったはずであることを考慮すれば，これは特徴的な「発見」であると言えよう。

第10章　13世紀前半を中心とした語順変化の実相とメカニズム

　これまで，第6～8章において，個々の散文作品ごとに資料の分析を行ない，第9章において，そのデータを13世紀前半の散文資料ということで1つの資料体にまとめ，全体の分析を行なった。
　本章では，この結果をもとにして，13世紀前半を中心とした語順変化の実相とそのメカニズムについて考察を行なう。その際，（Ⅰ）なぜ文頭のCの違いによってCVS語順，CVS～CSV語順，CSV語順という3つのグループの違いが生まれたのか，（Ⅱ）その違いはCの位階や機能による下位区分のどの範囲において起こったのか，（Ⅲ）C_cについてCVS語順からCSV語順への移行時期の遅いか早いかの時期的ずれは，いかなる要因によって引き起こされたのか，さらに，（Ⅳ）その移行はCのどの下位区分から，どのような過程をたどって起こったと考えられるのかという中心的問題を実証的に明らかにしたい。そして，最終的には13世紀前半を中心とした語順変化の全体像を描くことにしたい。

10．1．言語の体系と変化に関する基本的考え方
10．1．1．言語資料と共時態
　第6章で分析した*M.A.*，第7章で分析した*Q.G.*，第8章で分析した*S.E.*は，それぞれその作品の成立時期の言語状態を表わす資料として1つ1つを共時態と捉えることができ，確かに微視的(microscopique)観点からすれば，個別の作品の間には，それぞれの作品に含まれる用例の分布について，文頭に立つCの属する位階および機能等により大なり小なり違いは存在する。しかし，その一方で，純粋共時態などというようなものを持ち出すまでもなく，共時態というものがそもそも方便的虚構である以上，巨視的(macroscopique)観点からすれば，上述のような成立が近い時期にある

とされるいくつかの個別の作品を1つにまとめた資料体全体を1つの共時態と捉えることも許されるはずである。

このような前提に立って, 前章では, M.A., Q.G., S.E. という別個の3つの作品から収集した用例を1つにまとめた資料体全体を, 13世紀前半の古フランス語の共時的な言語状態と捉えて分析を行なった。

前章の分析結果を踏まえて, 古フランス語における語順変化の実相とそのメカニズムについて考察を行なうに当たって, 上述の巨視的観点というものが, 本研究のような研究には必要であり, かつ有用でもあることを説明することから話を始めることにしたい。

10.1.2. 言語の共時的ゆれと通時的変化の関連性

言語の共時態と通時的変化の関係について, Lyons(1968)は次のように述べている[1]。

「ある言語の通時的に決定される2つの「状態」の間の相違の多くが, その言語に同時に存在する2つの「変種」の中に存在するかもしれないということを理解することは重要である。巨視的と区別された微視的観点から見れば, 通時的な「変化」と共時的な「変種」との間を明確に区別することは不可能である。」

このことは, 2つの共時的変種（共時態）の中に通時的に隔たった2つの状態の間の相違（通時的変化）を読み取ることができ得ることを示している。そして, このような手法は, 例えば, 井上(1977)に述べられているように[2], 「空間から時間をたどる」言語地理学の方法論とも一脈相通じるものである。ただ, それを微視的観点から明確に読み取ることは不可能であるとも述べられている。

そして, さらにLyons は次のようにも述べている[3]。

「その上, 通時的発達（言語変化）という観念が最も効果的に適用

されるのは，巨視的に —— 即ち，時間の上でお互いから比較的離れた言語の「状態」を比較して —— 眺めた時であることを念頭にとどめておかねばならない。」

　さて，それでは，2つの「変種」が同時に存在する1つの共時的体系の中に通時的言語現象を読み取るための端緒は，どのようにして感知し得るのであろうか。すなわち，一体共時態の中のどの部分に目を向ければ言語変化の跡を見出すことができるような，言語に同時に存在する複数の「変種」どうしを具体的につかむことができるのであろうか。一般に我々は日々の言語活動の中に，言い換えれば，1つの共時態の真っ直中に身を置きながら，言語の変化を感じ取るということは，意識していてもなかなかできるものではない。しかし，何か通時的変化を感じ取ることができるような着目点のようなものがないものであろうか。松本(1993)における次の指摘は，その手掛かりを与えてくれるものである[4]。

　　「通時現象とされる言語変化は，実は「共時的ゆれ」という形で言
　　語の共時態の中に常に内蔵されている。これは最近の社会言語学的研
　　究によってますます明らかとなった事実であるが，…」

すなわち，通時的変化というものは，共時態のなかでは「共時的ゆれ」という形を取って現れるということである。逆に言えば，「共時的ゆれ」に着目すれば，そこには，通時的変化の端緒が開かれているということになる。

10．2．資料体全体の分析結果に基づく考察
10．2．1．共時態に現われる3つの変種について
　そこで，まず，第9章（9．3．）で示した〔表18〕に基づいて考えてみると，第1に問題となるのは，（Ⅰ）そもそもなぜ文頭のCの違いによ

ってCVS語順，CVS〜CSV語順，CSV語順という3つのグループの違いが生まれたのかという点である。

　これは，古フランス語における古い語順である動詞第2位のCVS語順から新しい語順であるCSV語順への語順変化があったという事実と，前節で引用したLyons(1968)に指摘されている共時的「変種」と通時的「変化」の関連性ならびに松本(1993)で指摘されている「共時的ゆれ」と言語変化の関連性を考え合わせるなら，自ずから答えが出てくるように思われる。この〔表18〕の結果を，前節で説明した考え方のもとに1つの共時態と見なすならば，その共時態の中に同時に存在するCVS語順，CVS〜CSV語順，CSV語順という3つの「変種」は，それ自体がまさに「共時的ゆれ」である。そして，このゆれの存在は，文頭に立つCによってVS語順からSV語順への後続語順の移行時期に早い遅いの差異があり，それを13世紀前半という時期の範囲で切り取ってその断面を1つの体系として見ると，そのような3つのグループに分かれて見える結果になっているということである。すなわち，CVS語順を取っているものはまだ新しい語順に移行していないものであり，CVS語順とCSV語順の間で語順がゆれているものは移行しつつあるけれどもまだ移行し終わっていないものであり，CSV語順を取っているものはこの13世紀前半の時期に入るまでにすでに新しい語順に移行し終えたものであるということになる。

　次に，（Ⅱ）その違いはCの位階や機能による下位区分のどの範囲において起こったのかという点について考えてみる。この3つのグループに分かれるCについては，前章（9．3．）で示した〔表18〕の結果からも明らかなように，機能に関する下位区分上の制約がある。

　まずその結果の確認をしておきたいが，〔表18〕から得た結果の①で指摘したように，CのうちC$_{OD}$およびC$_{OI}$については，用例のまったく見当たらないC[PROP]の位階を除いて，C[MOT]の位階でも，C[SYN]の位階でも，用例が極端に少ない箇所もありはするが，100％CVS語順が保持されている。一方，C$_C$については，結果の②，③，④で指摘したように，Cの属する位階によって割合の違いはかなりあるものの，各位階いずれに

おいても，ＣＶＳ語順，ＣＶＳ～ＣＳＶ語順，ＣＳＶ語順という３つのグループそれぞれの用例が存在している。

従って，この時期，文頭に立った場合に後続語順が３つのグループに分かれるのはC_Cのみであり，C_{OD}およびC_{OI}については，ＶＳという後続語順を取るものしかないということが分かる。

ちなみに，このことは，そのまま第４章（4.1.3.）でWartburg(1971)の記述を引用した際に提起した，C_{OD}とC_Cの違いが13世紀前半の語順変化にどのように関係してくるのかという問いの答えでもある。この後かなり時代が下ってから，すなわちWartburg(1971)によれば17世紀に入ってからであるが，このC_{OD}ＶＳという語順は，そしておそらくC_{OI}ＶＳという語順についても消滅してゆくわけである。

そこで，以上の点を踏まえて，上述の（Ⅰ），（Ⅱ）に対する説明をまとめると，次の〔図２〕のように図示することができよう。

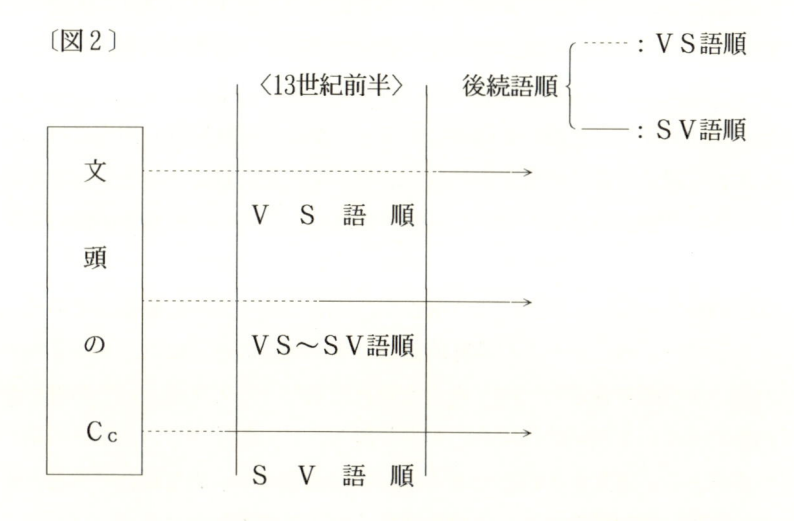

〔図２〕

```
            〈13世紀前半〉       後続語順 ┌─── : ＶＳ語順
                                         │
 ┌──┐   ┄┄┄┄┄┄┄→                   └─── : ＳＶ語順
 │文│
 │頭│       Ｖ Ｓ 語 順
 │の│   ┄┄┄┄┄┄┄→
 │  │
 │$C_C$│    ＶＳ～ＳＶ語順
 │  │   ─────→
 └──┘
             Ｓ Ｖ 語 順
```

10.2.2. C_CＶＳ語順からC_CＳＶ語順への移行時期のずれの要因

さて，次に問題となるのは，（Ⅲ）上述のC_CについてＣＶＳ語順からＣＳＶ語順への移行時期の遅いか早いかの時期的ずれは，いかなる要因に

よって引き起こされるのかという点である。

　この点については，まず，前節で説明したC_{OD}およびC_{OI}とC_Cの語順上の分布の違いに再度着目する必要がある。文頭に立った場合，C_{OD}およびC_{OI}の後続語順は100％ＶＳ語順であり，C_Cの後続語順は３つのグループに分かれる。この事実を説明するには，C_{OD}およびC_{OI}とＶとの結びつき方とC_CとＶとの結びつき方に何らかの差異があると考えるのが妥当であるように思われる。筆者はこれをＣとＶとの意味的結びつきの強さの違いと捉えている。この概念は，4．2．1．1．において「接触原理」を紹介した際に出てきた「意味的まとまり」あるいは「意味関係」と表現の上では似ているように見えるが，その内実は似て非なるものであることが，「接触原理」についての議論のところで指摘した問題点からも充分に分かっていただけると思うが，もう一度断っておく方が良かろう。すなわち，筆者は動詞第２位の語順のうちＣＶＳがＣＳＶへと変化してゆく過程を問題としているが，「接触原理」の方はラテン語から古フランス語へと動詞第２位の体系が形成されてゆく過程でのＣＶＳ語順を問題としている。また，我々はＣの位階や機能の組み合わせに基づく下位区分というＣの内部の範列関係による違いを問題にしているが，「接触原理」の方には，そのような観点に基づく考え方はない。そして，我々はＣとＶとの意味的結びつきの「強さの違い」ないし「強さの度合い」といった強さの段階を想定しているが，「接触原理」の方には，そのような細かい区別にまで注意は払われていない。以上のような点が，両者の間の大きな相違点である。

　そして，このＣとＶとの意味的結びつきの強さの違いには，文法上もその違いが判断できる明示的な場合と隠れた基準として文法上はその違いが判断できない非明示的な場合とがあり得る。C_{OD}およびC_{OI}とＶとの結びつき方とC_CとＶとの結びつき方の違いは前者の明示的な場合である。後者の非明示的な場合については後述するが，この考え方に基づけば，C_{OD}およびC_{OI}とＶとは結びつきが強いので，後続語順がＶＳ語順しか取らないのに対して，C_CとＶとはそれに比べると結びつきが弱いので，後続語順がＶＳ以外にＶＳとＳＶの間でゆれたり，ＳＶとなるものも出てきて３

つのグループに分かれるのであるということも無理なく説明することができる。

　この文頭のCとVとの関係について，筆者と同様の観点について触れている研究者は，すでに4．2．1．1．で述べたように，Zwanenburg のみである。氏は1300年を境にCSV語順が特徴的になるとして，その条件について，特に「文頭のCとVの間のつながりの緊密さのいくつかの段階（degrés différents d'étroitesse du lien entre complément antéposé et verbe）」を考慮すべきことを指摘している[5]。しかし，残念ながら，氏はこれ以上具体的には何も述べておらず，当然ながら，筆者が前述した明示的な場合と非明示的な場合の区別についても触れてはいない。また，この件に関する氏の論文も，筆者の知るかぎり，見当たらない。

　そこで，まず，C_{OD} および C_{OI} とVとの意味的結びつきと C_C とVとの意味的結びつきの強さの違いに関しては，次のような指摘ができよう。

　ⅰ）CVS語順を保持しようとするはたらきは，C_C よりも C_{OD}，C_{OI} の方が強い。

　また，もう1つの明示的な場合が，C[MOT]およびC[SYN]の位階の C_C とVとの意味的結びつきとC[PROP]の位階の C_C とVとの意味的結びつきの強さの違いに関するものである。

　そこで，もう一度〔表18〕に戻って，結果②，③，④を見ると，次のようにまとめることができる。C_C について，C[MOT]の位階では，CVS語順を取るもの（全体の68％）が他の語順，すなわち，CVS語順とCSV語順の間でゆれているもの（全体の16％）およびCSV語順を取るもの（全体の16％）に比べて，はるかに多く，C[SYN]の位階でも，CVS語順を取るもの（全体の93.4％）が，CSV語順を取るもの（全体の6.3％）やCVS～SV語順を取るもの（0.3％）を圧倒している。これに対し，C[PROP]の位階では，CVS語順を取るもの（全体の28％）とCSV語順を取るもの（全体の28％）が，割合の最も多い，両語順の間でゆれているも

の（全体の44％）を挟んで，拮抗した状態になっている。
　従って，この結果を踏まえれば，第2に次のような指摘ができよう。

　ⅱ）CVS語順を保持しようとするはたらきは，同じC_cどうしなら，C[PROP]よりもC[MOT]，C[SYN]の方が強い。言い方を変えれば，CVS語順からCSV語順に移行しようとするはたらきは，C_cどうしなら，C[MOT]，C[SYN]よりもC[PROP]の方が強い。

　さらに，筆者は，この意味的結びつきの強さの違いが，さらに文頭に立つC_cについて後続語順が3つのグループに分かれる，その3つのグループの違いにも関与しているのではないかと考えているが，これが，先程述べた非明示的な場合である。この場合の意味的な違いは，文法上はその違いが判断できない同じC_cどうしについてであるので，明示的にその差異を証明するのが容易ではないが，こういったものどうしの間にもVとの関係で意味的結びつきの強さの違いは存在すると筆者は考えている。その理由は，一般言語学的に，文の構成要素と構成要素の間の意味的な結びつきの強さの違いが，隠れた基準として統語的な面に影響を及ぼすことは充分にあり得ることだからである。この種の隠れた基準とでも言うべきものの存在については，もう少し詳しい説明が必要であろう。
　例えば，英語におけるVとC_{OD}の結びつきに関する次の事例を見られたい。

(39) a. Paul quickly opened the door.
　　 b. Jenny quietly read the book.

(40) a. Paul opened the door quickly.
　　 b. Jenny read the book quietly.

(41) a. *Paul opened quickly the door.

b. *Jenny read quietly the book.

(42) a. Bill saw quickly the intention.
b. She repeated softly her question.
c. John yelled forcefully the command.

　(39)では，quickly, quietlyという副詞がSとVの間に置かれており，(40)では，C_{OD}の後の文末に置かれている。そして，いずれの場合も文法的文((英)grammatical sentence)[6]となっている。ところが，(41)[7]では，同じ副詞がVとC_{OD}の間に置かれて非文((英)ungrammatical sentence)[8]となっている。一方，(42)では，quickly, softly, forcefully といった副詞がVとC_{OD}の間に置かれているけれども文法的文となっている。問題なのは，統語上は同じ条件のもとにあると考えられるにもかかわらず，なぜ(42)の文は容認されるのに，(41)の文は容認されないのかということである。これらの例は，Chomsky[9]の「統率・束縛理論(Government-Binding Theory)」の格付与に関する格理論(Case Theory)において，「隣接性条件(adjacency condition)」により説明される事例としてよく引き合いに出されるものである[10]。

　しかしながら，統語上の規則に依るまでもなく，(41)と(42)では，VとC_{OD}の意味的な結びつきの強さに違いがあると筆者は考える。この違いは，母語話者が直観によって判断できたり，そうでなくてもその言語をある程度以上に理解できる者なら感じ取れるものであり，意味上の違いであるがゆえに明示することはなかなか困難な性質のものではあるが，説明は可能である。

　筆者は，(41)におけるVのopen, readとC_{OD}のthe door, the bookの間の意味的結びつきの方が，(42)におけるVのsee, repeat, yell とC_{OD}のthe intention, her question, the commandの間のそれより強いので，前者ではVとC_{OD}の間に副詞が割って入ることが許されず，後者では許されるのではないかと考える。これは，VとC_{OD}の間の項目連結((英) collocation)[11] あるいは意味的一致((英) semantic congruence)[12] と関係が深いものと考えられる。すなわち，open するものと言えば，door あるいは window がまず思い浮かぶし，read するものと言えば，まず book が思い浮かび，read の場合 book という C_{OD} がなくても「本を読む」という意味があり，両者は呼応する意味的特徴あるいは意味的共起関係とでも言うべきものを有していると言えよう。一方，see, repeat, yell の方は，それだけで intention, question, command という C_{OD} が，open, read の場合ほどにすぐ思い浮かぶことはないであろう。

　この事例から考えても，CとVとの意味的結びつきの強さには，たとえそれが非明示的であろうと，違いが存在することは理解されよう。

　そこで，もう一度（Ⅲ）の問題に戻って言えば，CとVの意味的結びつきの強さの違いは，CVS語順を保持したりCSV語順に移行したりするはたらきと密接に関わっており，もはや言うまでもないことかもしれないが，CVS語順を保持しようとするはたらきは，Vとの意味的結びつきが緊密な方が強く，逆に言えば，CSV語順に移行しようとするはたらきは，Vとの意味的結びつきが緩い方が強いということである。従って，CVS語順を保持しようとする力が強ければ，当然CSV語順へ移行する時期は遅れることになり，その力が弱ければ，CSV語順へ移行する時期は早くなるということで，結果として，語順の移行時期のずれを生むことになるということである。

　このように考えれば，C_c がCVS語順からCSV語順への移行時期のずれによって3つのグループに分かれることになった問題も，無理なく説明できるものと考える。

10．2．3．13世紀前半を中心とした語順変化の全体像

　これまで検証してきたことをまとめ，（Ⅳ）CVSからCSVへの語順の移行はCのどの下位区分から，どのような過程をたどって起こったと考えられるのかという点を含めて，13世紀前半を中心とした語順変化の全体像を描いてみたい。

第 10 章　　　　　　　　　　　187

　古フランス語における動詞第2位の語順のうち，C_{OD}およびC_{OI}が文頭に立つ場合には，13世紀前半の時期には，動詞第2位に何の変化も見られずＣＶＳ語順のままであった。一方，C_c が文頭に立つ場合については，少なくとも13世紀前半の時期にはすでに，ＣＳＶ語順を取るものが現われている。その端緒となったと考えられるのは，その出現頻度において圧倒的で，しかも位階の面でも機能の面でもＶとの意味的結びつきが最も緩いと考えられるＣ[PROP]のC_c である。このＣ[PROP]のC_c が，13世紀より以前にすでにＣＶＳ語順からＣＳＶ語順への移行を始め，13世紀前半の時期に入ると，用例総数の出現率では，ＣＶＳ語順が11％（94例），ＣＳＶ語順が89％（733例）となり，異なり項目数の割合でもＣＶＳ語順が28％（7例），ＣＶＳ〜ＳＶ語順が44％（11例），ＣＳＶ語順が28％（7例）という状況になった。位階の面でＣ[PROP]よりＣとＶとの意味的結びつきが強いと考えられるのはＣ[MOT]およびＣ[SYN]であるが，さらに機能の面でＶとの意味的結びつきが緊密なC_{OD}およびC_{OI}は，上述の通り13世紀前半においても100％ＣＶＳ語順のままであった。しかしながら，機能の面でC_{OD}およびC_{OI}よりＶとの緊密さが弱いC_c は，Ｃ[PROP]の位階に続いて，Ｃ[SYN]の位階でも，Ｃ[MOT]の位階でも，少しずつＣＳＶ語順やＣＶＳ〜ＳＶ語順のものが現われ始めたというのが13世紀前半の状態であると考えられよう。

　この後，Ｃ[SYN]の位階でも，Ｃ[MOT]の位階でも，C_{OD}およびC_{OI}については，ＣＶＳ語順がそのまま存続し，17世紀に入ってこれが禁止されることにより消滅し（64ページ参照），C_c については，Ｃ[SYN]の位階でも，Ｃ[MOT]の位階でも，ＣＳＶ語順への移行が進み，14世紀以降は，WartburgやZwanenburgなどが指摘する通り，ＣＳＶ語順が少しずつ支配的となり，現代フランス語に向けて原則になっていったと推定できよう。

10．3．文頭に立つまったく同一のC_c の後続語順のゆれ

　10．2．1．において，文頭に立つまったく同一のC_cの後続語順がＶ

SとSVの間でゆれを起こすという現象は，ちょうど13世紀前半という時期において，CVSからCSVへの語順の移行が進行しつつあるけれどもまだ移行し終わっていないというグループのC_cを，この時期の範囲で切り取った断面で1つの体系として見た場合に，そのような「共時的ゆれ」として映るのであると述べた。しかし，客観的にはこのような非意図的な語順変化の過程における「共時的ゆれ」ではあっても，言語活動が，その共時的現象をそのまま放っては置かず，言語上の欲求の赴くまま表現的に活用することがあり得る。すなわち，そのような現象の担い手である写本の各書き手が，あるC_cを文頭においた場合，その後続語順を恣意的にSVで統一したり，VSで統一したり，あるいは混用したりした結果であるとして片づけることができないほどの，偶然の一致以上の実証性をもってそのような現象が現われてくることもあるということである。

次章では，「共時的ゆれ」として現われたそのような事例の1つを提示してみたい。

注

第10章
10. 1.
10. 1. 1.
10. 1. 2.
1) "It is important to realize, however, that much of the difference between two diachronically-determined 'states' of a language may be present in two 'varieties' of the language existing at the same time. From the *microscopic*, as distinct from the *macroscopic*, point of view it is impossible to draw a sharp distinction between diachronic 'change' and synchronic 'variation'." (Lyons, J. (1968), p.50) 訳文は國廣哲彌訳(1986)に依った。

2) Cf. 井上史雄(1977), p.99.
3) "Furthermore, one must bear in mind that the notion of diachronic development(language-change) is most usefully applied *macroscopically* — that is to say, in the comparison of 'states' of a language relatively far removed from one another in time." (Lyons, J.(1968), p.49) 訳文は國廣哲彌訳(1986)に依った。
4) Cf. 松本克己(1993), p.9.

10. 2.
10. 2. 1.
10. 2. 2.

5) 氏は, Zwanenburg W.(1978) の末尾に添付された 'discussion'(シンポジウムの討論の遣り取り) の中で, この点に触れている。その箇所を示しておきたい:
"M. MELIS: Si votre thèse est que le français 《après 1300》 se caractérise par la non-inversion de sujet pronominal malgré la présence en tête de phrase d'un circonstant, entendez-vous cette interdiction comme absolue ou comme conditionnelle, et, dans ce dernier cas, avez-vous identifié des facteurs déterminants?
M. ZWANENBURG: D'accord qu'il faille pousser plus loin l'examen des conditions dans lesquelles les changements en question ont eu lieu; penser notamment aux <u>degrés différents d'étroitesse du lien entre complément antéposé et verbe</u>, et surtout au problème - difficile - de la prosodie."(Cf. pp.170-171)

6) 田中春美編(1988), p.264 によれば, 「ある言語の文法によって生成されうる文を, 文法的文という。文法によって生成されない(ことが期待される)非文に対する。非文には星印＊をつけるのが慣習である。」と説明されている。
7) Cf. Stowell, T.(1981), p.113.
8) Cf. 注5)。

9) Noam Chomsky(1928- （米））
10) すなわち，(41)において，格を与える動詞と，格が与えられる名詞句の間に，副詞 quickly, quietly が介在しているので，隣接性条件〔α が β に格を与える場合には，α は β に隣接していなければならない〕に違反するので格が与えられず，格フィルター〔音声行列（音声表示）を持っているが，格を持っていない場合，名詞句は非文法的である：Chomsky(1981a), p.175 〕によって排除されるというものである。しかしながら，(42)の事実もあるわけである。より詳しくは，荒木一雄・安井稔編(1992), pp.223-228，特に，p.224, pp.227-228 を参照のこと。
11) ここでは，John Rupert Firth(1890-1960(英))が意味を分析する方法の1つとして挙げた，語と語の共起関係(cooccurrence)を指す。田中春美編(1988), p.97によれば，「例えば，dog は to bark（吠える）やto bite（噛む）などとともに現われやすい，つまり項目連結をなすが，この場合，dog の意味の一部は，to bark などとの連結に示されているともいえる。すなわち，両者は呼応する意味的特徴をもっているわけである。」と例示されている。
12) 文中における語と語の意味的な共起関係をいう。変形文法が選択制限((英)selectional restriction) を提起する以前の1952年に，スイスの言語学者 Ernst Leisiが提起したものである。田中春美編(1988), pp.590-591 によれば，「例えば，ドイツ語のessen は「（人間が）食べる」，fressen は「（動物が）食べる」の意味であるから，Die Studenten essen.（学生たちは食べる)の主語と述語は意味的に共起できるが，Die Studenten fressen.の場合は共起できないので，誤りとなる。〔中略〕なお，この意味的一致の考え方は，さらにドイツの言語学者ポルツィヒ(W. Porzig) の本質的意味関係(wesenhafte Bedeutungsbeziehungen)，例えば，「つかむ —— 手」「釣る —— 魚」などにみられる関係にまでさかのぼることができる．」と説明されている。

10. 2. 3.
10. 3.

第 3 部

第11章 文の肯定／否定とCVS／CSV語順

本章では，文頭に立った際にCVS語順とCSV語順の間でゆれを起こしているまったく同一のC_cの項目のうち，文の肯定と否定の両方，あるいは否定にのみ関わるいくつかのC_cに関して，CVS／CSVの両語順が、

考えられる現象が存在するので，これを分析し，そのメカニズムの解明を試みる。

その際，①なぜ文の「肯定／否定」によってCVS語順／CSV語順が使い分けられる現象が起こるのか，また，②なぜ「肯定」がCVS語順を取り，「否定」がCSV語順を取っているのか，の2点に分けて考察するが，この現象は，第1章（1．4．）においても触れた「無標／有標」の

11．1．文の肯定・否定ないし否定のみに関わるC_c

CVS語順とCSV語順の間でゆれを起こしているまったく同一のC_cの項目は，第9章において明らかになったように，C[MOT]，C[SYN]，C[PROP]の各位階に属するものが確認できたが，本章で問題となるもののなかには，C[PROP]に属するものは含まれず，C[MOT]およびC[SYN]に属するものが含まれている。そして，第9章では，語順にゆれを引き起こすものの中には含まれず，一見したところそれとは分からなかったものも，ここで扱うもののなかには含まれている。

具体的に項目を挙げれば，次の通りである。

（ⅰ）ja
（ⅱ）onques
（ⅲ）gaires
（ⅳ）en tel maniere/en nule maniere
（ⅴ）por nule riens

　これらのうち，第9章において語順のゆれを引き起こすものの中に含まれていなかったものは（ⅳ）である。それは，見て分かるとおり en tel maniere と en nule maniereがまったく同一のC_cではないからであるが，それがなぜここで同一のC_cとして扱われるのかについては，この後11.1.4.を見られたい。さらに，問題のC_cが文の肯定・否定の両方に関わるのか，否定にのみ関わるのかという視点から見れば，（ⅰ），（ⅳ）が前者で，（ⅱ），（ⅲ），（ⅴ）が後者ということになる。これらについて，ほぼ13世紀前半の時期の散文作品とされる C.C., M.A., Mer., Q.G., S.E. の5作品から網羅的に収集した用例を用いて分析してみた。

11.1.1 ja

　jaは，ラテン語のjam に由来する語で，いくつか意味を持っており，肯定の場合と否定の場合では当然ながらその担う意味は異なる。

　しかし，肯定の平叙文で ja が単独の要素として文頭に立っている場合には，jaの細かい意味の違いにも拘わらず，見受けられたのはJa－V－S，すなわちCVS語順のみであり，Ja－S－V語順，すなわちCSV語

〔表19〕

	CVS	CSV	計
肯定文	16	0	16
否定文	1	13	14

第 11 章

順は1例も見当たらなかった。〔表19〕を見られたい。

なお，各欄の数値は，用例数を示す。ＣＶＳ語順にもＣＳＶ語順にも用例が見つからなかった場合には，横軸の欄すべてに斜線を引いた。

〔表19〕によれば，肯定文では用例16例中16例すべてがＣＶＳ語順であることが分かる。実例を1例とその他の用例の出現箇所を挙げれば，次の通りである。

(43) M.A.[59/98], ja   a   madame la reïne veé son ostel a vos
     et a moi et a touz ceus qui de par vos i vendront.
     「王妃様は，すでにあなたや私，それにあなたの側からやって来るすべての者に対して，館への出入りを差し止めました。」

　その他の用例の出現箇所：M.A. 96/10, 100/55, 155/25, 157/44, 158/11; Mer. 35/31, 62/35; Q.G. 2/18, 44/13, 60/20, 86/8, 98/15, 119/2, 267/14; S.E. 2/19.

これに対し，否定の平叙文では，語順はJa－S－ne－V，すなわちＣＳＶ語順が原則である。〔表19〕によれば，14例中13例がＣＳＶ語順であることが分かる。実例とその他の用例の出現箇所は，次の通りである。

(44) M.A.[87/66]; ja si preudom comme Lancelot est ne sera par
     moi encusez de ceste vilennie.
     「ランスローのような立派な者が私からそのような不名誉を責められることはないでしょう。」

　その他の用例の出現箇所：M.A. 38/74, 147/24, 164/11; Mer. 8/15, 12/45, 44/54; Q.G. 5/23, 37/1, 124/20, 203/27, 205/29, 260/7.

ただし，否定の平叙文でありながら，1例ほどJa－ne－V－S，すなわ

ちCVS語順の例も見られた。次の例がそれである。

(45) Mer. [5/16] Ja n' est il riens dont je aie si grant paor com j'ai de ce qu'il ne m'engent.
「やつに誑かされることほど私が恐れることは何もありません。」

11．1．2．onques

onquesは，ラテン語の unquam に副詞派生形態素の -s を伴ったものに由来するが，肯定の平叙文において onques が単独の要素として文頭に立っている例は見当たらなかった。〔表20〕を見られたい。

〔表20〕

	CVS	CSV	計
肯定文			
否定文	1	12	13

〔表20〕によれば，否定の平叙文において onques が単独の要素として文頭に立っている場合には，13例中12例がＣＳＶ語順であることが分かる。従って，jaの場合と同じように，原則はOnques－Ｓ－ne－Ｖ，すなわちＣＳＶ語順である。次のような例が見られる。

(46) C.C. [233/5] ; ne onques nulle ville ne fu si bien hordee.
「いかなる都市も，かつてこれほど上手く石積みされた壁のものはなかった。」

その他の用例の出現箇所: *M.A.* 38/32, 59/59, 164/8; *Mer.* 45/54, 87/5; *Q.G.* 17/28, 21/25, 30/1, 107/7, 188/27, 203/8.

しかし、onquesの場合も、否定の平叙文でありながら、1例のみOnques－ne－V－S、すなわちCVS語順の例が見られる。それが次の例である。

(47) *M.A.*〔109/4〕, car *onques ne* <u>pot</u> Lancelos soufrir que cil de l'ost fuissent assailli le premier jour, ainçois les lessa reposer tout le jour et toute la nuit,
「というのもランスローは（アーサー王の）陣営の者たちが最初の日に攻撃されるのをどうしても受け入れることができず、むしろ彼らを丸々一昼夜休息させておいたからである。」

11. 1. 3. gaires

gairesは、Block & Wartburg(1975)によれば、フランク語の *waigaroに副詞派生形態素の -s を伴ったものに由来する。onquesと同様、肯定の平叙文において gaires が単独の要素として文頭に立っている例は見当たらず、否定の平叙文の例が1例見つかっただけであるが、語順はGaires－S－ne－V、すなわちCSV語順である。〔表21〕の通りである。

〔表21〕

	CVS	CSV	計
肯定文			
否定文	0	1	1

また，見つかった唯一の例は次の通りである。

(48) *Mer.*[34/3], car *gaires* genz *ne* savoient sa mort.
「というのも人々は彼の死をほとんど知らなかったからである。」

11．1．4．en tel maniere/en nule maniere

C[SYN]の位階のCcの例としては，まず肯定の平叙文におけるen tel maniereと否定の平叙文におけるen nule maniereを挙げることができる。この両者は，厳密に言えば「まったく同一の」Ccではないが，後述するように，結果として，CVS／CSVの両語順が，肯定の平叙文／否定の平叙文という意味的に異なる環境で機能的に使い分けられているという状況を現出させているのが en tel maniere/en nule maniere の対立だからである。そして，この事実には，否定文におけるen nule maniere は全否定(négation totale)の意味を表わすのに対して，en tel maniereの方は部分否定(négation partielle)の意味しか表わさないということが深く関わっているように考えられるのである。〔表22〕を見られたい。en nule maniere の用例数を示す数値には，右肩に＊印を付した。

〔表22〕

	CVS	CSV	計
肯定文	12	0	12
否定文	1	1*	2

〔表22〕によれば，肯定文で en tel maniere が単独の要素として文頭に立っている場合には，用例12例中12例すべてがEn tel maniere−V−S,

第 11 章

すなわちＣＶＳ語順であった。実例を１つとその他の用例の出現箇所を挙げておこう。

(49) M.A.[151/29] *En tel maniere* dura la mellee grant piece,
　　「かくして戦いは長い間続いた。」

　その他の用例の出現箇所：M.A. 108/18, 142/2, 157/1, 170/57, 186/23; Q.G. 30/17, 48/22, 209/1, 235/13, 238/23, 257/28.

　一方，否定文では，en nule maniere が文頭に立った用例が，１例しか見当たらなかったものの，En nule maniere －Ｓ－ne－Ｖ，すなわちＣＳＶ語順を取っている。

(50) M.A.[139/5]; car *en nule maniere* nos ne lairions cest
　　regne sanz seignor;
　　「というのも私どもは，宗主がいないままこの王国を放置しておくことなど決してできないからです。」

　これに対して，en tel maniereが否定文の文頭に立ったときには，これも用例は１例しか見当たらなかったものの，En tel maniere －ne－Ｖ－ＳというＣＶＳ語順を取っている。

(51) Q.G.[167/5]; et *en tel maniere* nel veisse je pas.
　　「私には，そのようにはあのお方を見ることはできないでしょう。」

　同じ否定文でありながら，(50)はＣＳＶ語順を取り，(51)はＣＶＳ語順を取っているが，その理由として，ここで大切なのは，先にも述べた通り，(50)は全否定の意味になっているのに対し，(51)は部分否定の意味にしかなっていないことであろうと思われる。部分否定とは，部分肯定

につながるので肯定文の場合と同じCVS語順になっていると考えられるのではなかろうか，ということである。従って，(51)は，11．1．1．の(45)や11．1．2．の(47)のような，文の肯定／否定とCVS語順／CSV語順の対応関係における例外とは少し異なる。例外ではあるにしても，ある程度説明あるいは推測のつく余地があるということである。

11．1．5．por nule riens

C[SYN]の位階のCcの例として，en nule maniere 以外で文頭に立って全否定を強調しようとするCcの1つが，por nule riensである。これも1例しか用例が見当たらなかったが，Por nule riens－S－ne－V，すなわちCSV語順を取っているものが見られる。次の〔表23〕と用例を見られたい。

〔表23〕

	CVS	CSV	計
肯定文			
否定文	0	1	1

(52) M.A.[9/7], car *por nule riens* ge ne voudroie estre conneüz en ceste voie.
「私はこの旅の間絶対に正体を見破られたくないのだ。」

11．1．6．対象となるCcに関する問題点

11．1．において，第9章で語順にゆれを引き起こすCcの中には含まれず，一見したところそれとは分からなかったものが，本章で扱うCcの

中には含まれているということを述べた。しかし，それとは逆に，一見したところは文の肯定・否定ないし否定に関わる C_c のように見えるが，実際にはここで扱う事例には含まれないものもあるので注意を要するということを，念のためこの節で断っておきたい。例えば，次の例を見られたい。

(53) M.A.[38/71] ne *en nule autre leu* ne voudroie ge mie que il fust;
「また，私はいかなる別の場所にもそれがあってほしいとは望まないでしょう。」

　この例は，これまで説明してきた否定に関わる C_c，例えば，上述の例 (52) の場合と同じように，否定に関わる en nul autre leu という C_c が文頭にあり文は否定文であるのに，語順はCVS語順を取っている。一見すると，ここで提示した現象の例外のように見える。しかし，実はそうではなく，この例はここで扱う対象とはならない。なぜなら，用例の意味を見ればすぐに分かると思われるが，en nule autre leu 「いかなる別の場所に」は，主節の ne voudroie ge mie 「私は望まないでしょう」とは直接つながらず，肯定の従属節の il fust 「それがあって」とつながっており，従属節の一部が主節の文頭へ出てきた構文である。ne は en nul autre leu ではなく mieと連結してvoudroieを否定しているのであり，ne voudroie ge mie は en nul autre leu を含む que以下の肯定の従属節の内容を否定しているのである[1]。それゆえ，この場合は，否定に関わり得る C_c が文頭にあって主節が否定文ではあっても，その C_c が主節の要素でなく否定辞と連結し得ないので，言い換えれば，その C_c が否定の意味と直接関わりがないので，語順はCVS語順を取っていると考えられるわけである。従って，このようなタイプの事例は本章で扱うものには含まれないことになる。

11．1．7．現象の存在の実証

以上述べてきたすべての事例を踏まえれば，文の肯定／否定という意味的違いによってCVS語順／CSV語順が機能的に使い分けられていると考えさせるのに足るほどの，偶然の一致以上の高い傾向があると筆者には思われる。

例えば，11．1．1．で挙げた ja だけについて言えば，肯定文と否定文の用例を合わせた総用例数30例のうち，実に29例，全体の97％の例で，肯定文はCVS語順，否定文はCSV語順という関係が守られている。また，11．1．1．から11．1．5．までの用例全体で見ても，用例総数59例のうち57例，すなわち全体の97％の例で，やはりこの関係は保たれているのである。

従って，この結果から，文の肯定・否定の両方，あるいは否定のみに関わるいくつかのC_cについて，それらが単独の要素として文頭に立つ場合，肯定文ではCVS語順が，否定文ではCSV語順が，機能的に使い分けられていたということは，概ね実証することができたのではないかと筆者は考えている。

ただし，この結果は13世紀前半という時期の限られた散文資料から得られたものであるという点，また，当該のC_cが単独の要素として文頭に立っているという条件のもとでのものであるという点[2]，さらに，例外と見える例が2つあるという点は忘れてはならないであろう。

しかし，こういった点を踏まえた上で，本章の最初に挙げておいた2つの点について考察してみたい。

11．2．現象のメカニズムの分析
11．2．1．語順による「肯定／否定」の差異の顕著化

まず，①なぜ文の肯定／否定によってCVS語順／CSV語順が使い分けられるこのような現象が起こるのかであるが，これは，今田(1995)において指摘した，文頭に立ったまったく同一のC_cがCVS語順とCSV語

順の間で呈するゆれの要因として挙げたもののうち，当該のＣｃの果たす意味的機能の違い（ここでは，「肯定」と「否定」）を，否定辞の ne の有無に加えて，語順の上でもより顕著に反映させたいという言語的欲求(besoin linguistique)に根ざしているのではなかろうかと筆者は考えている。

ただし，この語順による意味的機能の差異の顕著化の欲求は，汎体系的な(pan-systématique)ものではなく，体系の一部に一時的に現れたものであると思われる。なぜなら，このような語順による差異の顕著化は，「肯定／否定」だけでなく，11．4．でも紹介するように別の意味的機能の違いにも用いられる手段のようではあるが，文頭に立ってＣＶＳ語順とＣＳＶ語順の間でゆれを呈するまったく同一のＣｃすべてについて起こるものとは言えないようであり，さらに，上述でも指摘したように，結果が得られた資料の古フランス語の時期が13世紀前半に限られたものであって，現代語ではすでになくなっているからである。しかも，その古フランス語においてさえもわずかとはいえ例外が存在しているからである。また，さらに慎重に言えば，本書で扱っていない散文資料において，この語順による差異の顕著化がどの程度守られてるかがまだはっきりしていないということも念頭に置く必要があろう。

この「言語的欲求」という概念と用語を引用させてもらったFrei(1929)は，次のように述べている。

「論理学者 Edmond Goblotの示すところによれば，合目的性には必ず少なくとも３個の辞項からなる関係がふくまれている：すなわち始発項，手順または手段の一系列，および目的。始発項または刺戟項は機能をおびやかす諸原因の影響で生じ，目的を満足せしめるべく定められた手段を出現せしめる：刺戟項は機能をうみ，機能は器官をうむ。

多くのばあい，言語活動の働きもまたこれと同じ解釈に帰する。これにあってもまた，機能周期は刺戟項すなわち欠陥，手段すなわち手順，目的すなわち言語的欲求からなりたっている。あたかも生物学に

おいて，刺戟者が機能をうみ，機能が器官をうむように，言語学においてもまた，欠陥が欲求 ── <u>もっともつねに潜在的な</u> ── を目覚まし，後者がそれを満足せしめるべき手順をくりだすのである。」[3]

ここで問題となる「言語的欲求」を生ぜしめる原因である「欠陥」とは，Freiによれば，「ある与えられた機能（たとえば明晰，経済，表現性など）を充足せしめないもの」[4] という機能言語学的見地からのものであるので注意を要する。

また，Freiは次のようにも述べている。

「なお付け加えねばならない：これらの欲求（同化，分化，簡潔，不変異，表現性の各欲求〔筆者補足〕）はたがいに連合することもあれば，衝突することもある。欲求間の調和および反律は，その帰結がまだことごとく引き出されていない事実である，<u>しかしおそらく言語体系の安定なり不安定なりの主因をなすものに相違ない。一言語の安定は「諸欲求の均衡」の状態に相当する，これにあってはどの欲求も体系をいちじるしく変更するほどには強くない</u>；」[5]

以上の説明によれば，この「言語的欲求」とは，言語共同体の一員である言語使用者の頭のなかに内在している無意識的な欲求であると解釈できよう。また，その諸欲求は安定している体系を「いちじるしく変更するほどには強くない」という点も大切である。問題となる語順による差異の顕著化も，古フランス語の語順変化が起こりつつある，言わば，体系が安定をいくぶん欠いている時期であったからこそ起こり得たのかもしれないと考えられるからである。Frei自身も上述の「機能周期」について，

「むろんこのような現象がおこなわれるのは，いっぱんに意識的でも体系的でもない．」[6]

と断っている。なお，ここで述べた見解に関連する一般言語学的見地からの議論は，11．3．1．を見られたい。

11．2．2．「無標／有標」に基づく「肯定」とＣＶＳ語順および「否定」とＣＳＶ語順の結びつき

次に，②なぜ「肯定」がＣＶＳ語順を取り，「否定」がＣＳＶ語順を取っているのかであるが，この点について筆者は「無標／有標」ということが関係していると考える。

すなわち，ＣＶＳ語順からＣＳＶ語順への変化の過程の中で，13世紀前半の時期には，まだ動詞第2位の語順が原則であった。その意味で，この時期動詞第2位であるＣＶＳ語順は「無標」であり，新しい語順であるＣＳＶ語順は「有標」であったと考えられる。一方，文の「肯定／否定」について言えば，「肯定」が「無標」であり，「否定」が「有標」であることは論を待たない。従って，「無標」である肯定文の場合は「無標」であるＣＶＳ語順を取り，「有標」である否定文の場合は「有標」であるＣＳＶ語順を取るのではないかということである。

この見解については，11．3．2．において，もう一度一般言語学的に検討する。

11．2．3．語順と「無標／有標」についての注意点

まず，前節においてＣＶＳ語順を「無標」としたことについて，ここでもう少し詳しく説明をしておきたい。このことは，古フランス語において動詞第2位の語順が ― 具体的にはＳＶＣ語順とＣが文頭に立った場合のＣＶＳ語順の両方の語順が ― 原則であったことに基づいている。現代フランス語であれば，このＣＶＳ語順は「無標」とはならず，当然ながらＳＶが定置化された語順であるＳＶＣ語順およびＣが文頭に立った場合にはＣＳＶ語順が「無標」の語順となる。基本語順に限ってみれば，古フランス語においても現代フランス語においても同じく，ＳＶＣ語順が「無標」ということになるが，ここで問題としているＣが文頭に立った場合という

条件のもとでは、古フランス語においてはCVS語順が「無標」であり、現代フランス語においてはCSV語順が「無標」である。

従って、「無標」のCVS語順が原則である古フランス語のなかに、CSV語順が新しく現われてきたのであるから、この語順が古フランス語では「有標」ということになるわけである。その後、現代フランス語ではこの語順が「無標」となって行くことになる。この点はしっかり押さえておく必要があろう。

11. 3. 一般言語学的考察

「無標／有標」の対立や「有標性」という性質は、本章で問題にした現象に限らず様々な現象に見られることであり、また「肯定／否定」と「無標／有標」との結びつきといったようなことは、古フランス語に限らず他の言語においても見られる現象のようである。そこで、それらに関する一般言語学的な学説を通して、上述の見解の妥当性を推し量ってみたい。

11. 3. 1. 「有標性」の顕著化

文の「肯定」と「否定」は、否定辞 ne の存在の有無という「無標」対「有標」の明示的違いにより区別されるのにもかかわらず、11. 2. 1. で述べたように、否定辞 ne の有無に加えてさらに語順の相違という手段に訴えて、当該のC_cの果たす意味的機能の違いをより顕著に反映させたいという言語的欲求はなぜ生ずるのであろうか。一見冗長的にも見えるこのような欲求を支持するような一般言語学的な現象は存在するのであろうか。

この点について、Comrie(1989)には[7]、実際に示された事例は本稿の問題とは異なるものの、本質的な考え方としては私見と合い通じる、次のような見解が述べられている。

「他動詞構文には、A（＝Agent（動作主）〔筆者補足〕）とP（＝

Patient(被動者)〔筆者補足〕)という2つの項目に関連した情報の流れがある。原則として，AとPのどちらも有生あるいは定になり得るわけだが，実際の談話では，AからPへの情報の流れは，有生性の高い方から低い方へ，また，定性の度合いの高い方から低い方へという情報の流れと相関する強い傾向が認められている。言い換えれば，最も自然な他動詞構文とは，有生性と定性の度合いに関して，Aが高く，Pが低いものである。そして，このパタンからの逸脱は，より有標な構文を生むことになる。これは格標示に対する機能的アプローチにとって，次のような意味をもっている。すなわち，<u>情報の流れの方向に関してより有標な構文は，形式的にもより有標になることが期待される</u>。つまり，諸言語には，Aが有生性もしくは定性に関して低いこと，あるいは，Pが有生性もしくは定性に関して高いことを標示する特別な手段があるという予測が成り立つのである。」

ここで引用されている事例は，具体的には，他動詞構文における動作主と被動者の「有生性もしくは定性の度合い」に関してより有標な構文，すなわち，動作主が有生性もしくは定性に関して低いか，被動者が有生性もしくは定性に関して高い構文は，それだけで有標性が高いわけであるが，さらにこのような構文は，「格標示」によってもより有標になる，言い換えれば，なにか有生性あるいは定性が高いことを示す特別な標示がつく可能性が高いことを述べている。

そこで，このことを本研究の問題に当てはめたときに，どういう意味をもってくるかを考えてみると，次のようなことになろう。

肯定文と否定文を比べてみると，世界の他の多くの言語と同様に古フランス語においても，否定文は否定辞によって標示されるのであるから，その点だけをもってしても肯定文に対して「有標」である。それを，古フランス語においては，さらに「有標」な語順であるCSV語順を用いることによって，形式的により顕著に有標性を明示しているということになろう。そして，この場合，「肯定」に対して「否定」をより顕著に標示する特別

な手段として使われているのが、いわばCSVという新しい語順に当たるわけであるが、これは、否定文というより有標な文が、CSV語順によって形式的により有標になっているということにほかならない。従って、このComrieの意見は、簡単に言えば、「有標」なものがより「有標」に標示されることが期待されることを述べているのであって、これは取りも直さず、筆者の示した「差異の顕著化に関する欲求」と同じ方向性を持った見解と言えよう。

11．3．2．「否定」と「有標」の結びつき

　11．2．2．において、筆者は「文の「肯定／否定」について言えば、「肯定」が「無標」であり、「否定」が「有標」であることは論を待たない。」と述べたが、これは第1章（1．4．）で引用した田中他(1988)にも指摘されているように、一般的に見て「肯定」はそれ自体を標示するものがないのに対して、「否定」は通常何らかの否定辞によって標示されることによる。

　この点を支持するように、ディ・ピエトロ(1974)[8]には、次のように述べられている。

> 「人間の言語には大抵、ものの存在、仮定の妥当性、個人的な好み、及びその他の、肯定と否定を含んでいるありとあらゆるものについて論評する何らかの工夫がある。まったく偶然のことであるかもしれないが、世界の言語の中で[affirmation(肯定)]よりも[negation(否定)]がはるかによく有標化されているということも明らかである。この真理がどういう形式と結びつくにせよ、[negation]と肯定の何らかの形式が、人間の行為にとって必要である。誰も拒否も否定も表現できない社会、肯定はなくてただ拒否や否定のみが表現される社会を想像することはむずかしい。」

　この指摘は、「否定」が「肯定」よりも「有標化」されやすいというこ

とを一般言語学的に述べている。そして，その裏には「肯定」があっての「否定」だからこそ，「無標」である「肯定」に対して「否定」は「有標化」されやすいということが前提としてある。従って，この指摘の中には，「肯定」は何かによって標示されることがないのに対し「否定」は否定辞によって標示されるという意味が当然含まれている。しかし，さらにもう一歩論を進めるならば，「有標」なものに対しより顕著に「有標性」を反映させたいという場合，標示の選択肢に「無標」な手段と「有標」な手段があるとすれば，やはり「有標」なものは「有標」な手段の方と結びつきやすいということをも，この見解は含意していると言えよう。なぜなら，ディ・ピエトロが言うように「肯定はなくて否定のみが表現される社会を想像することはむずかしい」とすれば，そもそも意味の上ですでに「否定の意味」は「肯定の意味」に対して「有標」なのであって，その「否定の意味」が「肯定の意味」よりもはるかに有標化されやすいのなら，その手段は，有標でありさえするなら，否定辞という標識であっても，語順であっても構わないはずだからである。そうであるなら，このディ・ピエトロの指摘は，「有標」である否定文は，やはりＣＳＶ語順という「有標」な語順と結びつくのが一般言語学的に見ても最も自然であるということを支持していると言えよう。

11．4．「無標／有標」によって説明されるその他の事例

さて，本章では，ここまで文の肯定／否定という意味的違いによってＣＶＳ／ＣＳＶ語順が機能的に使い分けられていることを実証し，この現象のメカニズムの分析を行ってきた。そして，この両者の対応関係が，「無標／有標」という概念によってうまく結びつけられ，一般言語学的にも無理なく説明されることを示した。

そこで，本章を締めくくるに当たって，この節では，文の「肯定／否定」の場合と同様に，文頭に立ってＣＶＳ語順とＣＳＶ語順の間でゆれを起こしているまったく同一のC_cの別の事例が，この「無標／有標」の概念に

よって無理なく説明されること示してみたい。

太古(1993)によれば，本研究で言うところのＣ[PROP]の位階のＣ。のなかの puis que PROPについて，この puis que の表わす意味が「時」であるか「理由」であるかにより，ＣＶＳ語順とＣＳＶ語順（より詳しく言えばＣ[PROP]ＶＳ語順とＣ[PROP]ＳＶ語順）が使い分けられている事例が報告されている。次の例を見られたい。

(54) M.A.[144/57] ; *puis qu'ele fu del tot lessiee*, la fis je recomencier a mon oncle le roi Artu;
「それ（戦い）が完全に終わった後，私が我が伯父であるアーサー王にそれを再開させたのです。」

(55) M.A.[24/14] Ha! sire, *puis que vos le connoissiez*, vos me poez bien dire qui il est,
「ああ，王様，あなたがその者をご存じであるからには，その者が誰なのかおっしゃって下さることができるはずです。」

(54)が「～の後に」という意味の「時」を表わす場合の例であり，ＣＶＳ語順を取っている。これに対し，(55)が「～であるからには，～である以上」という意味の「理由」を表わす場合の例であり，こちらはＣＳＶ語順を取っている。M.A.を資料としているこの論考によれば，puis que PROP－Ｖ－Ｓ語順の用例４例中４例すべてが「時」の意味を表わす用例であり，一方，puis que PROP －Ｓ－Ｖ語順の用例は，29例中27例が迷わず「理由」の意味を表わすと言える用例であるとされている[9]。

太古(1993)には，次のように述べられている[10]。

「大多数を占める「並列型」（＝本研究で対象とするものとしてはＣＳＶ語順，より詳しく言えばＣ[PROP]ＳＶ語順〔筆者補足〕）用例の中に隠れて注意を引きがたいものの，《puis que》節が倒置主節を

従え「一文型」(＝ＣＶＳ語順，より詳しく言えばＣ[PROP]ＶＳ語順〔筆者補足〕) 構文を招く場合，それはこの構文が《puis》の意をそのまま引き継ぐ「時」の用法に他ならないことを告げており，転じて「理由」の意で現れる「並列型」とは異なる用法だということを示している。ただし，本来の「時」の意を示す「一文型」の構文がそもそも本来の構文であったというわけではない。というのも，「一文型」複文なるものは動詞第二位文の定着にともなって生じてきた近代的な構文であると考えるべきだからだ。この近代的な文型の出現のおかげで，《puisque》の本来の用法と派生的用法の区別が明瞭になったということができる。このことは，文型あるいは語順の違いが意味の弁別を通じ，より正確な意味の伝達に寄与する場合があることの一例として着目しておいてよいだろう。」

　下線を引いた箇所が，ここで問題とする事柄に関わる大切な部分であり，puis queの持つ２つの意味の違いによって語順が使い分けられているという指摘は，「肯定／否定」について筆者が行った指摘と同じ方向性を持つものであり，筆者の説を補強してくれるという点で重要である。

　ただ，残念ながら，この見解の下線以外の部分については，古フランス語におけるＣＶＳ語順とＣＳＶ語順（より詳しく言えばＣ[PROP]ＶＳ語順とＣ[PROP]ＳＶ語順）の時期的新旧関係および語順変化に関して認識の誤りがあると言わざるを得ない。この説では，「「一文型」複文」すなわち本研究で言うところのＣＶＳ語順が「動詞第二位文の定着にともなって生じてきた近代的な構文である」とされているが，第10章ですでに明らかにしたように，ＣＶＳ語順は，ＣＳＶ語順に比べれば古フランス語にとっては動詞第２位文としての古い語順であり，「「並列型」構文」すなわち本研究で言うところのＣＳＶ語順の方が現代フランス語へと直接つながっていく新しい語順であることは明らかである。そして，この13世紀前半の時期のＣ[PROP]の位階のＣcについては，異なり項目別の個別のいくつかのＣcは別として，Ｃc全体としての出現頻度（用例総数）に関して，新し

い語順であるＣＳＶ語順の方がもはや圧倒的に出現率が高いことは，すでに見てきた通りである。この誤解があるため「ただし，本来の「時」の意を示す「一文型」の構文がそもそも本来の構文であったというわけではない」ということにならざるを得ないわけであるが，これだと本来の「時」の意味と本来の構文すなわち古い方のＣＶＳ語順が結びつかないことになってしまう。しかし，ここを改め，筆者がこれまで述べてきた「無標／有標」に基づく考え方を採用すれば，この矛盾点も無理なく説明がつく。

　まず，なぜこのような「時／理由」によってＣＶＳ語順／ＣＳＶ語順が使い分けられる現象が起こるのかであるが，これは，当該のC_cの果たす意味的機能の違い（ここでは，「時」と「理由」）を語順の上に反映させたいという，上述(pp.201-202)の言語的欲求に根ざしていると考えてよかろう。ただし，この場合は「肯定／否定」の場合と異なる面が１つある。それは，「肯定／否定」の場合のように，否定辞のような明示的な標識の有無があった上で，さらにその違いをより顕著に示したいというのではない点である。しかし，語順による「時／理由」の意味の「差異の顕著化」には違いない。そして，明示的標識が無い分，「時」と「理由」の意味の違いを語順によって「分化」（あるいは「差異化」，「個別化」と言ってもよいかもしれない）したいという欲求は，「肯定／否定」の場合よりも強いかもしれない。

　そして，「時／理由」の場合も，この言語的欲求が汎体系的なものではなく，体系の一部に一時的に現れたものと考えられる点は「肯定／否定」の場合と同様である。

　次に，なぜ「時」がＣＶＳ語順を取り，「理由」がＣＳＶ語順を取っているのかであるが，この点についても「肯定／否定」の場合と同じく「無標／有標」ということが関係していると筆者は考える。

　すなわち，語順に関しては，まだ動詞第２位の語順が原則であった13世紀前半の時期には，動詞第２位であるＣＶＳ語順は当然「無標」であり，新しい語順であるＣＳＶ語順は「有標」であったと考えられるという点は「肯定／否定」の場合とまったく同様である。一方，「時／理由」の意味

的機能の違いについて言えば，puis queの本来の意味である「時」の意味が「無標」であり，その本来の意味に新たに加わった派生的意味と考えられ現代フランス語に残っている「理由」の意味が「有標」であるというのは，最も自然な考え方であろう。そこで，「無標」である「時」の意味の場合は「無標」であるＣＶＳ語順を取り，「有標」である「理由」の意味の場合は「有標」であるＣＳＶ語順を取ると考えれば，最終的に「肯定／否定」の場合とまったく同じように，無理なく現象を説明できるわけである。そして，このことは逆に，筆者の提示した「無標／有標」に基づく見解をさらに補強することにもなるであろう。なお，本章で提示した説は，筆者の知るかぎり国内外で初めてのものであることを断っておきたい。

注

第3部
第11章
11. 1.
11. 1. 1.
11. 1. 2.
11. 1. 3.
11. 1. 4.
11. 1. 5.
11. 1. 6.
1) M.A.の現代フランス語訳であるSantucci M. (1991) も，筆者の説明の通りに，"..., et je ne voudrais pas qu'il fût ailleurs."と現代語訳をしている。下線部の ailleurs が en nul autre leu の箇所の訳である。
11. 1. 7.
2) 単独の要素として文頭に立っているのでなければ，語順も異なった様

相を呈する。この問題について詳しくは，今田良信(2002a)を参照されたい。

11. 2.

11. 2. 1.

3) "M. Goblot a montré que la finalité comporte toujours un rapport d'au moins trois termes: un terme initial, un moyen ou une série de moyens, et une fin. Le terme initial ou excitant, né sous l'influence des causes qui compromettent la fonction, fait apparaître le moyen destiné à satisfaire la fin: l'excitant crée la fonction, et la fonction l'organe.

　Dans nombre de cas, le fonctionnement du langage relève de la même interprétation. Là aussi, le cycle fonctionnel est constitué par un excitant: les déficits; un moyen: les procédés; une fin: les besions linguistiques. Et de même qu'en biologie l'excitant crée la fonction, et la fonction l'organe, en linguistique le déficit éveille le besoin (d'ailleurs toujours latent) et ce dernier déclenche le procédé qui doit le satisfaire."(Frei, H. (1929), p. 22) 訳文は，小林英夫訳(1973)に依った。

4) "ce qui n'est pas adéquat à une fonction donnée (par exemple: clarté, économie, expressivité, etc.)"(Frei, H. (1929), p. 18)訳文は，小林英夫訳(1973)に依った。

5) "Il faut ajouter que ces besoins tantôt s'associent tantôt se heurtent les uns aux autres. L'harmonie et l'antinomie relatives entre les besoins est un fait dont on n'a pas encore tiré toutes les conséquences, mais qui constitue sans doute le facteur principal de la stabilité ou de l'instabilité des systèmes linguistiques. La stabilité d'une langue correspond à un état d'《équilibre des besoins》, dans lequel aucun de ceux-ci n'est assez fort pour modifier appréciablement le système;"(Frei, H. (1929),

p. 18）訳文は，小林英夫訳(1973)に依った。

6）"Il va sans dire que de tels phénomènes s'opèrent généralement d'une façon ni consciente ni systématique."(Frei, H.(1929), p.23) 訳文は，小林英夫訳(1973)に依った。

11．2．2．
11．2．3．
11．3．
11．3．1．

7）"In the transitive construction, there is an information flow that involves two entities, the A and the P. Although in principle either of A and P can be either animate or definite, it has been noted that in actual discourse there is a strong tendency for the information flow from A to P to correlate with an information flow from more to less animate and from more to less definite. In other words, the most natural kind of transitive construction is one where the A is high in animacy and definiteness, and the P is lower in animacy and definiteness; and any deviation from this pattern leads to a more marked construction. This has implications for a functional approach to case marking: the construction which is more marked in terms of the direction of information flow should also be more marked formally, i.e. we would expect languages to have some special device to indicate that the A is low in animacy or definiteness or that the P is high in animacy or definiteness."(Comrie, b.(1989), p.128)訳文は，松本克己・山本秀樹訳(1992)に依った。

11．3．2．

8）Cf. ディ・ピエトロ，R．J．〔小池生夫訳〕(1974)，pp.131-132. なお，この Di Pietro の見解の存在については，広島大学大学院文学研究科言語文化学講座の古浦敏生教授より御教示をいただいた。ここに記

してお礼を申し上げたい。

11. 4.

9) M.A.における puis que PROPの用例数について，太古(1993)では，ＣＶＳ語順のものが4例，ＣＳＶ語順のものが29例となっている。これに対し，本研究において同じくM.A.から収集した puis que PROPの用例数は，第6章（6．2．7．）によれば，ＣＶＳ語順のものが1例，ＣＳＶ語順のものが23例となっている。この数値上のずれは，用例の収集条件の違いに起因していると考えられる。本研究においては，単文であれ複文であれ，文の主節の語順のみを扱うことにしている（第4章（4．2．3．2．）を参照）。従って，従属節内の語順は対象とする用例からは除外されている。一方，太古(1993)の引用例には，主節と従属節という統語環境によって用例を取捨する条件はないものと思われる。なぜなら，例えば，p.89に引用されている上述のＣＶＳ語順4例のうちの1例である「 Ex.8) puis que ge portai primes corone *n'enpris ge guerre dont ge ne venisse a chief a l'enneur de moi et de mon roiaume*; (104, 57-60) 〔はじめて王冠を戴いて以来，私は私と私の王国の名誉のうちに終えずしては戦争というものを企てたことがない。〕」は，実はこの用例の複文全体がさらに従属節の中に含まれる二重の複文構造になっており，本研究では除外しているタイプの用例だからである。この文は，全体の構造としては次の通りである: Mes <u>vos savez bien, et cil qui ci sont, que</u> [*puis que ge portai primes corone n'en pris ge guerre dont ge ne venisse a chief a l'enneur de moi et de mon roiaume*]; (［ ］は筆者によるもので，従属節内の複文を示す。) 下線部が主節で「お前もここにいる者たちも［～］ということをよく存じておるはずじゃ。」という意味になる。そして，ＣＶＳ語順4例のうちのこれ以外のもう2例も（合計すると3例が）同様に複文全体が従属節に含まれる構造であり，本研究でも用例として取り上げている1例のみが従属節に含まれない複文の例であった。

10) Cf. 太古隆治(1993), p.90.

III 結論

― 13世紀前半を中心とした古フランス語の語順の体系と変化 ―

　本書を締めくくるにあたって，第9章・第10章・第11章で明らかになった結果をまとめておきたい。

　Saussure流に言えば，古フランス語における動詞第2位の体系は，1つの通時的変化であるCVSからCSVへの語順変化が起こり，それだけで他の体系であるSVが固定された語順の体系を生ぜしめたと言うことになろう。次の図はそれを示している。

　　　古フランス語　　　　SVC ←――→ CVS
　　　　　　　　　　　　　　↓　　　　　　↓
　　　現代フランス語　　　　SVC ←――→ CSV

　そこで，13世紀前半の時期に成立したとされる散文資料体を調べてみると，Cが単独の要素として文頭に立った場合，CVS語順を取るもの，CVS～SV語順をとるもの，CSV語順を取るものという3つのグループに分かれていることが確認された。

（I）文頭のCの違いによってCVS語順，CVS～CSV語順，CSV語順という3つのグループの違いが生まれた理由
　13世紀前半の資料体の言語状態を1つの共時態と見なすならば，その共時態の中に同時に存在するこの3つの「変種」は，まさに「共時的ゆれ」であり，このゆれの存在は，文頭に立つCによってVSからSVへの後続語順の移行時期に早い遅いの差異があり，それを13世紀前半という時期で

切り取った断面を1つの体系として見ると、そのような3つのグループに分かれて見えるということである。すなわち、CVS語順を取っているものはまだ新しい語順に移行していないものであり、CVS語順とCSV語順の間で語順がゆれているものは移行しつつあるけれどもまだ移行し終わっていないものであり、CSV語順を取っているものはこの時期までにすでに新しい語順に移行し終えたものであるということになる。

(Ⅱ) 3つの語順のグループの違いが起こったCの下位区分の範囲

文頭 \ 後続		−VS	−VS〜−SV	−SV	計
C[MOT]	C_{OD}	12 [100%]	0 [0%]	0 [0%]	12 [100%]
	C_{OI}	1 [100%]	0 [0%]	0 [0%]	1 [100%]
	C_C	34 [68%]	8 [16%]	8 [16%]	50 [100%]
C[SYN]	C_{OD}	49 [100%]	0 [0%]	0 [0%]	49 [100%]
	C_{OI}	11 [100%]	0 [0%]	0 [0%]	11 [100%]
	C_C	296 [93.4%]	1 [0.3%]	20 [6.3%]	317 [100%]
C[PROP]	C_{OD}				
	C_{OI}				
	C_C	7 [28%]	11 [44%]	7 [28%]	25 [100%]

結　論

　この点については，前ページの表における網掛けを施した箇所を見られたい。Cの属する位階によって割合の違いはかなりあるものの，いずれの位階においても，C_C に3つのグループそれぞれの用例が存在している。従って，13世紀前半の時期，文頭に立った場合に後続語順が3つのグループに分かれるのは C_C のみである。

　上述の（Ⅰ），（Ⅱ）の結果をまとめて図示すれば，次の図のようになろう。

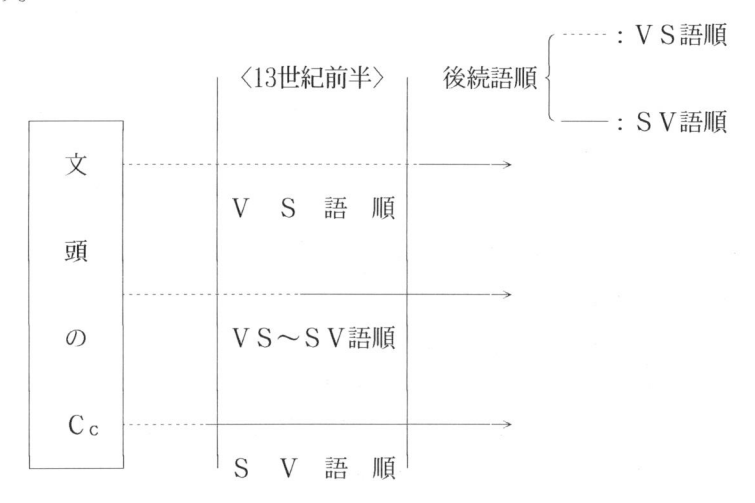

```
                        〈13世紀前半〉    後続語順 ┌------ ：ＶＳ語順
                                                 │
                                                 └────── ：ＳＶ語順

  ┌───┐
  │ 文 │········
  │ 頭 │          Ｖ　Ｓ　語　順
  │ の │
  │   │········
  │$C_C$│         ＶＳ～ＳＶ語順
  │   │
  │   │········
  │   │          Ｓ　Ｖ　語　順
  └───┘
```

（Ⅲ）C_C についてＣＶＳ語順からＣＳＶ語順への移行の時期的ずれが引き起こされた要因

　この要因については，ＣとＶとの意味的結びつきの強さの違いが関与していると考えられる。そして，このＣとＶとの意味的結びつきの強さの違いには，文法上もその違いが判断できる明示的な場合と隠れた基準として文法上はその違いが判断できない非明示的な場合とがあり得る。

　前者の明示的なものの1つが，C_{OD} および C_{OI} とＶとの意味的結びつきと C_C とＶとの意味的結びつきの場合で，次のような指摘ができる。

　　ⅰ）ＣＶＳ語順を保持しようとするはたらきは，C_C よりも C_{OD}，C_{OI}

の方が強い。

　また，前者の明示的なもののもう1つが，C[MOT]およびC[SYN]の位階のC_cとVとの意味的結びつきとC[PROP]の位階のC_cとVとの意味的結びつきの場合で，次のような指摘ができよう。

　ⅱ）CVS語順を保持しようとするはたらきは，同じC_cどうしなら，C[PROP]よりもC[MOT], C[SYN]の方が強い。言い方を変えれば，CVS語順からCSV語順に移行しようとするはたらきは，C_cどうしなら，C[MOT], C[SYN]よりもC[PROP]の方が強い。

　次に，後者の非明示的なものが，文頭に立つC_cについて後続語順が3つのグループに分かれる場合である。この場合の意味的な違いは，文法上はその違いが判断できない同じC_cどうしについてであるので，明示的にその差異を証明するのが容易ではないが，こういったものどうしの間にもVとの関係で意味的結びつきの強さの違いは存在すると考えられる。そして，このCとVの意味的結びつきの強さの違いは，CVS語順を保持したりCSV語順に移行したりするはたらきと密接に関わっており，CVS語順を保持しようとするはたらきは，Vとの意味的結びつきが緊密な方が強く，逆に言えば，CSV語順に移行しようとするはたらきは，Vとの意味的結びつきが緩い方が強いということである。従って，CVS語順を保持しようとする力が強ければ，当然CSV語順へ移行する時期は遅れることになり，その力が弱ければ，CSV語順へ移行する時期は早くなるということで，結果として，語順の移行時期のずれを生むことになるということである。

（Ⅳ）CVSからCSVへの語順の移行が起動したと考えられるCの下位区分，およびその移行がたどったと考えられる過程

　古フランス語における動詞第2位の語順のうち，C_{OD}およびC_{OI}が文頭

結　論

に立つ場合には，13世紀前半の時期には，動詞第2位に何の変化も見られずCVS語順のままであった。一方，C_c が文頭に立つ場合については，少なくとも13世紀前半の時期にはすでに，CSV語順を取るものが現われている。その端緒となったと考えられるのは，その出現頻度において圧倒的で，しかも位階の面でも機能の面でもVとの意味的結びつきが最も緩いと考えられるC[PROP]の C_c である。次の表の網掛けの箇所がそれである。他の位階の C_c の場合と出現用例総数（（　）内）を比べてみられたい。

文頭	後続	−V−S	−S−V	計
C[MOT]	C_{OD}	12（ 63[100%]）	0（ 0[0%]）	12（ 63[100%]）
	C_{OI}	1（ 1[100%]）	0（ 0[0%]）	1（ 1[100%]）
	C_c	42(1024[86%])	16（161[14%]）	58(1185[100%])
C[SYN]	C_{OD}	49（ 78[100%]）	0（ 0[0%]）	49（ 78[100%]）
	C_{OI}	11（ 13[100%]）	0（ 0[0%]）	11（ 13[100%]）
	C_c	297（567[88%]）	21（ 80[12%]）	318（647[100%]）
C[PROP]	C_{OD}	—	—	—
	C_{OI}	—	—	—
	C_c	18（ 94[11%]）	18（733[89%]）	36（827[100%]）

このC[PROP]の C_c が，13世紀より以前にすでにCVS語順からCSV

語順への移行を始め，13世紀前半の時期に入ると，用例総数の出現率（［　］内）では，ＣＶＳ語順が11％（94例），ＣＳＶ語順が89％（733 例）となり，異なり項目数（最初の表を参照のこと）の割合でもＣＶＳ語順が28％（7 例），ＣＶＳ〜ＳＶ語順が44％（11例），ＣＳＶ語順が28％（7 例）という状況になった。位階の面でC[PROP]よりCとVとの意味的結びつきが強いと考えられるのはC[MOT]およびC[SYN]であるが，さらに機能の面でVとの意味的結びつきが緊密なC_{oD}およびC_{oI}は，上述の通り13世紀前半においても100 ％ＣＶＳ語順のままであった。しかしながら，機能の面でC_{oD}およびC_{oI}よりVとの緊密さが弱いC_cは，C[PROP]の位階に続いて，C[SYN]の位階でも，C[MOT]の位階でも，少しずつＣＳＶ語順やＣＶＳ〜ＳＶ語順のものが現われ始めたというのが13世紀前半の状態であると考えられよう。

　この後，C[SYN]の位階でも，C[MOT]の位階でも，C_{oD}およびC_{oI}については，ＣＶＳ語順がそのまま存続し，Wartburg によれば17世紀に入ってこれが禁止されることにより消滅し，C_cについては，C[SYN]の位階でも，C[MOT]の位階でも，ＣＳＶ語順への移行が進み，14世紀以降は，Wartburg や Zwanenburg などが指摘する通り，ＣＳＶ語順が少しずつ支配的となり，現代フランス語に向けて原則となるまでに至ったと考えられる。

　（Ⅰ）において，文頭に立つまったく同一のC_cの後続語順がＶＳとＳＶの間でゆれを起こすという現象は，ちょうど13世紀前半という時期において，ＣＶＳからＣＳＶへの語順の移行が進行しつつあるけれどもまだ移行し終わっていないというグループのC_cを，この時期の範囲で切り取った断面で１つの体系として見た場合に，そのような「共時的ゆれ」として映るのであると述べた。しかし，客観的にはこのような非意図的な語順変化の過程の中での共時的現象ではあっても，言語活動が，その現象をそのまま放ってはおかず，言語的欲求の赴くまま表現的に活用することがあり得る。

結論

（Ⅴ）文頭に立った際にＣＶＳ語順とＣＳＶ語順の間でゆれを起こしているまったく同一のＣｃの項目のうち，文の肯定と否定の両方，あるいは否定にのみ関わるいくつかのＣｃに関して，ＣＶＳ／ＣＳＶの両語順が，文の肯定／否定という意味的違いによって機能的に使い分けられていると考えられる現象のメカニズムの解明

①文の「肯定／否定」によってＣＶＳ語順／ＣＳＶ語順が使い分けられる現象が起こる理由

「肯定」と「否定」という当該のＣｃの果たす意味的機能の違いを，否定辞の ne の有無に加えて，語順の上でもより顕著に反映させたいという言語的欲求に根ざしていると考えられる。

ただし，この語順による意味的機能の差異の顕著化の欲求は，汎体系的なものではなく，体系の一部に一時的に現れたものであると思われる。なぜなら，このような語順による差異の顕著化は，「肯定／否定」だけでなく，別の意味的機能の違いにも用いられる手段のようではあるが，文頭に立ってＣＶＳ語順とＣＳＶ語順の間でゆれを呈するまったく同一のＣｃすべてについて起こるものとは言えないようであり，さらに，上述でも指摘したように，結果が得られた資料の古フランス語の時期が13世紀前半に限られたものであって，現代語ではすでになくなっているからである。しかも，その古フランス語においてもさえもわずかとはいえ例外は存在しているからである。また，さらに慎重に言えば，本書で扱っていない散文資料において，この語順による差異の顕著化がどの程度守られてるかがまだはっきりしていないということも念頭に置く必要がある。

②「肯定」がＣＶＳ語順を取り，「否定」がＣＳＶ語順を取っている理由

「無標／有標」ということが関係していると考えられる。すなわち，ＣＶＳ語順からＣＳＶ語順への変化の過程の中で，13世紀前半の時期には，まだ動詞第２位の語順が原則であった。その意味で，この時期動詞第２位であるＣＶＳ語順は「無標」であり，新しい語順であるＣＳＶ語順は「有標」であったと考えられる。一方，文の「肯定／否定」について言えば，

「肯定」が「無標」であり，「否定」が「有標」であることは論を待たない。従って，「無標」である肯定文の場合は「無標」であるＣＶＳ語順を取り，「有標」である否定文の場合は「有標」であるＣＳＶ語順を取るのではないかということである。

参考文献

〔欧文文献〕（アルファベット順）

Adams, Marianne(1987): Verb second effects in Medieval French, *LSRL*, 17, pp.1-31.

Blazar, Deerling(1980): Old French articles and word order change, *Folia Linguistica Historica*, Societas Linguistica Europaea, I/2, pp.295-303.

Blinkenberg, Andreas(1969): *L'ordre des mots en français moderne*, 2 vols, 3e éd., Copenhague: Munksgaard.

Block, Oscar & Wartburg, W. von(1975): *Dictionnaire étymologique de la langue française*, 6e éd., Paris: PUF.

Bonnard, Henri & Régnier, Claude(1989): *Petite grammaire de l'ancien français*, Paris: Magnard.

Brunot, Ferdinand(1966-1972): *Histoire de la langue française des origines à nos jours*, 13 vols, Paris: Armand Colin.

Brunot, Ferdinand & Bruneau, Charles(1969): *Précis de grammaire historique de la langue française*, Paris: Masson et Cie.

Bruneau, Charles(1955): *Petite histoire de la langue française*, 2 vols, Paris: Armand Colin.

Buridant, Claude(1987): L'ancien français à la lumière de la typologie des langues: les résidus de l'ordre O V en ancien français et leur effacement en moyen français, *Romania*, 108/1(429), pp.20-65.

Buridant, Claude(2000): *Grammaire nouvelle de l'ancien français*, Paris: SEDES.

Burling, Robbins(1992): *Patterns of Language: Structure, Variation, Change*, San Diego, etc.: Academic Press, Inc.

Cerquilini, Bernard(1981): *La parole médiévale: discours, syntaxe, texte*, Paris: Les Editions de Minuit.

Chaurand, Jacques(1987): *Histoire de la langue française*, 5e éd. corrigée, Paris: PUF. 〔川本茂雄・高橋秀雄訳『フランス語史』白

水社, 1977〕

Combettes, Bernard(1989): Ordre des mots, types de textes, diachronie: topicalisation de la subordonnée en moyen français, *Verbum*, 12/4, pp. 339-346.

Comrie, Bernard(1989): *Language Universals and Linguistic Typology*, 2nd ed., Oxford: Blackwell. 〔松本克己・山本秀樹訳『言語普遍性と言語類型論』ひつじ書房, 1992〕

Dubois, Jean, Giacomo, Mathée, Guespin, Louis, Marcellesi, Christiane, Marcellesi, Jean-Baptiste & Mével, Jean-Pierre(1973): *Dictionnaire de linguistique*, Paris: Larousse, 〔伊藤晃・木下光一・福井芳男・丸山圭三郎・泉邦寿・小野正敦・戸村幸一編訳〈付録 世界の言語（下宮忠雄）〉『ラルース言語学用語辞典』第3版, 大修館書店, 1980〕

Einhorn, E.(1974): *Old French: A Concise Handbook*, London: Cambridge University Press.

Ewert, Alfred(1933): *The French Language*, London: Faber & Faber Limited.

Faral, Ed.(1941): *Petite grammaire de l'ancien français*, Paris: Hachette.

Foulet, Lucien(1924): L'accent tonique et l'ordre des mots: formes faibles du pronom personnel après le verbe, *Romania*, 50, pp. 54-93.

Foulet, Lucien(1980): *Petite syntaxe de l'ancien français*, 3e éd. revue, Paris: Champion.

Fuchs, Catherine[Ed.](1997): *La place du sujet en français contemporain*, Louvain-la-Neuve: Duculot.

Gawełko, Marek(1996): *L'étude sur l'ordre des mots dans les langues romanes: I La position du sujet*, Lublin: TOWARZYSTWO NAUKOWE.

Greenberg, Joseph H.(1966b): Some universals of grammar with particular reference to the order of meaningful elements, *Universals of language*, Cambridge, Mass.: MIT Press, pp. 73-113.

Guiraud, Pierre(1975): *L'ancien français*, 5e éd., Vendôme: PUF.

Haarhoff, Anni(1936): *Die Wortstellung in den "Quatre Livres des Rois"*, Inaugural-Dissertation zur Erlangung der Doktorwürde der

Philosophischen und Naturwissenschaftlichen Fakultät der Westfälischen Wilhelms-Universität zu Münster.

Hagège, Claude(1990): *La structure des langues*, 3ᵉ éd., Paris: PUF.

Haruki, Yoshitaka(1984): Zone préverbale en ancien français, *Studies in Language and Culture*, 10, pp. 219-236.

Hasenohr, Geneviève(1993): *Introduction à l'ancien français de Guy Raynaud de Lage*, 2ᵉ éd., nouv. éd. revue et corrigé, Paris: SEDES.

Herman, Jozsef(1954): Recherches sur l'ordre des mots dans les plus anciens textes français en prose, *Acta linguistica Academiae Hungaricae*, IV, pp. 69-94 et 351-382.

Imada Yoshinobu(1997): La distinction affirmation/négation dans la phrase et l'ordre des mots en ancien français — Sur le rapport entre certains compléments circonstanciels en tête de phrase et l'ordre CVS/CSV —, *Studia Romanica*, Societas Japonica Studiorum Romanicorum, 30, pp. 9-16.

Joly, Geneviève(1998): *Précis d'ancien français*, Paris: Armand Colin.

Kibler, William W. (1984): *An Introduction to Old French*, New York: The Modern Language Association of America.

Krötsch, Monique & Sabban, Annette(1990): "Bleu, je veux"- Remarques sur la focalisation en français, *Zeitschrift fur romanische Philologie*, 106/1-2, pp. 80-98.

Leisi, Ernst(1953): *Der Wortinhalt, seine Struktur im Deutschen und Englischen*, Heidelberg: Quelle & Meyer. 〔鈴木孝夫訳『意味と構造』研究社, 1960〕

Lerch. E. (1925-1934): *Historische franzosische Syntax*, 3 vols, Leipzig: Reisland.

Lewinski, Brita(1949): *L'ordre des mots dans* Bérius, *roman en prose du XIVe siècle*, Göteborg.

Linde, P. (1923): Die Stellung des Verbs in der lateinischen Prosa, *Glotta*, 12, pp. 153-178.

Lyons, John(1968): *Introduction to Theoretical Linguistics*, Cambridge: Cambridge University Press. 〔國廣哲彌訳『理論言語学』大修館書店, 1986〕

Machonis, Peter A. (1990): *Histoire de la langue. Du latin à l'ancien français*, Lanham, etc.: University Press of America.

Marchello-Nizia, Christiane(1985): *Dire le vrai: l'adverbe "si" en français médiéval*, Genève: Droz.

Marchello-Nizia, Christiane(1995): *L'évolution du français: Ordre des mots, démonstratifs, accent tonique*, Paris: Armand Colin.

Meillet, Antoine(1952): *Linguistique historique et linguistique générale*, 2 tomes, Paris: Klincksieck.

Ménard, Philippe(1988): *Syntaxe de l'ancien français*, 3e éd. revue et augmentée, Bordeaux: Bière.

Moignet, Gérard(1979): *Grammaire de l'ancien français*, 2e éd., Paris: Klincksieck.

Moignet, Gérard(1971): L'ordre verbe-sujet dans la *Chanson de Roland, Mélanges de philologie romane dédiés à la mémoire de JEAN BOUTIERE, édités par Irénée Cluzel et François Pirot*, Liège: Soledi, p.397-421.

Nissen, Harald(1943): *L'ordre des mots dans la* Chronique *de Jean d'Outremeuse*, Uppsala.

Nyrop, Christopher(1979): *Grammaire historique de la langue française*, 6 vols, 4e éd. revue, Genève: Slatkine.

Pensado, Carmen(1986): Inversion de marquage et perte du système casuel en ancien français, *Zeitschrift fur Romanische Philologie*, 102/3-4, pp.271-296.

Perret, Michèle(1998): *Introduction à l'histoire de la langue française*, Paris: SEDES.

Price, Glanville(1966): Contribution à l'étude de la syntaxe des pronoms personnels sujets en ancien français, *Romania*, 87, pp.476-504.

Raynaud de Lage, Guy(1975): *Introduction à l'ancien français*, 9e éd. revue et corrigée, Paris: SEDES. 〔大高順雄訳編『古フランス語入門』朝日出版社, 1981〕

Revol, Thierry(2000): *Introduction à l'ancien français*, Paris:

Nathan.

Richter, Elise(1903): *Zur Entwicklung der romanischen Wortstellung aus der lateinischen*, Halle.

Rickard, Peter(1989): *A History of the French Language*, 2nd rev. ed., London: Unwin Hyman. 〔伊藤忠夫・高橋秀雄訳『フランス語史を学ぶ人のために』世界思想社, 1995〕

Ruelle, Pierre(1966): L'ordre *complément direct-sujet-verbe* dans la proposition énonciative indépendante, *Mélanges de grammaire française offerts à M. MAURICE GREVISSE*, Gembloux: Duculot, pp. 307-322.

Santucci, Monique(1991): *La mort du roi Arthur* Traduit d'après l'édition de Jean Frappier en français moderne, Paris: Honoré Champion.

Soutet, Olivier(1992): *Etudes d'ancien et de moyen français*, Paris: PUF.

Schøsler, Lene(1984): *La déclinaison bicasuelle de l'ancien français: Son role dans la syntaxe de la phrase, les causes de sa disparition*, Odense: Odense University Press.

Siepmann, Else(1937): Die *Wortstellung in der* Conquête de Constantinople *de Villehardouin*, Bochum-Münster.

Stowell, T.(1981): *Origins of phrase structure*, M.I.T. doctoral dissertation.

Thurneysen, Rudolf(1892): Zur Stellung des Verbums im Altfranzösischen, *Zeitschrift fur Romanische Philologie*, 16, p. 289-307.

Tomlin, Russell S.(1986): *Basic Word Order: Functional Principles*, London: Croom Helm.

Vennemann, Theo(1974): Topics, subjects and word-order: from SXV to SVX via TXV, *Proceedings of the First International Congress of Historical Linguistics*, Amsterdam: North-Holland, vol. I, p. 339-376.

Vidos, B. E.(1965): *Manuale di linguistica romanza*, Firenze: Leo S. Olschki.

Wagner, Robert-Léon(1974): *L'ancien français*, Paris: Larousse.

Wartburg, Walther von(1971): *Evolution et structure de la langue*

française, 2ᵉ éd., Berne: Francke.〔田島宏・高塚洋太郎・小方厚彦・矢島猷三共訳『フランス語の進化と構造』白水社, 1976〕
Whaley, Lindsay J.(1997): *Introduction to Typology: The Unity and Diversity of Language*, Thousand Oaks: Sage Publications.
Woledge, Brian, Beard, J., Horton, C.H.M., Short, I.(1967): La déclinaison des substantifs dans la *Chanson de Roland*, recherches mécanographiques(1ᵉʳ article), *Romania*, 88, pp.145-174.
Woledge, Brian, Erk, H.M., Grout, P.B., Macdougall, I.A.(1969): La déclinaison des substantifs dans la *Chanson de Roland*, recherches mécanographiques(2ᵉ article), *Romania*, 90, pp.174-201.
Zink, Gaston(1990): *L'ancien français(XIᵉ- XIIIᵉ siècle)*, 2ᵉ éd., Paris: PUF.
Zwanenburg, Wiecher(1974):《Perte de la flexion nominale et fixation de l'ordre des mots en français médiéval》, communication Congrès de Linguistique et Philologie Romanes Naples.
Zwanenburg, Wiecher(1978): L'ordre des mots en français médiéval, *Etudes de syntaxe du moyen français*, Paris: Klincksieck, pp. 153-171.

〔和文・邦訳文献〕（５０音順）
浅野幸生(1990):「フランス語の語順の通時的変遷に関する覚書」,『ロマンス語研究』, 日本ロマンス語学会, 23, pp.27-32.
荒木一雄・安井稔編(1992):『現代英文法辞典』, 三省堂.
井上史雄(1977):「方言の分布と変遷」,『岩波講座 日本語11 方言』, 岩波書店, pp.83-128.
今田良信(1993):「古フランス語における文頭の補語要素と語順 —— ＣＶＳ語順対ＣＳＶ語順を基準として —— 」,『ニダバ』, 西日本言語学会, 22, pp.80-92.
今田良信(1995):「古フランス語における文頭の従属節を有する複文の語順について」,『吉川守先生御退官記念言語学論文集』, 溪水社, pp. 31-45.
今田良信(1996):「古フランス語における文頭の補語と語順」,『ロマンス語研究』, 29, pp.68-82.
今田良信(1998):「古フランス語における文の肯定／否定と語順 —— 文

頭に現れる若干の状況補語（句）とＣＶＳ／ＣＳＶ語順との関係について ── 」『新村猛先生追悼論文集』，フランス図書，pp 205-210.
今田良信(2001)：「古フランス語における語順解明のために ── 13世紀散文作品 *La Mort le Roi Artus* による資料体作成 ── 」，『広島大学大学院文学研究科論集』，第61巻，特輯号４，72p.
今田良信(2002a)：「古フランス語における肯定／否定とＣＶＳ／ＣＳＶ語順 ── 文頭に立つ文の肯定／否定に関わる若干の状況補語（句）と統語環境 ── 」，『古浦敏生先生御退官記念言語学論文集』，溪水社，pp.75-89.
今田良信(2002b)：「古フランス語における語順変化の研究のために ── 13世紀散文作品 *La Vie de Saint Eustace*による資料体作成 ── 」，『ニダバ』，31，pp.1-10.
大城光正・吉田和彦(1990)：『印欧アナトリア諸語概説』，大学書林.
佐藤房吉・大木健・佐藤正明(1991)：『詳解フランス文典』，駿河台出版社.
島岡茂(1974)：『フランス語の歴史』，大学書林.
島岡茂(1976)：『ロマンス語の話』，第３版，大学書林.
島岡茂(1982)：『古フランス語文法』，大学書林.
鈴木信吾(1986)：「イタリア語における無標の語順について」『イタリア學會誌』，イタリア学会，36，pp.102-121.
鈴木信吾(1994)：「古イタリア語における動詞の前方という位置」『イタリア學會誌』，イタリア学会，44，pp.177-204.
鈴木孝夫(1982)：『ことばと文化』，岩波書店
ソーニエ，Ｖ．＝Ｌ．〔神沢栄三・高田勇共訳〕(1977)：『中世フランス文学』，白水社.〔Saulnier, V.-L. (1957): *La littérature française du moyen âge*, Paris: PUF〕
太古隆治(1993)：「古仏語における《puis que》の「時」と「理由」の用法 ──『アーサー王の死』から ── 」『広島大学フランス文学研究』，広島大学フランス文学研究会，12，1993，pp.84-93.
田中春美編(1988)：『現代言語学辞典』，成美堂
千野栄一(1994)：『言語学への開かれた扉』，三省堂
ディ・ピエトロ，Ｒ．Ｊ．〔小池生夫訳〕(1974)：『言語の対照研究』，大修館書店.〔Di Pietro, Robert J. (1971): *Language Structures in Contrast*, Newbury House Publishers〕

丹羽一弥(1972)：「フランス語の文構造と副詞」，『ロマンス語研究』，6，pp.17-28.
春木仁孝(1981)：「古フランス語における2格体系の崩壊と語順の関係について」，『ロマンス語研究』，日本ロマンス語学会，13/14，pp.1-11.
松本克己(1975)：「印欧語における統語構造の変遷：比較類型論的研究」，『言語研究』，日本言語学会，68，pp.15-43.
松本克己(1987)：「語順のタイプとその地理的分布：語順の類型論的研究その1」，『文芸言語研究（言語編）』（筑波大学），12，pp.1-114.
松本克己(1988)：「印欧語の語順のタイプ（印欧言語学への招待④）」，『言語』，大修館書店，17-4，pp.88-93.
松本克己(1993)：「言語現象における中心と周辺」，『国文学 解釈と鑑賞』，至文堂，740(58-1)，pp.6-13.
村上勝也(1977)：「主格関係代名詞節における古仏語の語順 ─ S．C．V．構文の種々相 ─ 」，『広島文教女子大学研究紀要』，12，pp.49-58.

あ と が き

　広島大学大学院文学研究科（言語文化学講座）教授，古浦敏生先生（現広島大学名誉教授）より学位論文をまとめるようにとの有り難いお話があったのは，本書で扱った古フランス語の語順研究に着手して数年後の1995（平成7）年のことであったと記憶している。この問題について，すでにある程度のその後の見通しが立っていたので，論文のテーマとして選ぶことにしたのである。それから随分と時間はかかってしまったが，お陰で何とか論文を仕上げることができた。

　筆者が古フランス語に興味を持つようになったのは，博士過程前期（言語学専攻）に入学を許されてからであるが，修士論文では，イタリア語がご専門であった古浦敏生先生が，文法問題の中でも最も興味を抱かれていた冠詞研究に筆者も惹かれて，フランス語における冠詞の問題を扱った。論文題目は『フランス語に於ける冠詞と固有名詞についての一考察 ― 島名を中心として ― 』(1981)であった。その後，西日本言語学会の機関誌『ニダバ』第11号（1982, pp.44-58）に「現代フランス語に於ける定冠詞と地名に関する考察 ― 島名を中心として ― 」と題する論文を発表したが，これは，修士論文の一部を修正加筆し，イタリア語との対照を加えて簡潔にまとめたものである。

　この博士課程前期在学中に，当時フランス文学専攻の助教授であった原野昇先生（現同研究科（表象文化学講座）教授）の中世フランス文学のテキスト講読演習の授業を受けたのが，筆者と古フランス語との出会いであった。原野先生には，初歩から手解きを受け，今日に至るまで授業や研究会などを通じてご指導をいただいている。本書で扱った資料はいずれも，先生が長年に亘って主催されている読書会でご一緒に読んでいただいたことのあるものである。

　その後，筆者は，広島大学文学部言語学教室の教官として採用され，古

フランス語の文法上の諸問題に関してテーマを変えつつ研究を重ねてきた。本書で扱った語順研究ついては，統語研究の中でもここ10年間特に集中的に興味を注いできたテーマであり，前掲誌の『ニダバ』第22号（1993, pp. 80-92)に発表した「古フランス語における文頭の補語要素と語順 ― ＣＶＳ語順対ＣＳＶ語順 ― 」と題する論文が，その着想となるものであった。また，『吉川守先生御退官記念言語学論文集』（1995, 溪水社, pp. 31-45)に「古フランス語における文頭に従属節を有する複文の語順について」と題する論文を発表した。さらに，1995年5月，青山学院大学における日本ロマンス語学会第33回大会において「古フランス語における文頭の状況補語句と語順」と題する研究発表を行なった。その内容は，少し手を加え，「古フランス語における文頭の補語と語順」という題目の論文として『ロマンス語研究』第29号（1996, pp. 68-82)に掲載されている。また，1996（平成8）年5月には，広島大学文学部で開催された同学会第34回大会でも「古フランス語における文の肯定／否定と語順」と題して研究発表を行なった。その内容は，日本語では「古フランス語における文の肯定／否定と語順 ― 文頭に現れる若干の状況補語（句）とＣＶＳ／ＣＳＶ語順との関係について ― 」として『新村猛先生追悼論文集』（1998, フランス図書, pp. 205-210) に，またフランス語でも，日本語版に統計処理を加えたものが《La distinction affirmation/négation dans la phrase et l'ordre des mots en ancien français ― Sur le rapport entre certains compléments circonstanciels en tête de phrase et l'ordre CVS/CSV ― 》として，『ロマンス語研究』第30号（1997, pp. 9-16)〔なお日本語版は，発行が予定より大幅に遅れたためフランス語版より発行年が後になっている〕に掲載されている。

　以上の論文および研究発表に，さらに3本の論文，今田(2001), (2002a)(2002b)（参考文献欄を参照のこと）を加えて，現在に至っている次第である。

　最後に，浅学非才の身で仕事も遅い筆者を，言語研究の世界に入ってからここまで終始温かい眼差しで御指導いただいた古浦敏生先生に，先ず心

より感謝の意を表わしたい。そして，筆者を古フランス語の研究の世界へ誘って下さった原野昇先生にも深謝の意を表わしたい。また，本書をまとめるにあたって，貴重な御助言をいただいた，広島大学大学院文学研究科（言語文化学講座）教授，植田康成先生，香川大学名誉教授，秦隆昌先生にも，ここに記して厚くお礼を申し上げたい。

さらに，言語研究の厳しさと美しさを身をもって教えて下さった広島大学名誉教授，吉川守先生，「森のなかの旅人」のたとえによって人生における道しるべとしての言語研究の意味を教えて下さった故関本至先生にも，深甚の謝意を表わしたい。

また，本書の出版を快くお引き受けくださった（株）渓水社の木村逸司社長にも心よりお礼を申し上げたい。

私事ながら，昨年の1月，父今田良寛が往生の素懐を遂げた。父は学位論文の仕上がりを心待ちにし，何かと心遣いをしてくれていた。お浄土の父に本書を捧げたい。また，本書を書き終えるまで，筆者を常に励まし続けてくれた妻育子にも，謝意を表わしたいと思う。

2002年8月

今田良信

付録：資料体

La Mort le Roi Artu

☆C[MOT]:○C_{OD}—V—S

❋ autretel
[70/24] *Autretel* vouloie ge dire,
[151/52] et *autretel* fist Lancelos.

❋ ce/ice
[10/7] et *ce* feisoit il por les chevaliers le roi qui de leanz issoient;
[16/60] et *ce* ne vodroie ge en nule maniere.
[23/25] ; *ce* vos di ge bien por vetité.
[30/53] *Ce* vos dirai ge bien,
[36/32] Et *ce* dist orendroit oiant moi et oiant monseigneur le roi un tex chevaliers que ...
[50/20] *Ce* vueill ge bien.
[52/39] Et *ce* peüstes vos bien savoir au chastel de la Doulereuse Garde quant ...
[52/49] mes *ce* ne sei ge se ce fu por l'amour la reïne ou por moi.
[60/24] Sire, fet il, *ce* vos dirai ge bien.
[76/4] et *ce* porent il bien fere,
[80/22] Dame, fet Boorz, *ce* ne vos dirai ge pas;
[82/21] Car *ce* savons nos bien, privé et estrange, que ...
[100/57] Biaus frere, *ce* a ele fet por moi ocire et por ce que ge muire de duel de vos;
[111/19] Dame, fet il, *ce* ne di je mie por ce que nos aions doute de lui qu'il nos puisse granment grever,
[141/27] ; *ce* vos acreant ge comme loiaus chevaliers.
[142/64] *Ce* vos ferons nos moult volentiers, font il.
[145/14] : *ce* vos mande messire Gauvains, ...
[155/4] car *ce* veoit l'en apertement que ...

[193/29] *Ce* ne vos dirai ge mie,
[59/68] car *ice* savez vos bien qu'il est li plus biax hom del monde, ...

[123/7] *Joie* lor doinst Dex greignor que je n'ai!
[11/4] mes *Lancelot* ne connut il mie,
[123/6] *Pes* aient il!
[123/6] *Repos* aient il!

☆ C [MOT]+[PROP] : ○ C$_{OD}$ – V – S

[80/22] mes *ce que ge vos ai dit* vos tendrai ge.

☆ C [MOT] : ○ C$_{OI}$ – V – S

[147/68] et *vos* fera honmage toz mes parentez, fors seulement les deus rois,

☆ C [MOT] : ○ C$_{C}$ – V – S

✶ adonques/adont
[36/85] car *adonques* serions nos a repos,
[176/22] car *adonques* seroie ge recreanz, ...
[181/40] et *adonques* dist uns parenz monseignor Yvain, ...
[112/37] *Adont* commence li criz et la huee parmi l'ost si grans que l'en n'i oïst neïs Dieu tonnant;
[117/23] *Adont* vint a la reïne li esvesques de Rovecestre, ...
[145/27] car *adont* le porroit on veoir et ...

✶ ainçois/einz
[188/29] mes *ainçois* ot il tieus trois cox par la mein le roi meïs-

mes que del meneur se tenist uns autres chevaliers touz combrez;
[16/71] , *einz* leur avoit li rois desfendu, por ce qu'il savoit bien que Lancelos i vendroit;
[71/68] , *einz* eüst fet Lancelos quanqu'ele li requist.
[93/75] ; *einz* voudroie ge mielz qu'il la tenist toz les jorz de sa vie einz que ele moreust issi.
[100/34] , *einz* li faut touz li cuers,
[144/36] , *einz* remeindra la guerre atant, ...
[190/68] , *einz* gist li uns delez l'autre.
[192/10] , *einz* li parti l'ame del cors.

* ainsi/ainsint/einsi/einsint/ensi/issi
[139/3] Dame, fet il, *ainsi* ne puet il estre;
[127/23] *Ainsint* dist Lancelos a celui qui ces noveles li ot aportees,
[11/28] *Einsi* porra il bien estre celez,
[15/1] *Einsi* remest Lancelos leanz toute jor;
[22/1] *Einsi* trouva Lancelos aïde de sa plaie.
[26/56] *Einsi* porroie ge fere morir deus des plus preudomes del monde!
[30/90] *Einsi* dist li rois Artus de Lancelot.
[65/41] *Einsi* remest Lancelos por l'achoison de cele plaie;
[73/1] *Einsi* se complaint la reïne et ...
[86/1] *Einsi* s'en vont li dui frere tant dolent qu'il ...
[113/1] *Einsi* commence la mellee devant le tref le roi;
[117/1] *Einsi* tint li rois son siege devant la Joieuse Garde deus mois et plus.
[117/25] car *einsi* le commande li apostoiles;
[142/95] *Einsi* fu la reïne assise et assaillie sovent et menu en la tor de Londres;
[153/1] *Einsi* furent li dui chevalier en la bataille et ...
[153/12] *Einsi* dist Lancelos de monseigneur Gauvain qui estoit amendez de force et de vitesce entor eure de midi;
[154/15] car *einsi* estoit li preudom apelez;

[158/55] *Einsi* parlerent cil de Gaunes de la bataille et ...
[156/1] *Einsi* dura la bataille jusqu'aprés midi que ...
[167/12] *Einsi* s'en vint li rois Artus corrouciez de la grant desloiauté Mordret, qu'il a voit porchaciee vers lui;
[168/18] *Einsi* torna Mordrés a sa partie touz les hauz honmes qui del roi Artu tenoient terre et ...
[173/33] *Einsi* ploroit toz li pueples aprés le cors monseigneur Gauvain.
[177/1] *Einsi* vit li rois Artus les mescheances qui li estoient a avenir.
[177/22] *Einsi* dist li preudons au roi Artu, ...
[180/1] *Einsi* fu emprise la bataille dont meint preudome morurent, qui ne l'avoient pas deservi.
[180/15] *Einsi* furent assemblé d'une part et d'autre grant gent;
[181/20] *Einsi* ot Mordrés de dis roiaumes esleüz les chevaliers;
[181/51] *Einsi* commença la bataille es pleins de Salebieres, ...
[184/20] *Einsi* dist li rois Karados quant il entra en la bataille;
[185/27] *Einsi* furent tuit torné en fuie li home le roi Artu;
[185/58] *Einsi* fu la bataille commenciee en deus leus plus cruel que mestiers ne leur fust.
[191/1] *Einsi* ocist li peres le fill,
[192/52] car *einsi* seroit ele perdue;
[197/6] *Einsi* furent arresté cil de Wincestre;
[198/1] *Einsi* fu la bataille commenciee doulereuse et pesme jusqu'a eure de none si ygalment que ...
[200/47] *Einsi* remest leanz Lancelos avec les preudomes.
[201/24] *Einsi* s'en parti Boorz del roiaume de Logres et ...
[201/44] *Einsi* furent li dui frere a l'ermitage ensemble et ...
[38/42] *Einsint* aama la damoisele Lancelot tant comme ele plus pot.
[52/1] *Einsint* commença li rois a lire les oeuvres Lancelot par les peintures que il veoit;
[105/11] *Einsint* fu la guerre emprise qui puis torna au domage le roi Artu;
[156/19] *Einsint* dura la bataille des deus chevaliers dusqu'a hore

de none;
[175/19] *Einsint* fu Gauvains enterrez avec Gaheriet son frere;
[195/1] *Einsint* devint Girflet hermites et ...
[204/5] *Einsint* s'en ala li rois Boorz avec l'arcevesque et avec Bleobleeris et ...
[66/54] *Ensi* commencent a parler de Lancelot cil qui plus l'amoient et qui greigneur doutance avoient de lui.
[133/1] *Ensi* assemblerent cil de l'ost a ciaus dedens quatre foiz en une semeinne;
[173/43] *Issi* dist li rois en alant.

[75/47] car *alors* est li jorz a ma dame;

* aprés
[105/24] et *aprés* sont mandé tuit li autre qui del roi Artu tienent terre.
[115/31] *Aprés* furent tant de gent del chastel qu'il establirent uit batailles et ...
[181/18] ; *aprés* furent cil de Gales et ...

* assez
[13/3] *Assez* li demanderent cil de l'ostel de son estre;
[20/27] et *assez* i gaengnierent cil dehors.
[56/1] *Assez* firent celui jor grant feste et grant joie li compaignon.
[89/13] *Assez* parlerent cele nuit li dui cousin de ceste chose.
[142/93] car *assez* estoient esmaié cil qui assailloient, ...

* atant
[12/1] *Atant* se part li rois de la fenestre entre lui et sa compaignie,
[22/6] Mes *atant* lesse ore li contes a parler de lui ici endroit et ...
[29/1] *Atant* se parti la damoisele de leanz,

[47/12] Mes *atant* lesse ore li contes a parler d'eus et ...
[50/21] *Atant* se lieve meintenant li rois,
[54/14] Mes *atant* lesse ore li contes a parler de lui et de Morgain,
[59/92] *Atant* se part Boorz de la reïne et ...
[61/15] *Atant* se part li uns de l'autre et ...
[61/16] Mes *atant* lesse ore li contes a parler d'eus touz et ...
[62/75] *Atant* s'en est li rois de la chambre et ...
[63/18] Mais *atant* lesse ore li contes a parler del roi Artu et de sa compaignie et ...
[66/35] *Atant* se parti Boorz del roi,
[69/1] *Atant* se part Mador de la cort et ...
[73/10] Mes *atant* lesse ore li contes a parler del roi Artu et de la reïne et de la damoisele et ...
[75/64] Mes *atant* lesse ore li contes a parler de lui et ...
[84/17] *Atant* se traient li uns chevaliers ensus de l'autre,
[91/33] Mes *atant* lesse ore li contes a parler de lui et ...
[93/1] *Atant* en lessa li rois Artus la parole et ...
[97/31] Mes *atant* lesse ore li contes a parler d'eus et ...
[104/1] *Atant* se test li rois et ...
[106/16] Mes *atant* lesse ore li contes a parler de lui et ...
[110/1] *Atant* vint la damoisele a la porte del chastel et ...
[111/1] *Atant* se part la damoisele de l'ost et ...
[118/60] *Atant* est li parlemenz finez, ...
[119/11] *Atant* fenissent leur parlement;
[120/1] *Atant* fine li parlemenz;
[121/14] Mes *atant* s'en test ore li contes a parler d'eus et ...
[127/28] Mes *atant* lesse ore li contes a parler de Lancelot et ...
[130/15] *Atant* entra li rois en la nef et ...
[132/39] *Atant* desbuschent les batailles d'une part et d'autre;
[141/1] *Atant* fine li parlemenz de ceste chose;
[143/14] Mes *atant* lesse ore li contes a parler del message et ...
[158/1] *Atant* s'en vet Lancelos vers les suens;
[160/72] *Atant* se partirent li message de l'empereor;

資　料　体

[167/1] *Atant* vindrent li marinier au roi et ...
[167/6] *Atant* fet li rois prendre monseigneur Gauvain et ...
[167/19] Mes *atant* lesse ore li contes ci endroit a parler de lui et ...
[170/60] Mes *atant* lesse ore li contes a parler de lui et ...
[175/21] Mes *atant* lesse ore li contes a parler de monseigneur Gauvain et de la dame de Beloé ici endroit,
[181/43] *Atant* se desbuchent les batailles, ...
[185/30] *Atant* se desrenge la quarte bataille le roi Artu;
[189/1] *Atant* recommence la mellee grant et merveilleuse;
[200/48] Mes *atant* lesse ore li contes a parler de lui et ...

* ausi/ausint/aussi
[21/4] et *ausi* dist Gaheriez.
[127/1] et *ausi* se lievent tuit li autre,
[30/4] et *ausi* firent tuit li autre,
[48/88] et *ausi* firent tuit li autre, cil qui en sa compaignie estoient;
[50/18] car *ausi* en ai ge grant mestier.
[75/2] et *ausi* fet Hestor;
[76/9] et *ausi* fist mesire Gauvains et ...
[79/43] et *ausi* fet li rois;
[85/38] et *ausi* firent tuit si quatre frere.
[103/6] et *ausi* estoient tout li autre baron.
[132/31] et *ausi* firent cil de l'ost vint batailles;
[147/27] et *ausi* font tuit si autre compaignon;
[181/6] et *ausi* fet Mordrés,
[181/53] et *ausi* furent meint autre,
[196/9] et *ausi* en furent tuit li autre bon chevalier de Gaunes corroucié.
[198/39] ; *ausi* estoit Lancelos;
[149/19] et *ausint* firent tuit li autre qui avec lui avoient veillié.
[146/69] car *aussi* ira mes sire sanz armes et ...

* autresi/autresin
[12/24] car *autresi* est uns de mes filz si deshetiez qu'il ne porra pas porter armes a ce tornoiement;
[12/37] car *autresi* i vouloie ge aler;
[65/30] et *autresi* perdi ge l'autre qui fu l'autre jor a Taneborc par une autre plaie que j'avoie en celui termine.
[85/77] et *autresi* fait Gaheriez;
[113/20] *Autresi* firent li autre et ...
[190/66] et *autresi* fist Mordrés;
[62/50] et *autresin* furent tuit li autre qui en la sale estoient.

* autrement
[14/24] car *autrement* seroit il desloiax,
[16/46] car *autrement* ne mousterroient il pas qu'il fussent compaignon de la Table Reonde, se il n'estoient de cele part.
[28/13] car *autrement* n'eüst il mie portee tele enseigne.
[40/29] car *autrement* fust il morz errenment.
[44/77] mes *autrement* ne le feroie je en nule maniere.
[76/21] car *autrement* me fust il moult mescheoit.
[90/11] car *autrement* n'i enterroient il pas.
[93/33] car *autrement* ne doit reïne morir qui desloiauté fet, puis que ele est sacree.
[142/105] car *autrement* seroie je honnie, ...
[142/127] car *autrement* ne seroie je jamés delivre de ces traïtors.
[144/55] ou *autrement* ne sera ja ceste guerre finee,
[186/34] car *autrement* serons nous mort et malbailli.
[193/15] ou *autrement* vos harrai ge bien de mortel haïne.

* bien
[70/54] Oïl, fet li rois, *bien* m'en souvient il;
[119/90] et *bien* fust Lancelos asseür que ...
[179/6] et *bien* sache Mordrés li parjurez qu'il morra par mes

meins;

[187/2] et *bien* li disoit li cuers une partie des max qui li estoient a avenir et a sa compaignie.

[196/57] et *bien* fussent il asseür qu'il avroient la bataille einz eure de tierce.

[A/19] Dame, *ceanz* est habergiez li plus biaux chevaliers dou monde.

* ci/ici

[100/28] car *ci* gist morz Gaheriet vostre frere, li plus vaillans de nostre lignage.

[102/20] : *Ci* gist Gaheriet, li niés le roi Artu, que Lancelos del Lac ocist.

[172/29] : *Ci* gist Gaheriet et Gauvains que Lancelos ocist par l'outrage Gauvain.

[175/16] : *Ci* gisent li dui frere, Messire Gauvain et Gaheriet, ...

[194/20] : *Ci* gist Lucans li Bouteilliers que li rois Artus esteinst desouz lui.

[194/23] : *Ci* gist li rois Artus qui par sa valeur mist en sa subjection .XII. roiaumes.

[194/33] ; *ci* l'aporterent ne sai quex dames.

[203/14] : *Ci* gist li cors Galeholt, le segnor des Lointaignes Illes,

[63/11] : *Ici* gist Gaheriz li Blans de Karaheu, li freres Mador de la Porte, que la reïne fist morir par venim.

[67/28] : *Ici* gist Gaheriz de Karaheu, li freres Mador de la Porte, que la reïne fist morir par venim.

[73/8] : *Ici* gist la damoisele d'Escalot qui por l'amor de Lancelot morut.

[158/44] car *devant* sei ge bien qu'il estoit recreanz et ateinz,

✣ dont
[68/32] *Dont* n'en irai ge, fet il;
[74/87] ; *dont* avroit ele mal emploié les biens qu'ele ...
[142/59] *Dont* vos pri ge, fet il, que ...
[157/50] *Dont* m'en irai je a vostre congié, fait Lancelos.
[169/14] *Dont* le vos dirai ge, fet la reïne;

✣ encor/encore
[30/80] Et *encor* savons nos bien qu'il a amee de tout son cuer la fille le roi Pellés,
[93/55] Ha! rois Artus, qui as porchaciee sa mort par ta desloiauté, *encor* t'en puisses tu repentir,
[14/33] ne *encore* nel feïsse ge pas, se ne fust la grant bonté qui est en vos.
[30/93] Et *encore* vos di ge bien, sire, fet il, que ...
[32/6] et *encore* en doutoie ge,
[41/120] et *encore* me dist il et ...
[45/51] car *encore* n'en sui je pas si bien gariz que ...
[46/51] et *encore* en port ge teles enseignes qui bien sont aparissanz.
[53/42] et *encore* le tenisse ge en prison,
[98/13] et *encore* a il plus fet, qu'il enmeinne avec soi la reïne, qu'il a de mort rescousse, et ...
[100/14] car *encore* n'en savoit il riens,
[101/2] et *encore* en deïst il plus,
[115/106] ; *encore* l'aferme l'estoire qu'il n'i ot de sa partie nul chevalier ne viell ne juenne qui si bien le feïst;
[119/43] Mais *encore* vous requiert il une autre chose.
[135/9] Et *encore* vos requier ge sus le serement que vos m'avez fet que la reïne doigniez a fame a Mordret;
[147/82] Et *encore* vos ferai ge autre serement que vos ne cuidiez,
[148/70] Et *encore* a il fetes greigneurs merveilles;
[192/43] mes *encore* volsisse ge mieuz, s'il vos pleüst, que vos la me donnissiez.

[192/60] car *encore* ne l'as tu mie gitee.
[193/18] Et *encore* me dites vos que ge ne vos verrai jamés.

* ilec/illec/illuec/iluec
[178/7] car *ilec* atendroit il Mordret;
[21/19] car *illec* serons nos bien a repos,
[95/15] et *illuec* prendrons nos conseill tel qui bons sera.
[130/43] car *illuec* demeure touz li esforz de ceste terre, ...
[159/28] car *iluec* ne demorra il plus, ainz ...

* ja
[59/98] Sire, sire, fet Boorz, *ja* a madame la reïne veé son ostel a vos et a moi et a touz ceus qui de par vos i vendront.
[96/10] *Ja* l'avez vos ocis.
[100/55] *Ja* vos seut ele estre si douce et si amiable et ...
[155/25] *Ja* vos ai ge touz jorz veü plus fere d'armes par le vostre cors que doi des meilleurs chevaliers del monde ne peüssent fere;
[157/44] car *ja* est eure passee;
[158/11] *Ja* vos eüst il mort, fet Hestor, s'il poïst;

[102/12] et *la* fu mis li cors Gaheriet par desus ses deus freres;
[33/9] car *leanz* le lessierent il quant il s'en partirent.

* lors
[2/9] *Lors* fist li rois metre en escrit toutes les aventures que li compaignon de la queste del Seint Graal avoient racontees en sa court;
[12/13] *Lors* dist Lancelos au seignor de leanz:
[14/1] *Lors* vint la pucele tout meintenant a Lancelot et ...
[16/57] *Lors* monta Lancelos seur son cheval et ...
[18/1] *Lors* s'afiche Lancelos seur estriés et ...
[18/12] et *lors* vole li glaives en pieces.
[24/13] *Lors* s'aperçoit messire Gauvains que li rois le connoist;

[30/26] et *lors* dist messire Gauvains au roi:
[31/16] Et *lors* pensa meintenant la reïne que ce ne fu mie Lancelos,
[32/1] *Lors* saut avant Girflez et ...
[39/1] *Lors* vint la damoisele a son frere et ...
[44/45] *Lors* dist messire Gauvains a Boort:
[44/64] *Lors* mande messire Gauvains a l'oste de leanz que il viengne parler a lui;
[46/11] *Lors* commence messire Gauvains a batre ses paumes et ...
[48/17] *Lors* s'arresta li rois et ...
[48/62] Et *lors* se part Sagremors de la porte et ...
[49/5] Et *lors* commencierent damoiseles a aporter mes, ...
[53/41] et *lors* painst il les ymages que vos ici veez,
[53/48] *Lors* dist li rois que cele chose n'estoit pas d'ome, mes de deable.
[57/11] *Lors* commence la damoisele trop durement a plorer;
[57/38] *Lors* se parti la damoisele de devant lui et ...
[60/1] *Lors* vint Lancelos a monseigneur Gauvain,
[61/1] *Lors* revint Lancelos a ses compaignons qui enmi le champ l'atendoient et ...
[62/67] *Lors* dist li rois a touz ceua qui entor le cors estoient:
[64/46] *Lors* tret Lancelos s'espee et ...
[70/35] Et *lors* dist messire Gauvains au roi:
[72/1] *Lors* se part messire Gauvains de la reïne;
[74/105] et *lors* vint li chevaliers a son cheval et ...
[75/1] et *lors* monte Lancelos seur son cheval,
[75/25] *Lors* trest Boorz Lancelot a une part et ...
[75/45] Et *lors* dist Lancelos a Hestor et a Boort:
[78/1] *Lors* est la reïne a malaise,
[78/7] Et *lors* se part Boorz de leanz qui ...
[80/1] *Lors* s'en ist li rois de leanz tant dolenz com nus plus;
[83/8] Et *lors* dist messire Gauvains au roi: ...
[84/1] *Lors* commence li palés a vuidier de genz;
[84/14] *Lors* prent la reïne son chevalier,

[85/70] *Lors* est li rois assez plus esbahiz que devant;
[88/15] Et *lors* saillent escuier et serjant por Lancelot desarmer et ciaus qui del tornoiement estoient venu.
[88/31] Et *lors* dist Lancelos au roi: ...
[88/36] *Lors* s'aperçut Lancelos que li rois estoit a lui corrouciez,
[89/41] Et *lors* le fet Lancelos si comme Boorz li avoit enseignié;
[90/8] ; *lors* sorent il bien qu'il avoient failli a ce qu'il vouloient fere.
[90/55] *Lors* regarde Lancelos le chevalier qu'il avoit ocis, ...
[91/22] *Lors* prent Lancelos un suen escuier,
[91/29] *Lors* se part li vallez de Lancelot et ...
[93/22] *Lors* vient messire Gauvains au roi,
[93/35] *Lors* lieve li criz et la noise par la cité de Kamaalot et ...
[94/23] *Lors* le fiert Lancelos si durement que ...
[94/49] Et *lors* lesse corre Hestor le cheval et ...
[96/5] *Lors* demande li uns a l'autre qu'il sont devenu.
[97/22] Et *lors* i envoia Lancelos avant messages por dire qu'il venoit;
[97/29] *Lors* manda Lancelos chevaliers del païs et ...
[98/43] *Lors* apele li rois Artus ses messages et ...
[100/10] *Lors* est mesire Gauvains trop durement esbahis de ces noveles,
[105/8] car *lors* voudra il mouvoir atout son pooir pour aler au chastel de la Joieuse Garde.
[110/33] *Lors* se tourne li rois vers la damoisele et ...
[110/55] *Lors* se torne la damoisele vers le roi,
[112/22] ; *lors* commanda Lancelos que la porte fust ouverte et ...
[112/53] *Lors* let corre missire Gauvains a Hestor;
[115/113] *Lors* li cort sus li rois,
[115/127] *Lors* dist Hestor a Lancelot: ...
[118/1] *Lors* mande la reïne lancelot et Boort et Hestor et Lyonnel en une chambre;

[118/38] Et *lors* li commencent li oel a larmoier et ...
[118/86] *Lors* comande li rois a l'esvesque qu'il ...
[119/33] *Lors* la reçoit li rois moult maz et moult pensis des paroles qu'il li ot dites.
[119/40] *Lors* vint avant messire Gauvains et ...
[119/132] *Lors* dist Lancelos au roi: ...
[120/3] *Lors* commença entr'eus la joie si grant comme se Damledex i fust descenduz.
[130/52] *Lors* s'en vet li rois Artus droit a Gaunes entre lui et sa compaignie.
[134/17] *Lors* s'apensa Mordrés d'une grant traïson dont il fu puis touz jorz parlé,
[139/17] *Lors* li corent li autre sus de parole et ...
[141/28] *Lors* li dist la reïne tot en plorant:
[146/16] *Lors* vint messire Gauvains au roi et ...
[146/65] *Lors* dist messire Gauvains au vallet qui le message avoit fet: ...
[147/1] *Lors* monte meintenant li rois Artus et ...
[148/27] et *lors* dist Lancelos au roi: ...
[148/35] *Lors* se partent atant li un des autres;
[151/25] et *lors* commence entr'eus deus la mellee si grant que onques si cruel de deus chevaliers ne fu veüe;
[156/9] Et *lors* commence Lancelos a lui ferir et ...
[157/2] et *lors* fu tant messire Gauvains traveilliez qu'a peinne puet il tenir s'espee;
[158/7] ; *lors* sera vostre guerre finee.
[158/17] *Lors* monte Lancelos seur un cheval qui li fu aprestez et ...
[160/5] et *lors* li viendrent unes noveles qui moult durement li desplurent,
[163/18] *Lors* vint li messages la reïne devant le roi,
[165/3] *Lors* parla messire Gauvains moult belement a ceus qui entor lui estoient,
[167/9] et *lors* entrent enz li plus riche baron et ...

[158/72] *Lors* fu la nouvele par tout le païs seüe et ...
[170/24] *Lors* vint l'abeesse avant;
[172/8] ; *lors* commença li rois a plorer trop durement et a fere trop grant duel;
[173/28] *Lors* montent li cent chevalier,
[173/38] *Lors* retorne li rois tant dolenz que nus plus et dist a ses homes: ...
[174/45] Et *lors* s'escrie uns chevaliers qui leanz estoit: ...
[187/18] *Lors* fu li estandarz le roi mis avant,
[188/17] *Lors* se desrengent li home le roi Artu et ...
[192/38] *Lors* apele li rois Girflet et ...
[192/47] *Lors* monta Girflet el tertre,
[198/42] et *lors* recrut li chevax au conte et ...
[199/17] et *lors* dist li vallez: ...
[200/17] Et *lors* demande Lancelos qui il sont;
[200/23] *Lors* est il moult liez;

[99/26] Biax niés, *mar* fu onques l'espee forgiee dont vos fustes feruz et mal ait qui si vos feri;
[30/37] car *meintefoiz* li ai ge veü fere autretant d'armes;

* maintenant/meintenant
[105/1] *Maintenant* furent aporté li saint et ...
[16/63] *Meintenant* se part Lancelos de leanz entre lui et son compaignon et deus escuiers qui li chevaliers avoit amenez avec lui.
[41/77] ; *meintenant* monte li escuiers seur son roncin et ...

[144/4] car *merveilleusement* se deffendoient cil dedenz en tel maniere qu'il les domajoient toz jorz.
[196/46] car *mielz* ainment il a morir en bataille que aler defuiant par le païs.

* moult
[20/26] et *moult* i perdirent cil dedenz,

[32/37] *Moult* est la reïne dolente de ces nouveles que ...
[53/49] *Moult* regarda li rois l'ouvraigne de la chambre et ...
[53/70] et *moult* li amonesta Morgue que il venchast ceste honte procheinnement;
[63/1] *Moult* fet la reïne grant duel de ce que il li est mesavenu;
[67/41] car *moult* estoit mes freres preuz,
[67/43] *Moult* fet Mador grant duel de son frere et ...
[79/1] *Moult* fet la reïne grant duel et ...
[96/15] *Moult* fu lancelos corrouciez por la mort de Gaheriet,
[118/101] car *moult* avoient li pluseur d'eus grant poor que li pis n'en tornast seur eus, se li afaires durast longuement.
[132/24] car *moult* desiroient cil dedens que il veïssent l'ore que il poïssent assembler a çax dehors.
[156/29] car *moult* l'ot messires Gauvains hasté et tenu si cort que li sanz li sailloit del cors en plus de treze lex;
[173/1] *Moult* est li rois Artus corrouciez de ceste mort,
[175/20] ; *moult* firent grant duel cil del païs por la mort monseigneur Gauvain.
[182/5] *Moult* le fist bien cel jor messire Yvains et ...

✼ non
[24/11] *Non* est ce la premiere foiz que vos l'avez quis;
[24/12] ; *non* sera ce la derrienne, au mien escient.
[110/32] ne *non* avra il, ...

[109/4] car *onques* ne pot Lancelos souffrir que cil de l'ost fuissent assailli le premier jour, ançois les laissa reposer tout le jour et toute la nuit, ...

✼ or/ore
[3/10] *Or* vos demant ge, fet li rois, quanz chevaliers vos cuidiez avoir ocis de vostre mein en ceste queste.
[23/20] Sire, fet Gaheriez a monsignour Gauvain son frere, *or* poez vos tres bien savoir veraiement qu'il ne sont pas venu ceste

part ;
[36/27] Boort, *or* sei ge bien la vérité de vostre seigneur,
[36/30] *Or* poons nos bien dire que je et vos l'avons perdu,
[37/38] Mes *or* lesse li contes ici endroit a parler de Boort et de sa compaignie et ...
[38/1] *Or* dit li contes ci endroit que ...
[40/16] Ha! dame, *or* n'i verroiz vos pas vostre chevalier,
[41/114] ; *or* li doint Dex santé,
[46/37] car *or* connois ge bien que entre vos et Boort estes li dui chevalier qui ...
[46/48] Sire, fet messire Gauvains, *or* savez vos bien conment il sevent ferir de lances et d'espees.
[52/18] *Or* vos requier ge, fet li rois, par la foi que vos me devez et que vos m'avez ici plevie, que ...
[62/1] *Or* dit li contes que ...
[67/6] ; *or* n'est il riens que ...
[67/58] ; *or* vos rent ge vostre homage et vostre terre,
[67/63] Sire, *or* vos requier ge comme a roi que ...
[71/33] Sire, fet messire Gauvains, *or* poez vos bien savoir que ...
[71/63] Dame, dame, *or* sei ge bien que ...
[72/7] *Or* voiz tu bien que ...
[74/1] *Or* dit li contes que ...
[77/8] mes *or* cuit ge bien que ge la recouverrai par Dieu et par vos procheinnement.
[77/19] *Or* m'en apele Mador de traïson,
[77/29] car *or* savroiz vos et connoistroiz quel perte cele fet qui preudome pert ;
[78/16] Biaus douz amis, *or* sei ge bien que cil del parenté le roi Ban ne m'amoient, se por vos non,
[78/16] ; *or* puis ge bien dire que ge avrai a ce besoing soufrete de vos.
[83/9] *Or* creroie ge bien que Mador fust en mauvese querele ;
[88/9] ; *or* vueill ge que vos herbergiez huimés o moi et vostre compaingnie.

[90/18] Ha! biaus douz amis, fet la reïne, *or* somes nous honi et mort;
[90/19] ; *or* savra li rois l'estre de vos et de moi.
[92/1] *Or* dit li contes que, ...
[94/10] *Or* doint Dex que, ...
[96/11] *Or* poons nos bien dire, fet Lancelos, que ...
[96/14] car *or* commencera la guerre qui jamés ne prendra fin.
[98/1] *Or* dit li contes que ...
[104/46] ; *or* vos demant ge se vos cuidiez qu'il ait o lui menee la reïne.
[107/1] *Or* dit li contes que ...
[116/10] ; *or* voudroie ge que ceste guerre n'eüst onques esté commenciee,
[118/43] ; *or* doint Dex que biens vos en viegne.
[118/70] car *or* voit il bien que la guerre est faillie.
[119/8] ; *or* vos pri ge que vos le portoiz mes por l'amor de moi tant com vos vivroiz;
[128/1] *Or* dit li contes que tout cel yver demora li rois Artus el roiaume de Logres tant aiese que nus plus,
[134/1] *Or* dit li contes que ...
[144/1] *Or* dit li contes que ...
[148/79] ; *or* doint Dex qu'il ne nos en meschiee,
[163/1] *Or* dit li contes que ...
[164/5] Ha! Mordret, *or* me fez tu connoistre que ...
[165/27] *Or* avrai ge, si com ge cuit, sofrete des preudomes, ...
[168/1] *Or* dit li contes que ...
[169/1] *Or* dit li contes que ...
[172/50] , *or* m'ies tu devenue marrastre,
[173/41] Ha! Dex, *or* criem ge que nos aions par tens soufrete de lui.
[176/1] *Or* dit li contes que ...
[178/33] Mes *or* soit Jhesucrist en nostre aïde,
[183/31] *Or* est cist morz,
[186/36] Ha! biax niés, *or* avrai je soufrete de vos et de Lancelot,

[186/41] Mes, biax dous niés, *or* ai ge poor que ...
[190/8] ; *or* doint Dex que nos n'aions pis!
[192/29] Ha! Escalibor, bone espee et riche, la meilleur de cest siecle, fors cele as Estranges Renges, *or* perdras tu ton mestre;
[201/1] *Or* dit li contes que, ...
[202/17] *Or* voi ge quanque ge vouloie veoir.
[202/34] *Or* sei ge veraiement que ...
[202/36] ; *or* sei ge bien que penitence vaut seur toutes choses;
[67/70] *Ore* est la reïne maubaillie,
[90/86] car *ore* est la chose descouverte que nos avions tant celee.
[99/23] Ha! Dex, *ore* ai ge trop vescu!
[146/59] Biax niés, fet li rois, *ore* en soit Dex en vostre aïde,
[186/33] *Ore* en soit Dex en nostre aïde,
[192/69] Sire, *ore* ai ge fet vostre commandement.

* plus
[43/13] car *plus* i estoit il venuz por Lancelot veoir por parler a lui que por autre chose;
[182/24] et *plus* furent il desconfit por la mort lor seignor que por autre chose.

* puis
[189/23] , *puis* vint messire Yvains au roi et ...
[202/42] et *puis* le pranent li uns d'une part et li autres d'autre,

* si
[1/14] *Si* commence mestres Gautiers en tel maniere ceste derrienne partie.
[12/38] , *si* fera li uns a l'autre compaignie.
[16/35] *Si* se hasta tant li escuiers de savoir les nouveles et de reperier tost qu'il ...
[16/62] et *si* amast il mieuz a aler avec lui.
[21/28] ; *si* descent Lancelos touz sanglenz,
[25/32] *Si* l'a veincu uns chevaliers a qui ge voudroie resembler.

[25/59] *Si* la regarda messire Gauvains moult volentiers tant comme ele servi;

[30/33] et *si* le deüssiez vos bien connoistre a la merveille que il fesoit d'armes,

[31/9] *Si* dist messire Gauvains a la reïne:

[34/53] ; *si* s'en merveilla moult li rois Artus.

[37/32] *Si* les tint li rois de Norgales en son ostel a grant joie et a grant enneur jusqu'au jor de l'assemblee,

[37/36] *Si* fu li rois moult liez de ceste promesse et ...

[38/27] ; *si* le me dist messire Gauvains, li niés le roi Artu meïsmes.

[39/12] ; *si* couvient il, se vos voulez amer, que vos metez vostre cuer plus bas,

[40/3] ; *si* le fist Lancelos venir devant lui et ...

[40/23] ; *si* en saut uns rais de sanc autresi granz comme ...

[43/17] ; *si* s'i acordent bien tuit cil de la place.

[43/18] *Si* fu en tel maniere departiz li tornoiemenz que ...

[45/49] ; *si* fu la plaie assés plus perillouse que je ne cuidoie,

[49/3] ; *si* fist l'en asseoir touz ceus qui en la compaignie le roi estoient venu,

[54/21] *Si* s'en test ore li contes et ...

[59/26] *Si* est, ce m'est avis, domages trop granz quant ...

[60/18] *Si* s'en part atant li uns de l'autre,

[62/41] , *si* li dist uns chevaliers qui en la chambre avoit mengié.

[65/50] *Si* lesse ore li contes a parler de lui et ...

[66/8] ; *si* en porta d'icele jornee Boorz de Gaunes le pris,

[66/43] *Si* prent atant li uns de l'autre congié;

[66/44] ; *si* torne Boorz cele part ou il cuide le roi de Norgales trover et ...

[67/86] *Si* l'amenoit d'une part messires Gauvains et de l'autre part Gaheriez, li plus prisiez d'armes del parenté le roi Artu, fors seulement monseigneur Gauvain.

[71/53] ; *si* s'assemblent li un et li autre por veoir cele merveille.

[71/59] ; si en est tant montee la parole et d'une part et d'autre que ...
[71/61] ; si li dist messire Gauvains meïsmes: ...
[77/7] ; si cuidoie ge bien estre esloignieede toute joie;
[79/3] Si en est li rois moult a malese,
[79/28] Si en fu li rois moult esmaiez et moult a malese.
[83/13] ; si l'en porroit tost max avenir, ...
[84/2] ; si descendent li grant et li petit et ...
[84/43] ; si loent tuit cil de la place celui qui a Mador se combat,
[86/51] et si est ses parages puissanz en toutes manieres;
[95/5] ; si en fu Mordrez li uns et ...
[97/6] Si en iert sires uns cuens qui ert bons chevaliers et de grant pooir et amoit Lancelot seur touz homes;
[98/9] ; si en est li uns Mordrés et les autres deus ne sai qui il sont;
[100/35] ; si en sont li baron tant courecié et tant dolant qu'il ...
[101/23] Si jut messire Gauvains en tel maniere que nus n'en trest parole bone ne male.
[107/5] Si fu messire Gauvains gueriz, qui avoit esté malades, ...
[108/30] ; si les conduisoit Boort et Hestor.
[108/31] Si leur avoient cil del chastel dit que, ...
[109/41] Et si sache li rois que, ...
[112/17] Si crierent cil qui premier les virent: ...
[112/39] ; si queurent as armes cil qui estoient desarmé;
[113/13] Si dit li contes que messire Gauvains, qui encore estoit dolenz pour la mort Gaheriet, leur ocist le jor trente chavaliers;
[115/7] ; si nos est il bien avenu, la Dieu merci;
[115/53] ; si n'en fu pas dolenz messire Gauvains,
[115/63] ; si laissierent corre li un encontre les autres et ...
[115/69] ; si tourna a celui point la desconfiture et la mescheance sor ciaus de l'ost.

[115/128] ; *si* sera nostre guerre finee.
[118/94] *Si* est ainsint la chose afinee d'ambedouz pars que la reïne sera rendue l'endemain a son seignor,
[119/26] *Si* ne le fis ge mie por bonté qu'ele me feïst onques, ...
[119/74] *Si* remeindroit la guerre atant.
[119/83] ; *si* fust la bataille afermee, se li rois volsist,
[119/131] ne *si* n'avra il jamais tant comme je vive.
[120/1] ; *si* s'en revient li rois as tentes et ...
[126/9] *Si* pooient bien dire cil dou païs que toz li plus pensiz d'els touz et li plus amatiz estoit Lancelos,
[129/19] *Si* en fu la reïne moult corrociee de ce qu'ele li fu bailliee a garder,
[129/23] et *si* fist il assez plus grant qu'ele ne peüst cuidier.
[132/19] ; *si* en sont li pluseur lié et joiant,
[132/31] ; *si* fu en la premiere bataille messires Gauvains et messire Yvains, ...
[132/40] ; *si* commence illuec endroit la mellee si grant et si pleniere que assez poïssiez veoir chevaliers cheoir.
[132/46] ; *si* assemblerent toutes les batailles einz que heure de tierce fust passee et ...
[132/53] ; *si* eüssent celui jor cil dehors assez perdu, se ne fust li rois Artus qui trop bien le fist en cele bataille;
[132/56] ; *si* en orent cil dedens si grant paour, ...
[134/12] *Si* repera tant Mordrés avec la reïne qu'il ama de si grant amour qu'il ne veoit pas qu'il n'en moreust, s'il n'en eüst ses volentez;
[134/22] ; *si* les lut uns esvesques d'Irlande;
[137/6] ; *si* la me donra cist arcevesques a fame.
[141/2] ; *si* s'en vet la reïne en sa chambre et ...
[142/4] *Si* depart atant leur consaus;
[142/5] ; *si* se porchace Labors de chevaliers et de serjanz la ou il plus se fie,
[142/12] Et *si* fu fete ceste chose si celeement que nus nel sot fors seulement cil qui s'en devoient entrementre;

[145/70] et *si* est il li hom el monde qui riens ne m'est que je plus ai amé et aim encore, fors le roi solement.

[147/61] ; *si* nel di ge mie por vantance ne por ce que vos ne soiez li muedres chevaliers del monde, ...

[148/45] ; *si* s'en entrerent li un en la cité et li autre es paveillons.

[149/3] ; *si* en ploroient tuit li plus hardi et ...

[151/50] ; *si* se trest messire Gauvains primes arriere et ...

[159/19] ; *si* en pleurent li riche et li povre,

[161/1] ; *si* devisa li rois dis batailles;

[161/4] ; *si* poïst l'en veoir a l'assembler chevaliers cheoir d'une part et d'autre, tant que tote la terre en estoit couverte;

[162/17] *Si* s'en test li contes d'els,

[163/11] ; *si* li avoient li Romain del tout sa douleur renouvelee le jor les granz cox qu'il li avoient donez seur son hiaume;

[168/78] *Si* lesse ore li contes a parler d'eus et ...

[180/19] *Si* establi li rois dis batailles,

[184/26] ; *si* en ocistrent tant li home au roi Karados,

[184/46] ; *si* font tant li home le roi Karados qu'il pranent a fine force Heliadés;

[184/55] ; *si* pooroit estre la perte greigneur.

[185/2] ; *si* le firent si bien li home au roi Karados et ...

[185/22] ; *si* passerent a cele empainte plus de cinc cens chevaliers par desus monseigneur Yvain, ...

[188/11] ; *si* vole li glaives en pieces en l'emplaindre qu'il fet;

[190/20] ; *si* le firent si bien a cele envaïe li home le roi Artu qui ...

[191/33] et *si* font li autre et ...

[195/13] et *si* pooient il fere, ...

[198/40] ; *si* conmence en tel maniere la chace entr'eus deus qui dura jusqu'en la forest bien en parfont demie liue;

[200/14] et *si* estoient il.

[204/8] *Si* se test ore atant mestre Gautiers Map de l'Estoire de Lancelot,

* tant

[20/36] mes *tant* di ge bien que ...

[24/23] mes *tant* vos en puis ge bien dire veraiement que ...

[25/41] et *tant* vos di ge bien veraiement que, ...

[31/13] mes *tant* vos savons nos bien dire que ...

[32/23] Ha! Dex, *tant* m'a vileinnement trichiee cil en qui cuer ge cuidoie que toute loiauté fust herbergiee, ...

[36/45] mes *tant* vos di ge bien que Lancelos n'avra a moi pes jamés.

[41/112] et *tant* en cuit ge savoir que, ...

[41/118] mes *tant* vos os ge bien dire que ...

[65/24] et *tant* sei ge bien que il sont de la meson monseigneur le roi Artu.

[74/29] mes *tant* vos di ge bien qu'il ...

[98/57] Ha! biaus niés, *tant* vous haoit voirement cil qui si vous a feru;

[144/74] *Tant* dist messire Gauvains au vallet qu'il ...

[145/67] mes *tant* sei ge bien, ...

[170/41] *Tant* dist la reïne a l'abeesse qu'ele ne set que respondre;

[174/16] Ha! messire Gauvain, *tant* est granz domages de vostre mort, meesmement as dames et as damoiseles!

[183/23] Ha! Table Reonde, *tant* abessera hui vostre hautesce,

[186/17] *Tant* fist li rois Aguisanz par sa valeur qu'il ...

[192/78] Espee bone et bele, *tant* est granz domages de vos, que vos ne cheez es mains d'aucun preudome!

* toutevoies

[16/52] mes *toutevoies* n'ont il pas ausi bones genz com cil dedenz,

[34/38] mes *toutevoies* vos di ge certeinnement qu'onques mes sires ne s'entremist de fere tiex choses com vos li metez sus.

[41/134] mes *toutevoies* vos pri ge par amors que, ...

[52/48] mes *toutevoies* avint il einsi com vos me dites;

[79/49] *Toutevoies* vos lo ge, fet li rois, que vos en requerez l'un et l'autre;
[87/62] *Toutevoies* a Agravains conté au roi ce que nos ne li osions dire;
[133/4] mes *toutevoies* i perdirent cil dehorsplus que cil dedenz,
[158/28] et *toutevoies* savons nous bien qu'il en garra.

[88/19] *Touz* se merveilla Lancelos, quant il fu leanz venuz, ...

* trop
[38/19] Car *trop* a esté sa plaie perilleuse a guerir,
[58/4] car *trop* avoit fet li chevaliers por li.
[90/30] car *trop* sera plus grans damaiges de vostre mort que de la moie;
[144/44] Car *trop* est mesire Lancelos bons chevaliers et adurés,
[146/62] car *trop* est Lancelos bons chevaliers et adurez, ...
[149/1] *Trop* font grant duel en l'ost li rois Artus et sa gent de ce que messires Gauvains a bataille emprise contre Lancelot;

[101/9] Ha! Dex, *voirement* ai ge trop vescu, quant ge voi ma char ocise a si grant douleur.

☆C[MOT]:●C c － S － V

* certes
[20/29] *Certes*, sire, je ne sais qui cil chevaliers est qui porte cele manche desus son hiaume;
[20/35] *Certes*, fet Gaheriez, ge ne cuit pas que gel connoisse;
[23/26] Car *certes* il est si bons chevaliers et si preudom outreement que j'amasse moult a avoir l'acointance de lui;
[28/16] Et *certes* il m'est moult bel que ge le sai;
[36/7] *Certes*, fet li rois, ge ne porroie pas croire que ...
[36/36] *Certes*, dame, fet Boorz, je ne sei qui il est,

[36/47] Certes, dame, fet Boorz, ce poise moi;
[38/21] ; certes ce fust trop doulerex domages,
[39/14] Certes, biaus frere, fet la damoisele, ce poise moi;
[40/19] Certes ge n'en prendroie d'amende tout le siecle que ...
[41/115] que certes c'est trop granz domages quant ...
[53/23] Certes, sire, fet ele, Lancelos les fist et ...
[53/39] Certes, fet li rois, vos dites voir.
[57/13] Certes, sire, ge vos puis bien dire que mar vos vi onques.
[59/31] Certes ge ne vi onques preudome qui longuement amast par amors qui ...
[62/71] Car certes il estoit preudom et uns des bons chevaliers de ma cort ne ...
[65/26] Certes, sire, fet li preudons, ce fu droite mescheance.
[66/40] Certes, fet Boorz, je sei veraiement que il est malades ou en prison, ou que ce soit,
[70/39] Certes, fet li rois, il me semble que ceste a esté trop bele riens;
[70/58] Certes, fet li rois, ce poise moi;
[74/62] car certes ele ne trouvera ja chevalier qui por lui vueille en champ entrer.
[74/87] Certes, fet Lancelos, ge cuit que si fera;
[79/34] Certes, dame, ge ne sei que dire de vos;
[83/14] Certes, fait li rois, je ne sais qui li chevaliers est, ...
[85/29] Oïl, certes, fet la reïne, ele gist leanz el mostier Seint Estienne.
[100/58] ; certes ge ai grant droit, et bien m'i acort, que, ...
[111/67] Certes, sire, fait Mador, il i a gent a grant plenté, ...
[118/44] Mes certes ge cuit que vos ne feïstes onques chose dont autant vos repentissiez.
[127/11] Certes nos le recevrons le roi;
[130/9] car certes ge n'oi onques mes si grant poor de vos comme j'ai ore.
[138/3] Car certes nos le voldrions,
[146/35] Certes, biax niés, fet li rois, ge sui tant dolenz de ces-

te emprise que vos avez fete que ...
[146/60] car *certes* vos ne feïstes onques emprise dont ...
[148/7] car *certes* il vos offre toutes les resons que chevaliers puisse offrir a autre por ocision de lingnage;
[148/9] ; *certes* si preudom comme il est ne dist onques mes ce qu' il vos a dit.
[148/10] *Certes*, fet messire Gauvains, proiere n'i a mestier;
[148/65] *Certes*, fet li rois Artus, Yvain, ge volsisse mieuz avoir perdu la moitié de mon roiaume que la chose fust atant venue comme ele est;
[148/80] quar *certes* ge n'oi onques mes si grant poor de mescheance com j'ai orendroit, ...
[152/6] ; *certes* c'est une chose qui moult m'esmaie.
[152/14] ; *certes* li chans seroit ja finez.
[154/22] *Certes*, sire chevaliers, fet li preudom, la grace ne vient pas de moi, ...
[157/48] *Certes*, fet li rois, vos ne feïstes onques chose dont ...
[158/15] *Certes*, fet li rois Boorz, ce poise moi,
[158/48] *Certes*, fet Boorz, vos dites voir;
[160/34] *Certes*, fet messire Gauvains, li mieuz que ge i voie si est que nous mouvons demain a aler encontre eus et que nos assemblons a eus a bataille champel,
[166/28] *Certes*, fet li rois, je me sui tant meffais vers lui que je ne quit mie que proiere i puist avoir mestier,
[176/20] *Certes*, fet li rois, g'i assemblerai voirement, ...
[186/39] *Certes* nous avrions l'onor de ceste bataille a l'aïde de Dieu et a la proesce que je savroie en vos.
[192/37] *Certes* m'ame en seroit plus a ese a touz jorz mes.
[197/48] *Certes* tu m'as mis le duel el cuer qui jamés n'en istra.
[203/23] *Certes*, fet li rois Boorz, uns hermites religieus, qui est herbergiez el roialme de Gaunes, me dist que, ...

* ja
[38/74] ne *ja* Dex ne doinst que il de ceste volenté se departe,

[87/66] ; *ja* si preudom comme Lancelos est ne sera par moi encusez de ceste vilennie.
[141/57] ne *ja* Mordrés, ce sai je bien, n'avra tant de hardement qu'il l'atende en bataille champel;
[147/24] ; *ja* Dex ne m'aïst, se ge n'en estoie plus liez que qui me donroit la meilleur cité qui soit el monde.
[164/11] ne *ja* Dex ne vueille que tu muires d'autrui meins que des moies.

[168/38] et *meesmement* il a grant poor de sa desloiauté,
[93/27] et *meintenant* messire Gauvains se part de court et ...

* neporquant/nonpourquant
[14/19] Et *neporquant* il fu moult dolenz de cest otroi,
[29/7] Et *neporquant*, fet il, ge ne l'en puis a droit blasmer,
[31/24] et *neporquant* nos avons ses armes veües tantes foiz que ...
[35/36] et *neporquant* ele me dist qu'ele me mostreroit son escu;
[62/14] Et *neporquant* il ne fu onques puis eure que il n'eüst la reïne plus soupeçonneuse que devant por les paroles que l'en li avoit acointiees.
[84/34] et *neporquant* il se deffent au mielz qu'il pot et ...
[93/67] et *neporquant* li rois le menace tant que il li promet que il ira.
[99/32] et *neporquant* il n'i ot nul en la place qui n'en fust dolenz,
[158/26] et *neporquant* il a tant perdu del sanc et ...
[117/17] et *nonpourquant* il amoit la roïne de si grant amour, ...

[14/18] et *nequedant* il ne li ose contredire,

* onques
[38/32] ne *onques* manche a dame ne a damoisele ne fu mieuz emploiee ne tant regardee comme la vostre fu.
[59/59] *Onques* nus hom ne s'i prist fermement qui n'en moreust.

[164/8] Mes *onques* peres ne fist autretant de fill comme ge ferai de toi,

[165/13] Oïl, fet il, *veraiement*, je sai bien que je ne vivrai ja quinze jours;

* voire
[18/15] *Voire*, font li autre, c'est li plus biaus qui meshui i fust fez par la main d'un seul chevalier,
[176/69] *Voire*, fet ele, tu le voiz,
[186/33] *Voire*, fet li rois, c'est grant meschief!

☆C[SYN]:○C$_{OD}$−V−S

[79/24] *Autre chose* ne pot li rois trouver en monseingneur Gauvain ne en nul des autres preudomes de leanz;
[104/42] *Ce chastel* sei ge moult bien,
[161/43] *Ces deus cox* vit li rois Artus et ...

* ceste/iceste chose
[118/35] et *ceste chose*, dame, ne di je mie pour ce que ...
[119/104] ne *ceste chose*, sire, ne vos di je mie pour ce que je aie doute de vos, ...
[110/18] Et *ceste chose*, sire, vos ai ge dite por ce que vos estes en bon point de vengier ceste honte;
[145/30] car *ceste chose* vos mande il par moi.
[157/19] Messire Gauvain, *ceste chose* vos di ge por ce que vos aiez merci de vos meïsmes,
[53/53] *Iceste chose* me dist avant ier Agravains meïsmes,

* ceste parole
[3/36] *Ceste parole* dist li rois Artus del roi Baudemagu, dont messires Gauvains fu assez plus a malese qu'il n'estoit devant.

[116/13] *Ceste parole* dist li rois a son privé conseil, ...
[164/12] *Ceste parole* oïrent pluseur haut home;
[178/38] *Ceste parole* dist li rois Artus moult esmaiez et plus espoentez qu'il ne selt, ...
[187/1] *Ceste parole* dist li rois Artus moult esmaiez,

[128/13] *Ceste promesse* fist li rois a monseigneur Gauvain;
[197/38] *Cestui cop* vit li rois Boorz et ...
[165/21] Biax niés, **grant domage** m'a fet vostre felonnie,
[144/48] *Icestui message* ne ferai je ja, ...

* itex/itieus/itiex/tieus/tiex/tex paroles
[71/23] *Itex paroles* disoient les letres;
[21/1] *Itieus paroles* distrent li frere de Lancelot,
[93/57] *Itiex paroles* disoient cil de la cité et ...
[166/1] *Tieus paroles* dist li rois Artus illuec endroit,
[32/30] *Tiex paroles* disoit la reïne a soi meïsmes,
[183/27] *Tiex paroles* dist messire Yvains, ...
[63/14] *Tex paroles* disoient les letres qui estoient par desus la lame del chevalier mort.
[67/13] *Tex paroles* dist li rois Artus de Lancelot et del paranté le roi Ban et ...
[101/1] *Tex paroles* avoit commenciees messire Gauvains a dire;

[180/25] , *la derrienne* conduist li rois Artus,
[180/19] et *la premiere* conduisoit messire Yvains,

* l'escu
[26/66] *L'escu*, fet il, vueill ge bien veoir;
[26/69] *L'escu*, fet ele, verroiz vos quant vos voudroiz;

[180/24] , *l'uitiesme* conduisoit Sagremor li Desreez,
[68/24] Sire, fet ele, *le respit de quarante jorz* pren ge;
[38/70] Damoisele, fet il, *ma volenté* en faz ge bien,

[154/9] et *meint autre miracle* fesoit Nostre Sires por l'amor de cel preudome.
[26/64] Sire, fet la damoisele, *son non* ne vos dirai ge mie;
[60/34] et *tel loier* rendez vos de loiaument amer.
[146/1] *Tel parole* dist Lancelos de monseigneur Gauvain,

* tout ce/ice

[30/73] et *tout ce* poez vos bien encore connoistre que ce est verité;
[112/49] et *tout ce* fesoit Boorz et Hestor qui vos font cest domage.
[142/19] Dame, fet li vallez, *tout ce* ferai ge bien, ...
[147/71] *Tout ce* ferai ge — et encore plus:
[147/85] et *tout ce* ferai ge, ...
[30/64] Et *tout ice* me fist a croire Agravains vostre freres;

[90/20] *Tout ce plet* nos a basti Agravains.
[59/66] Dame, *toutes ces vertuz* poez vos tenir el cors mon seigneur si parfitement que nule n'en faut;
[123/7] *Victoire et honor* lor doinst Dex envers toz cels qui riens li voldront forfaire!

☆C[SYN]+[PROP]: ○C_{oD}-V-S

[155/1] *Cele grace et cele vertu qu'il avait* ot il par la priere del preudome et ...

☆C[SYN]:○C_{oI}-V-S

[39/7] car *a cestui* ne porriez vos pas avenir.
[45/29] ; *a celui* fet il joie merveilleuse,
[149/6] mes *a celz de la cité* n'en pesoit il pas grantment;
[102/5] et *a Guerrehet et a Agravain* fist l'en fere deus sarquex si

biax et si riches com ...

[146/9] Sire, *a la bataille* ne poez vos faillir, ...

[115/61] car *a l'un et a l'autre* passoit li fers par derrieres.

[102/4] et *a touz* fist l'en sarquex et tombiax;

[71/8] *A touz les chevaliers de la Table Reonde* mande saluz la damoisele d'Escalot.

⁂ a vos

D[145/9] Sire, *a vos* m'envoie messire Gauvains a cui ge sui;

D[146/81] Sire, *a vos* m'envoie li rois et ...

D[163/19] Sire, *a vos* m'envoie la reïne Guenievre, vostre fame, qui vos mande par moi que vos l'avez traïe et deceüe,

☆C[SYN]:○Cc −V−S

⁂ a ce

[61/14] et *a ce* me porroiz vos connoistre.

[160/64] *A ce* respondirent li message le roi et ...

[161/29] *A cel cop* s'assemblent iluec li Romain et ...

[185/18] *A cel encontre* fu messire Yvains abatuz, ...

[36/86] *A cele chose* s'acorde Hestors et Lioniax,

[83/1] *A cele parole* saut avant Mador et ...

[189/31] quar *a celi termine* tenoit l'en monseigneur Yvains a un des bons chevaliers qui fust el monde et au plus preudomme.

⁂ a cele eure

[158/48] ; *a cele eure* oi ge si grant poour de vous que ge onques mes n'oi ausi grant,

[158/60] et *a cele eure* pooit bien avoir missire Gauvains soissante et seze et ...

[100/1] *A ces criz et a ces noises* issi hors missires Gauvains de son ostel, qui ...

* a ces paroles
[12/27] *A ces paroles* vint leanz li chevaliers qui a l'assemblee devoit aler.
[87/9] *A ces paroles* vint leanz uns chevaliers touz armez qui dist au roi: ...
[98/17] *A ces paroles* vint leanz Mordret qui dist au roi: ...
[174/22] *A ces paroles* ist li sires de la chambre,

* a cest conseill
[87/47] *A cest conseill* sorvint messire Gauvains,
[91/1] *A cest conseill* seurvint Hestor;
[91/16] *A cest conseill* s'acorde Lancelos et Boors;

[95/1] *A cest coup* se desconfirent la gent le roi Artu, si tost comme il virent Gaheriet cheoir;

* a ceste chose
[93/16] *A ceste chose* s'acordent li un et li autre a fine force,
[105/9] *A ceste chose* s'acordent li un et li autre et ...
[132/16] *A ceste chose* s'acorde li rois Boorz et li autre tuit.

* a ceste parole
[59/84] *A ceste parole* respont la reïne et ...
[83/1] *A ceste parole* saut avant Mador et ...
[104/20] *A ceste parole* leva la noise el palés;

[72/11] ; *a ceus de ceanz* as tu failli,
[151/14] mes *a chief de piece* leva premiers Lancelos et ...

* a eure/heure de none
[92/12] *A eure de none* vint li rois del bois.
[87/2] *A heure de none* vint messire Gauvains et ...

* a l'endemain
[43/1] *A l'endemain* assemblent en la praerie souz Taneborc li chevalier de quatre roiaumes encontre ceus de la Table Reonde.
[196/36] ; *a l'endemain* vint la nouvele as deus filz Mordret que Lancelos estoit arrivez en la terre et avoit amené avec lui moult grant gent;
[204/1] *A l'endemain* se parti li rois Boorz de la Joieuse Garde,

[41/123] et *a madame la reïne* mande il ausi moult de saluz.
[126/11] car *a poines* en pooit l'en trere bele chiere;
[41/130] *A tout le moins* nous avez vos dit, fet messire Gauvains, qu'il est navrez.
[38/75] car *aprés ce* ne porroie ge vivre un jour si a aise come ...
[130/1] *Aprés ceste chose* s'esmut li rois Artus de la cité de Londres tout maintenant o grant compaingnie de bone gent et ...

* aprés ceste parole
[67/68] *Aprés ceste parole* lieve grant noise a la cort et ...
[172/39] *Aprés ceste parole* ne fu nus qui li oïst mot dire, ...
[179/9] *Aprés ceste parole* ne demora point li vallez,

[115/62] *Aprés cestui cop* se desbuchierent les deus premieres batailles;
[195/3] que *aprés la mort le roi Artu* ne vesqui il que dis et uit jorz.
[38/22] car *aprés li* ne demorast plus preudom el monde.
[45/21] et *aprés lui* aloit li chevaliers qui avec lui avoit esté au tornoiement, qui en sa maladie li ot grant compaignie portee,
[94/27] et *au cheoir* brise li glaives.

* au matin
[6/1] *Au matin* s'en parti Boorz de la cité de Kamaalot entre lui et sa compaignie.

[161/1] Au matin s'armerent cil de Logres;

[42/8] Au meins, font il, nos puez tu bien dire ou tu le lessas.

* au parcheoir
[19/32] et au parcheoir brise li glaives.
[181/38] et au parcheoir brise li glaives, ...
[197/36] ; au parcheoir brise li glaives, ...

[148/36] mes au partir dist Hestor a monseigneur Gauvain: ...
[201/50] Au quart an morut Hestor et ...
[202/1] Au quinziesme jor devant mai acoucha Lancelos malades;
[56/2] Au soir dist Lancelos a la dame de leanz que ...
[A/65] et au tierz jor prist Lancelos congié de la reïne tout en plorant;
[59/71] et avec ce est il estrez de si haute lingniee de par pere et de par mere que ...

* avec li
[17/3] et avec li fu messire Gauvains et ses freres Gaheriez.
[121/1] et avec li bailla Lancelos quatre somiers touz chargiez d'avoir, ...

[203/16] et avec lui repose Lancelos del Lac qui fu li mieudres chevaliers qui ...

* cel jor
[21/23] car cel jor l'orent veü maint chevalier a l'assemblee,
[87/1] Cel jor fu li rois plus pensis qu'il ne selt,
[120/12] Cel jor prist Lancelos un escuier qui avoit non Kanahins et ...

* cele/icele nuit
[7/1] Cele nuit pensa li rois Artus assez a ce que Agravains li a-

voit dit,

[30/1] *Cele nuit* dormi messire Gauvains moult petit,

[45/1] *Cele nuit* demorerent leanz li compaignon a moult grant joie et a moult grant feste et ...

[59/1] *Cele nuit* parla Boorz a la reïne et ...

[75/7] *Cele nuit* fu Hestor moult engrant de savoir qui avoit navré Lancelot;

[75/42] *Cele nuit* jurent li cousin a un chastel que l'en apeloit Alfain;

[115/43] *Cele nuit* se reposerent cil del chastel qui navré estoient,

[118/99] *Cele nuit* furent cil de l'ost lié et joiant quant il virent que la guerre estoit faillie;

[124/13] *Cele nuit* s'i herberja Lancelos et ...

[130/26] *Cele nuit* jut li rois en une praerie assez pres de la rive de mer.

[132/20] *Cele nuit* furent aiese cil de l'ost et ...

[149/10] *Cele nuit* veilla Lancelos el mestre mostier de la cité entre lui et grant compaignie de gent,

[154/29] *Cele nuit* demorerent leanz li messagier le roi jusqu'au matin;

[169/35] *Cele nuit* reposa moult pou la reïne comme cele qui n'estoit pas a ese, ...

[25/21] *Icele nuit* n'ala pas messire Gauvains a cort,

* celui jor/jour

[13/1] *Celui jor* demora Lancelos leanz et ...

[44/1] *Celui jor* dist li rois a Boort qu'il venist a cort, lui et sa compaingnie,

[54/1] *Celui jor* demora li rois avec sa sereur,

[115/103] Et *celui jor* porta li rois Artus armes et ...

[119/13] *Celui jor* furent richement acesmé li quatre cousin.

[132/29] *Celui jor* ordenerent Lancelos et Hestor lor batailles et ...

[144/23] *Celui jor* fu messire Gauvains plus pensis qu'il ne seut;
[178/1] *Celui jor* chevalcha li rois vers les plains de Salesbieres au plus droit que il pot onques, ...
[107/45] *Celui jour* apareillierent lor oirre li chevalier qui a la guerre devoient aler et assez travellierent la nuit ançois qu'il fuissent tout apresté.

* celui/icelui jor meïsmes
[44/38] et *celui jor meïsmes* se parti Boorz del roi de Norgales entre lui et ses compaignons,
[57/1] *Celui jor meïsmes* vint a Lancelot la damoisele qui ...
[56/8] *Icelui jor meïsmes* proierent li dui frere d'Escalot a Lancelot que ...

* celui soir
[58/1] *Celui soir* envoia Boorz le chevalier qui avoit gueri Lancelot au roi de Norgales,
[79/33] *Celui soir* dist li rois a la reïne moult corrouciez:

* ci endroit
[55/1] *Ci endroit* dit li contes que ...
[64/1] *Ci endroit* dit li contes que ...
[171/1] *Ci endroit* dit li contes que ...
[A/1] *Ci endroit* dit li contes que, ...

* de ce
[52/45] ne *de ce* ne vos aperceüstes vos pas si bien comme firent aucun.
[157/28] *De ce* est Lancelos trop dolenz,
[166/22] *De ce* me doi je bien plaindre, ...
[170/45] Dame, fet l'abeesse, *de ce* vos conseillerai ge bien;

[45/55] car *de cele* n'avez vos ore trop grant garde;
[190/64] ; *de celui cop* fu li rois Artus si estourdis qu'il cheï

jus del cheval a terre,

* de ceste chose
[86/41] *De ceste chose* est li rois pensis et dolenz et ...
[138/15] *De ceste chose* nos sommes nous porveü en tel maniere, por ce que nos en avons mestier, que ...

[140/8] ne *de ceste chose fere* ne vois ge mie encontre, ...
[42/1] *De ceste parole* furent moult esmaié li troi cousin qui ...
[147/21] et *de chevalerie* sont il si bien garni qu'il n'a en tout le monde leur pareuz;
[60/70] mes *de compaignie* n'a il mestier,
[104/55] et *de l'orgueill a ceus dedenz* ne me mentez vos mie.
[86/25] car *de lui* ne me gardasse ge jamés que il ma honte porchaçast;
[170/16] car *de moi* di ge que ge remeindrai ci et ...
[197/17] *De sa mort* fu moult Lancelos dolenz et corrouciez, ...
[154/36] car *de tant* est il amendez de ma priere que ...
[113/25] et *de tout ce* n'avoient il retour fors dis prisons qu'il avoient amenez au chastel a fine force.
[16/40] car *de toutes parz* i sont venu li chevalier, ausi li privé com le estrange.
[187/16] quar *de trop douter* ne porroit nus biens venir a nos ne a vos.
[142/14] et *dedenz ce terme* ot fet la reïne la tour garnir de toutes les choses, ...
[70/33] et *dedenz cel lit* gisoit une damoisele morte nouvelement, qui ...
[193/21] que *del demorer* n'i a il point;
[57/3] et *del revenir* est il en aventure;
[190/63] et *del test* abati il une piece;
[25/30] Damoisele, *del tornoiement* vos puis ge bien dire qu'il a esté li mieuz feruz que ge veïsse mes pieça.
[57/26] et *des icele eure* ne deüssiez vos baer a moi,

[12/42] ne *devant la nuit* ne chevaucheroie ge en nule maniere.
[102/10] ; *el milieu des deus tombes* fist li rois fere une tombe plus bele et plus riche que nules des autres et ...

* el siege ～
[107/34] *El siege Boort* s'assist uns chevaliers qui avoit non Balynor et ...
[107/37] *El siege Hestor* s'assist uns chevaliers d'Escoce, puissanz d'armes et d'amis;
[107/39] ; *el siege Gaheriet* fu assis uns chevaliers qui fu niés au roi de Norgales.

* en ce
[24/20] Et *en ce* ne perdroiz vos neant;
[72/22] Et *en ce* perdra il tant que il en morra de duel,
[156/3] mes *en ce* fu il auques reposez et ...

[44/47] car *en ce chastel* sei ge un ostel ou ...
[193/9] et *en ce pensé* li viennent les lermes as euz;
[100/44] ; *en cel besier* li faut li cuers;

* en cel bois
[48/9] et *en cel bois* avoit jadis esté Lancelos en prison deus yvers et un esté chiés Morgain la desloial qui encore i estoit,
[124/10] *En cel bois* descendi Lancelos et ...

[A/84] et *en cel hermitage* se rendi Lancelos et ...

* en cele
[180/26] et *en cele* fu li granz efforz de lor gent;
[180/27] et *en cele* orent cil devant lor espoir,

* en cele chambre
[50/24] ; *en cele chambre* avoit il portrete l'amor de lui et de la

reïne Guenievre.
[50/25] *En cele chambre* couchierent les damoiseles le roi Artu;

* en ceste partie
[23/1] *En ceste partie* dit li contes que ...
[48/1] *En ceste partie* dit li contes que, ...
[66/1] *En ceste partie* dit li contes que ...
[76/1] *En ceste partie* dit li contes que ...
[122/1] *En ceste partie* dit li contes que, ...

[178/19] : *en ceste plaigne* doit estre la bataille mortel par quoi li poiaumes de Logres remeindra orfelins.
[202/15] et *en dormant* veoit il aucune avision et ...
[196/25] *En la cité de Gaunes* fu fete ceste assemblee;
[181/10] ; *en la derreniere* mist il le greigneur effort et ...
[21/9] car *en plus demorer* ne poons nos riens gaengnier.
[130/14] car *en poor avoir* ne porriez vos riens gaaignier.
[158/45] et *en si pou de terme* li fu tel force venue que il n'avoit pas esté si preuz ne si vistes au commencement.

* en tel maniere
[108/18] *En tel maniere* se furent cil logié.
[142/2] car *en tel maniere* cuide ele bien estre delivree de cest perill ou cil del païs l'ont mise.
[151/29] *En tel maniere* dura la mellee grant piece,
[157/1] *En tel maniere* dura li estris jusqu'a vespres;
[170/57] *En tel maniere* demora la reïne leanz avec les nonnains et ...
[186/23] *En tel maniere* assemblerent toutes les batailles einz eure de tierce, fors les deus derrenieres, cele ou li rois Artus estoit et cele que Mordrés conduisoit.

[144/73] car *en toz leus* aïde Nostre Sires au droit:
[192/46] car *en vos* ne seroit ele mie bien emploiee.

[160/10] Sire, *en vostre terre* sont entré cil de Rome;
[68/38] car *encontre cest afere* ne me porroit pas prison tenir.
[191/26] ne *entre mes ennemis* ne vueill ge pas finer.
[181/17] et *es deus autres aprés* furent cil d'Escoce;
[130/4] et *jusques la* le convoia la reïne, ou il volsist ou non.
[16/24] *La nuit* regarderent li escuier as armes leur seigneurs que il n'i fausist riens.

* l'endemain
[33/1] Et *l'endemain* vint a court Boorz, et Lyoniax et Hestors et leur compaignie qui venoient de l'assemblee,
[37/1] *L'endemain* se parti de cort li lingnajes le roi Ban:

[160/71] et *par bataille* avrons nous ou perdrons ceste terre.

* par ce
[59/79] et *par ce* poez vos veoir, dame, apertement que ...
[75/59] et *par ce* me porroiz vos connoistre la ou li autre ne savront qui ge serai.
[109/8] et *par ce* furent cil de l'ost plus asseür que il n'estoient devant et ...
[161/35] car *par ce* li fu la plaie del chief renovelee, ...

[169/23] *Par ces deus choses* poez vos veoir apertement que ...
[116/1] *Par ceste parole* resqueust Lancelos de mort le roi Artu;
[89/46] Sire, *par deça* vient messire Lancelos.
[74/8] et *par delés cele fontaine* se gisoit uns chevaliers touz desarmez;
[115/108] et *par essample de son bien fere* le firent si bien li suen que cil del chastel eüssent esté veincu, se ne fust Lancelos.
[18/25] et *par le non del chastel* estoient li frere en quel que leu que il venoient conneü,
[57/35] et *par mort* departira mes cuers de vostre amor.
[193/13] *Par tel couvent,* fet Girflet, ne partirai ge de vos en nu-

le maniere.

[16/60] et *par toi* connoistroit l'en moi,
[170/40] car *par vostre defaute* me sera il mesavenu.
[49/13] ne *plus biau ne plus cointement* ne fust il serviz.
[190/47] *Por amour de cest coup* veu ge a Dieu qu'il couvient ici morir moi ou Mordret.

* por/pour ce
[1/8] et *por ce* commença il ceste derrienne partie.
[11/12] et *por ce* n'i volt il pas venir avec nos,
[25/56] Et *por ce* servi tant la damoisele que messire Gauvains et si compaignon orent mengié.
[36/50] Et *por ce*, dame, prent ge congié a vos et ...
[38/20] et *por ce* cuidoie ge bien qu'il en moreust.
[41/10] et *por ce* voudroie ge prier la dame de ceanz et mon compaignon, ...
[60/51] Et *por ce* vos di ge, biaus douz amis, que vos me conseilliez,
[60/62] Et *por ce* vos lo ge par droit conseill que ...
[65/39] ; *por ce* remeindrez vos, se vos m'en creez.
[84/52] ; *por ce* loeroie ge que tu lesses ton apel,
[85/58] et *por ce* vos loeroie ge com a mon seigneur lige que vos lessissiez atant le demander.
[104/60] ; *por ce* vos di ge que ...
[110/6] et *por ce* l'en menerent il au tref le roi Artu.
[120/22] et *por ce* voil je que mes escuz i soit en leu de moi,
[139/8] et *por ce* vos covient il, ausint comme a force, fere nostre volenté de ceste chose.
[155/17] et *por ce* fiert il et maille de l'espee trenchant sus Lancelot qui touz estoit esbahiz et suefre toutevoies.
[166/30] et *por ce* ne l'en requerrai je pas.
[180/6] et *por ce* redoutoient il moult a assembler a eus;
[183/31] et *por ce* n'est mie la vie restoree de cel preudome.
[104/16] *Pour ce*, Sire, vous proi je pour Dieu que vous ne commen-

ciés pas la guerre encontre aus, ...

[118/31] et *pour ce* voel je que vous mandés au roi que vous irés a lui demain.

[119/130] et *pour ce* ne porroit il mie avoir pais entre moi et vous,

[18/13] *Por ce cop* s'arresterent pluseur chevalier del tornoiement et ...

* por/pour ceste chose

[110/31] et *por ceste chose* ne porroit il avoir pes entre moi et lui,

[87/6] ; *pour ceste chose* ne tornerent il onques vers lui,

[44/27] et *por l'amor de lui* li pesoit il moult que ...

[147/65] et *por la pes porchacier*, feroie je en l'eure Dieu quanque vos m'oseriez commander, ...

[184/2] et *por le pleur* remest la chace;

* por moi

[41/35] car *por moi* n'en leriez vos riens;

[123/11] ; *por moi* le di ge qui esprové l'ai,

[37/11] *Por neant* nos traveillerons nos plus,

[135/5] et *por pes* vos pri ge que ...

[160/70] mais *pour la bataille* venismes nous ça,

[201/46] ; *quatre anz* fu Lancelos leanz en tel maniere qu'il ...

[202/8] ; *quatre jorz aprés ceste requeste* vesqui Lancelos et ...

[192/46] car *sanz grant merveille* ne sera ele pas perdue.

[154/24] et *sanz lui* ne vient grace qui vaille;

[92/47] que *sanz mort* n'en puet ele eschaper, se vos meïsmes vos teniez devers lui, ...

[41/1] *Tout celui jor* fu Lancelos en tel maniere que ...

✻ tout einsi/einsinc
[181/6] *Tout einsi* ot li rois ses batailles ordenees;
[197/12] et *tout einsi* estoit il avenu com l'en li avoit dit,
[A/63] ; *tout einsinc* trove Lancelos la reïne en l'abaye ou ele s'estoit rendue,

[39/21] *Tout en ceste maniere* devisa la damoisele sa mort;

✻ tout le jour
[109/1] *Tout le jour* esgarderent cil qui el bois estoient vers le chastel pour savoir se il veïssent l'enseigne vermeille qui lor estoit senefiance de fors issir;
[173/7] *Tout le jour* fu li doels el chastel si grans que on n'i oïst pas Dieu tonnant,

[34/46] *Toute cele semeinne et l'autre aprés* demora Boorz en l'ost el le roi Artu entre lui et sa compaignie,
[16/23] *Toute jor* fu Lancelos leanz et ...
[192/1] *Toute la nuit* fu li rois Artus en proieres et en oroisons;

✻ toutes voies
[115/93] mais *toutes voies* le quident il rendre sain et haitié dedens court terme a l'aïde de Dieu;
[166/24] Sire, fait mesire Gauvains, *toutes voies* vous loeroie je que vous mandissiés a Lancelot qu'il vous venist secoure,

✻ touz/toz jorz
[142/105] que *touz jorz* ne se porroit mie ceste tour tenir contre Mordret et contre ceus qui li sont en aïde.
[154/42] car *toz jorz* amendoit sa force et sa vertu entor eure de midi en quel que leu qu'il fust;

[44/29] *Trois jorz* demora li rois a Taneborc por son cors reposer;
[64/7] *Trois jorz devant l'assemblee* apela Lancelos son escuier,

* un jor

[142/98] *Un jor* prist la reïneun sien vallet message, ou ele se fioit moult,

[144/6] *Un jor* dist li rois Artus priveement a monseigneur Gauvain : ...

[190/28] ; *un poi aprés eure de none* estoit ja la bataille si menee a fin que ...

[81/6] *Un pou aprés eure de prime* fu Mador venuz a cort,

☆C[SYN]+[PROP]: ○C c － V － S

[38/80] car *a ce que vos m'en avez ore dit et apris a une seule parole* me feroiz vos procheinnement morir;

[58/11] *A cele eure que Lancelos entra leanz*, estoit la reïne as fenestres,

[202/10] *A celi point que l'ame li parti del cors* n'estoit pas leanz li arceveques ne Bleobleeris,

[127/3] *A celui jor meïsmes que li dui frere furent coronné*, oï nouveles Lancelos que li rois Artus vouloit venir a ost sus li,

[4/20] car *a celui tens meïsmes qu'ele iert bien en l'aage de cinquante anz* estoit ele si bele dame que en tout le monde ne trovast l'en mie sa pareille, dont aucun chevalier distrent, por ce que sa biauté ne li failloit nule foiz, que ele estoit fonteinne de toutes biautez.

[44/35] Et *a l'endemain que il leur ot ce mandé*, se parti li rois de Taneborc et ...

[40/22] et *a l'estendre qu'il fist* li escrieve sa plaie;

[189/22] ; *au cheoir que il fist* brise li glaives,

[127/1] *Au jor que la feste Touz Senz fu venue*, furent assemblé a Benoïc tuit li haut baron de la terre.

[203/1] *Celui jor meïsmes que li cors fu leanz aportez*, fu li rois

Boorz descenduz el chastel a si povre compaignie comme d'un seul chevalier et d'un escuier;

[44/15] *Mes de Boort et de sa compaignie qui si ont la cort lessiee por defaute de Lancelot* a ele si grant pitié et ...

[23/23] *De ce que nos nes trovons,* fet messire Gauvains, me poise il moult durement;

[111/44] ; *de ce que nos ne nos somes meü* sont il or plus asseür qu'il n'estoient devant,

[22/3] *de cele plaie qu'il ot receüe par la main Boort son cousin* jut il leanz sis semeinnes en tel maniere qu'il ne pooit porter armes ne issir de l'ostel.

[154/25] Seigneur, *de cest enfant qui ci est* vos puis ge dire seürement qu'il sera alosez de proesce deseur ses compaignons,

[136/8] *Mes de la reïne, qui bien cuidoit que ces noveles fussent veraies,* vos puet l'en bien dire qu'ele ...

[127/16] *Mes de monseignor Gauvain qui tant nos contralie, et si nel deüst pas fere, et qui tant chace nostre mal,* vos di ge bien que, ...

[67/11] car *de sa venue et de ceus qui avec lui sont* amende tant mes ostex que nus ne le porroit contreprisier.

[176/71] et *de toute la circuitude que tu voiz* as tu esté li plus puissanz rois qui i fust.

[104/54] Mador, *del chastel qui est forz* dites vos verité,

[192/84] mes *del cors dont la mein estoit* ne vit il point;

[190/36] ; *des quatre qui remés estoient* fu li uns li rois Artus,
...

[169/10] ; *en ce pensé ou ele estoit,* vint ses cousins par aventure devant li;

[115/33] ; *en la derrienne, ou il avoient lor greignor pooir et lor greignor fiance,* mistrent il et establirent par lor comune volenté Lancelot.

[197/9] car *le jor meïsmes que la bataille dut estre* li furent noveles dites la reïne sa dame estoit morte et trespassee de cest siecle tierz jor avoit passé;

[111/27] car *por chose que ge puisse fere* ne remeindra il que li os dont cist chastiaus est assegiés n'en soit ostés prochainement.
[16/15] et *por la bonté que ge cuit en lui,* li ferai ge demain compaignie au tornoiement et ...
[35/30] Et *por la grant biauté que ge vi en lui,* la requis ge d'amors n'a pas granment;
[70/42] et *por la grant biauté qui est en li,* savroie ge volentiers qui ele fu et dont ele est nee.
[82/23] et *por la valeur que ge sai en lui* sui ge ceanz venuz, ...
[185/7] car *por le grant fes qu'il avoient soustenu* avoient il les sis batailles Mordret menees a fin,
[91/26] car *por peinne ne por travaill que nos doions avoir de lui rescorre,* ne seroit il pas lessié qu'ele ne fust de mort guerie a nos pooirs.
[109/30] et *por s'amor et por la bone volenté conquerre de lui,* que j'ai perdue par malvese achoison, me metrai ge en l'esgart de sa cort.
[184/23] et *por la proesce dont il estoit* tornerent cil d'Irlande les dos et ...
[43/9] mes *seur toz ceus qui la furent* enporta le pris li lingnages le roi Ban, et messire Gauvains et Boorz.

C[SYN]:●C c − S − V

[161/14] car *a son tens* il n'estoit hom de son aage qui tant en poïst fere.
[199/9] car *au mien escient* il n'en est eschapé nes un seul;
[148/75] et *au revenir* il ne demanderoit el se estre en nostre compaignie non.

* d'autre part
[50/30] et *d'autre part* ele se doute que, ...

[168/23] et *d'autre part* touz li siecles li aportoit et donnoit;

[41/6] Mestre, *Dieu merci et la vostre,* vos m'avez tant fet et ...
[80/12] car *en fin* tuit cil de ceste cort me sont failli au grant besoing.

∗ en non Dieu
[41/117] *En non Dieu,* sire, fet soi li escuiers, ge ne sei qui il est;
[52/26] *En non Dieu,* fet li rois, il couvient que vos le me diez,
[85/54] *En non Dieu,* fet li rois, ge le vueill savoir.
[87/33] *En non Dieu,* fet Agravains, ge le vos enseignerai bien;
[96/10] *En non Dieu,* fet Hestor, vos l'oceïstes.

[139/5] car *en nule maniere* nos ne lairions cest regne sanz seignor;

∗ par foi
[23/37] *Par foi,* fet Gaheriez, c'est granz domages;
[24/22] *Par foi,* fet Galegantins li Galois, je ne sai qui il est;
[36/14] *Par foi,* fet messire Gauvains, ice porroit bien estre ne ...
[41/45] *Par foi,* fet li mestres, il couvient que ge vos lesse a fine force;
[41/101] *Par foi,* fet li escuiers, il me souvint del plus fol chevalier que ge onques veïsse ne ...
[53/46] *Par foi,* fet ele, il rompi a ses meins les fers de cele fenestre.
[74/74] *Par foi,* fet li chevaliers, il n'i ot qui i feïst si grant force;
[74/82] Oïl, *par foi,* fet li chevaliers, ge sei bien qu'il ...
[87/32] *Par foi,* fet Guerrehés, ge ne sai.
[96/6] *Par foi,* fet Hestor, je en vi trois morir que Gaheriet ocist de sa main.

[153/8] *Par foi*, ge ne creroie mie que cist hom ne fust deables ou fantosmes;
[160/30] *Par foi*, fet il, uns vallez m'a dit que ...

* par mon chief
[3/13] *Par mon chief*, ge le vueill savoir, por ce que aucun vont disant que vos en avez tant ocis que c'est merveille.
[19/12] Sire, *par mon chief*, cil chevaliers a ces armes vermeilles qui porte la manche seur son hiaume n'est pas li chevaliers que ge cuidoie;
[28/9] *Par mon chief*, damoisele, fet messire Gauvains, ce sont bones enseignes;

[27/38] et *por Dieu* ge vos pri que, se ge vos ai dite chose qui vos desplese, que vos le me pardoingniez.
[9/7] car *por nule riens* ge ne voudroie estre conneüz en ceste voie.

* sans/sanz faille
[45/42] mes *sans faille* j'ai puis esté moult malades et ...
[118/15] car *sans faille* je ne me partyirai jamais de ci, ...
[38/48] et *sanz faille* ele estoit de trop grant biauté pleinne.
[59/22] mes *sanz faille* ice le puet trestorner de toutes bones aventures;
[110/26] car *sanz faille* il a plus fait pour moi que nus autres chevaliers;
[111/51] car *sanz faille* nos istrons demain fors et ...
[145/19] car *sanz faille* il ne prendroit mie de vostre chief tot le monde en reançon;
[145/33] car *sanz faille* il ne se queïst ja combatre a monseigneur Gauvain:

☆C[SYN]+[PROP] : ●C$_c$ – S – V

[194/1] *Au matin que li jorz aparut et li soleuz fu levez et li oisel ont commencié leur chant,* Girflet fu si dolenz et corrouciez comme nus plus;

☆C[PROP] : ○C$_c$ – V – S

☸ ainçois/ainz/ançois que PROP
[5/16] et *ainçois que vos reveingniez mes,* serai ge touz gueriz, se Dieu plest.
[46/8] car *ainçois qu'il s'en partist,* li feroie ge sentir se m'espee porroit trenchier acier;
[84/37] car, *ainçois que eure de midi fust passee,* l'ot Lancelos tel atorné qu'il li fist le sanc saillir del cors enplus de dis leus.
[107/8] Sire, *ainz que vos partoiz de ci,* vos loeroie ge que de ceste baronnie qui ci est eslisiez autant de bons chevaliers comme l'en ocist avant ier a rescorre la reïne;
[159/26] *Ançois qu'il fu bien ajourné,* commanda li rois que on destendist ses tres et ses paveillons,

☸ autant come PROP
[123/12] car *autant come g'i demorai* m'i avint il toute boneürté plus abandoneement que ...

☸ einsi ~ comme PROP
[41/104] et *einsi malades comme il iert* vouloit il venir au tournoiement, ou ses mires volsist ou non;

☸ endementiers/endementres que PROP
[77/1] *Endementiers qu'ele disoit tieus paroles,* vint Boorz qui moult estoit desiranz de parler a la reïne;

[128/4] *Endementiers qu'il aloit chevalchant par ses viles et sejornant de jor en jor par ses chastiax la ou il les savoit muez aiesiez,* l'amonesta tant messires Gauvains qu'il ...

[195/4] *Endementres que Girflet demoroit en l'ermitage,* vindrent avant li dui fill Mordret qui avoient a Wincestre demoré por garder la vile, se mestiers fust,

[196/1] *Endementres que ce fu avenu,* vint uns messages del roiaume de Logres a Lancelot, la ou il estoit en la cité de Gaunes,

* entretant com PROP

[168/7] et *entretant com li sieges dura entor la tor,* ne fina onques Mordrés de mander les hauz homes d'Illande et d'Escoce et des estranges païs qui de lui tenoient terre;

* la ou PROP

[44/23] Et *la ou ele estoit a son privé conseill* disoit ele aucune foiz qu'ele ...

* por ce que PROP

[6/15] Et *por ce qu'il ne pueent mie assembler a leur volenté quant vos i estes,* est Lancelos remés, qu'il n'ira pas au tornoiement de Wincestre;

[44/82] et *por ce que nos ne le veïsmes pieça ne ne savons se il est a malese ou a ese,* l'alons nos querant et ...

[57/4] et *por ce que nus messages ne doit estre si bien creüz de la besoigne son seigneur comme li sires meïsmes,* vos di ge le mien besoing qui tant est granz.

[70/11] et *por ce que il le savoient apertement,* n'en i avoit il nul qui s'osast metre en aventure de tieus gages.

[75/56] Mes *por ce,* fet il, *que vos me connoissiez quant ge serai venuz,* vos di ge que ge porterai unes armes blanches et un escu a une bande de bellic;

[104/67] Et *por ce que ge ne vueill pas que nus de vos se traie arriere de ceste emprise,* vos requier je que ...

[118/81] Et *por ce qu'il a fet de ceste requeste si debonairement ma volenté,* ferai je outreement ce que la roïne m'a mandé;

[153/18] et *por ce que aucune gent le tiennent a fable,* vos conterai ge dont ce li avenoit.

[157/23] Et, *por ce que ge face ce que vos m'oseroiz requerre,* vos pri ge que nos lessons ceste bataille.

[170/29] mes *por ce qu'il est en vie,* ne vos oserions nos recevoir,

[181/7] mes, *por ce qu'il avoit plus gent que li rois Artus n'avoit,* en fist il vint batailles, ...

* puis que PROP

[144/57] *puis qu'ele fu del tot lessiee,* la fis je recomencier a mon oncle le roi Artu;

* se PROP

[31/22] Dame, fet il, *se il i fu et ge l'i vi,* nel connui ge pas;

[65/37] car *se vos i aliez a ceste foiz,* n'i feriez vos riens qui vos tornast a enneur;

[146/48] et *s'ele pooit bien remanoir,* nel leroie ge en nule maniere,

* si ~ comme PROP

[41/46] car *si preudom et si bons chevaliers comme vos estes* ne voudroie ge en nule maniere qu'il moreust en ma garde.

[194/4] et, *si dolenz comme il estoit,* monta il seur son cheval,

* tant comme PROP

[25/48] *Tant comme li chevalier sistrent au mengier,* servi la damoisele;

[47/8] et *tant comme il furent leanz,* ne li osa Boorz descovrir ce qu'il avoit oï dire a la reïne,

[173/6] car *tant comme il le verroit,* ne cesseroit il sa plainte.

* tout einsi com/comme PROP
[154/41] *Tout einsi com li preudons dist* avint il,
[53/17] Et *tout einsi comme il li promist,* li fist il,
[185/51] *Tout einsi comme il le commanda,* le firent cil,

☆ C [PROP]: ●C c − S − V

[75/30] car *a ce qu'ele ne puet trouver qui la deffende,* il couvendra a fine force qu'ele face pes a vos et que ...

* comment que PROP
[62/63] Dame, fet li rois, *comment que vos li donnissiez,* l'ouvraigne en est mauvese et vileinne,
[130/10] Et *comment qu'il soit de vostre revenir,* li cuers me dit que jamés ne vos verrai ne vos moi.
[83/10] car *comment que ses freres moreust,* je jurroie seur seinz au mien escient qu'onques la reïne n'i pensa desloiauté ne traïson;
[105/13] et *comment qu'il fussent au commencement au desus,* il furent desconfit en la fin.

* en ce que PROP
[88/2] ; *en ce qu'il aloient aval la vile,* il encontrerent Lancelot et ses compaignons;
[99/8] *En ce qu'il demenoit tel duel et qu'il avoit fet metre Guerrehet seur son escu por porter en la cité,* il aloit encore la place cerchant;
[100/15] *En ce qu'il aloit tout contreval les rues,* il regardoit a destre et a senestre et ...
[178/44] et *en ce qu'il fu revenuz,* uns vallez vint devant lui et ...
[182/14] ; *en ce qu'il s'en passoit outre,* messire Yvains le fiert si de l'espee trenchant qu'il li fet le chief voler et ...

[186/5] et *en ce que li rois Aguisanz aloit les rens cerchant a l' espee*, il garde devant lui et ...

[189/9] et, *en ce qu'il le voloit ferir*, uns chevaliers de Norhombellande le prent a la traverse;

[191/39] et *en ce qu'il fesoit ceste proiere*, il ploroit si durement que cil qui avec lui estoient entendoient bien qu'il ploroit.

* endementiers/endementres que PROP

[71/46] *Endementiers que il regardoient les letres et la damoisele, que il plaignoient sa mescheance*, li haut home furent descendu del palés et ...

[173/24] *Endementiers qu'il disoit ceste parole*, il ploroit si durement que ...

[A/17] ; *endementiers qu'il estoit a la fenestre*, uns vallez de leans s'an vient a l'abbesse et ...

[71/1] *Endementres que il parloient de ceste chose*, messire Gauvains regarde encoste la damoisele et ...

[190/9] *Endementres qu'il parloient de monseigneur Yvain*, il oïrent derrieres eus une grant criee,

* meintenant que PROP

[143/7] Et *meintenant qu'il se fu d'eus esloingniez*, il ala en la vile ostel querre et ...

[147/8] Et *meintenant qu'il s'entraprochierent tant qu'il porent parler ensemble*, Lancelos dist a Boort: ...

[192/82] et *meintenant qu'ele aproucha de l'eve*, il vit une main qui issi del lac et aparoit jusqu'au coute,

[178/25] et *por ce que vos m'en creez mielz qu'en icest brief n'ait se verité non*, je vous di que Merlins meïsmes escrist ces letres,

* puis que PROP

[5/17] Sire, font il, *puis que il vos plest*, nous irons;

[24/14] Ha! sire, *puis que vos le connoissiez*, vos me poez bien dire qui il est,

[24/17] car *puis que il se velt celer,* je feroie trop grant vilenie outreement,

[36/48] et *puis que vos envers mon seigneur avez empris si grant haïne,* li nostre n'ont pas bon demorer ceanz.

[41/36] et *puis qu'a mon conseill ne voulez errer,* ge vos lerai del tout et vos et vostre compaignie;

[45/53] Sire, fet messire Gauvains, *puis que vos estes tornez a garison,* il ne me chaut de la douleur trespassee,

[50/66] et *puis que il plest a Dieu que ge vos ai trouvee saine et haitiee,* je vos enmenrai avec moi a Kamaalot, ...

[77/41] car *puis que vos m'avez tolu celui que ge amoie seur touz homes,* je ne vos doi pas aidier, mes nuire de tout mon pooir.

[89/34] Sire, fet Boorz, *puis qu'il vos plest que vos i ailliez,* je vos enseignerai par ont vos iroiz.

[90/59] Dame, *puis que ge sui armez,* je m'en devroie bien huimés aler seürement, se il plaisoit a Damedieu.

[92/18] *Puis qu'il n'est ceanz,* fet li rois Artus, nos le trouverons a son ostel.

[92/36] et *puis qu'il est issi que de Lancelot ne puet vengier,* il se vengera de la reïne en tel maniere qu'il en sera parlé a toz jorz mes.

[98/39] et *puis qu'il i sera remés et nos porrons legierement savoir ou il sera,* nos irons sus lui atout tel plenté de gent que nos le prendrons legierement,

[110/56] Sire, *puis que ge ne puis trouver en vos fors guerre,* je m'en irai ariere a mon signour et ...

[111/29] Et *puis qu'il est einsi que je ne puis pes ne amor trover vers elz,* je sui cil qui jamés nul n'en espargnerai, fors seulement le cors le roi Artu.

[119/49] *Puis que Gauvains le velt,* fet li rois, il me plest bien.

[119/79] Sire, *puis qu'il s'offre de ceste chose,* il n'en ira jamés avant,

[137/3] *Puis qu'il vos plest que ceste chose aviengne en tel mani-*

ere com li rois l'a requise, il n'i a fors que de mander la reïne;
[148/68] mes puis qu'il ne puet remanoir, nos esgarderons que ce sera et ...
[160/65] Sire, puis que l'en ne porroit autre chose trouver en vos, nos vos deffions de par le roi Artu,
[201/13] Hestor, biaus cousins, puis que mes sires est einsi perduz qu'il ne puet estre trouvez, je vueill aler en nostre païs;
[201/36] Sire, puis que ge vos ai ici trouvé en si haut servise comme el servise Jhesucrist, et ge voi que li demorers vos i plest, ge sui cil qui jamés ne s'en partira a son vivant,
[203/32] Sire, puis qu'il a esté avec vos jusqu'en la fin, je sui cil qui en leu de lui vos ferai compaignie tant com ge vivrai;

* quant PROP

[5/1] *Quant Agravains se fu aperceüz de la reïne et de Lancelot*, il en fu liez durement et plus por le domage que il cuida que Lancelos en eüst que por le roi vengier de sa honte.
[8/1] *Quant li rois fu meüz entre lui et ses compaignons por aler au tornoiement*, il parlerent assez entr'eus de Lancelot et ...
[9/12] *Quant il furent hors de Kamaalot et il se furent mis el droit chemin a aler a Wincestre*, il chevauchierent toute la nuit en tel maniere que onques ne se reposerent.
[10/5] *Quant il vint desoz le chastel*, il chevaucha si enbrons que a peinne le peüst l'en connoistre;
[25/26] Et *quant il se furent assis au souper*, la damoisele qui a Lancelot avoit bailliee la manche demanda a monseigneur Gauvain la verité del tornoiement, se il avoit esté bons et bien feruz.
[30/6] Et *quant il furent tuit apareillié*, messire Gauvains vint a son oste,
[32/4] car, *quant il ot veincue l'assemblee et il s'en parti*, je alai après lui por savoir se ce etoit il;
[33/3] et *quant il furent descendu en l'ostel le roi, ou il avoient leur giste et leur repaire toutes les foiz que il venoient a court*, Hestors commenca a demander as uns et as autres qui laiens

資 料 体

estoient remés avec la reïne, quant il alerent a l'assemblee,
ou Lancelos estoit alez,
[34/1] Quant la reïne sot que li freres Lancelot et si cousin estoient venu, ele fist Boort devant lui venir,
[36/52] Et quant nos nos serons mis au chemin, nos querrons tant mon seigneur que nos le trouverons,
[36/54] et quant nos l'avrons trové, nos demorrons en cest païs,
[38/36] et quant il fu presque gariz et auques revenuz en sa biauté, la damoisele qui demoroit avec li et de nuiz et de jorz l'aama tant, ...
[38/44] Et quant ele ne pot plus tere ce ele pensoit, ele vint un jor devant lui,
[41/83] Quant la nuiz fu venue, messire Gauvains s'en vint a l'ostel le roi de Norgales;
[44/44] mes quant il furent venu la, il ne troverent qui nouveles leur en seüst dire.
[48/8] et quant il s'en parti, il erra jusqu'a un bois;
[50/1] Quant il orent mengié a grant plenté tant comme il leur plot, li rois escoute et ...
[50/26] et quant il fu endormiz, eles s'en partirent et ...
[52/42] et quant vos i envoiastes de par vos aucune foiz un chevalier, il n'i pot entrer.
[58/8] Et quant il se furent mis au chemin, il errerent tant par leur jornees qu'il vindrent a la cité de Kamaalot et ...
[60/28] Et quant il li a tout conté, Lancelos s'arreste et ...
[62/4] et quant il fu hors del bois, il erra tant que il vint a Kamaalot.
[63/7] Et quant la tombe fu desus si bele et si riche comme l'en pot el païs trouver, li compaignon de la Table Reonde par le commun assentement de touz ensemble i mistrent letres qui disoient:
[64/30] Et quant il se fu feruz en la fonteinne, uns archiers qui estoit montez seur un grant destrier et venoit grant piece devant touz les autres, quant il fu auques pres de li, si trest cele part por lui ferir par mi le piz;

[65/15] et *quant il l'ot estanchiee au mieuz que il pot*, il vient a son cheval et ...

[67/45] et *quant il sot que li rois fu assis au mengier*, il se parti de la tombe son frere tout en plorant et ...

[67/89] Et *quant ele fu devant le roi*, il li dist: ...

[68/5] et *quant ele voit que nus de ceus de leanz ne s'en remuent, einz bessent les euz et escoutent*, ele est tant esbahie et ...

[70/13] *Quant li rois qui a ceste chose pensoit vit arriver la nacele qui tant estoit bele et riche*, il la moustra a monseigneur Gauvain et ...

[70/19] et *quant il sont venu aval*, il voient la nacele si cointement apareilliee qua' il s'en merveillierent tuit.

[71/24] et *quant li rois les ot leües oiant monseigneur Gauvain*, il dist: ...

[74/38] Et *quant nos eüsmes le premier mes eü*, uns vallez vint en la chambre qui presenta fruit a la reïne;

[74/50] et *quant il ot veüe la tombe son frere et il sot de voir que la reïne l'avoit fet morir*, il vint devant le roi et ...

[74/107] Et *quant li chevaliers fu auques eslongniez de lui*, Lancelos regarde et ...

[74/122] et *quant li jorz de la bataille devra estre*, nos irons a cort entre moi et vos;

[76/6] Et *quant il furent descendu et desarmé*, li rois ala encontre por conjoïr;

[78/8] et *quant il fu de la chambre issuz et ele voit qu'ele ne trouveroit riens qui la confortast*, ele commence un duel si merveillex et si grant com s'ele ...

[79/43] et *quant il ont grant piece ce duel mené*, li rois dist a la reïne: ...

[80/4] Et *quant la reïne les vit venir*, ele se lesse cheoir a leur piez et ...

[81/14] Et *quant il vint devant le roi*, il se poroffri de sa bataille ausi comme il avoit fet autrefoiz;

[82/7] *Quant il vint a la cort*, il descendi et ...

[84/28] *Quant Lancelos le voit a pié*, il li est avis que, ...
[85/1] *Quant Mador entent la debonerete et la franchise que cil li offre*, il connoist meintenant que ce est Lancelos;
[85/11] Et *quant li rois entent que c'est Lancelos*, il n'atent mie tant que il soit issuz hors del champ, ...
[85/44] et *quant messire Gauvains le voit*, il dist a ses freres: ...
[86/4] et *quant il sont leanz*, il ferme l'uis seur eus;
[86/10] *Quant vos nel voulez dire*, fet li rois, vos m'ocirroiz ou ge vos.
[87/17] et *quant il ot assez pensé*, il se lieve et ...
[87/29] et *quant il furent venu*, il leur dist: ...
[88/17] Et *quant il fu eure de souper*, il alerent a la cort tuit ensemble,
[89/3] et *quant il furent a lor ostel*, Lancelos dist a Boort: ...
[89/43] *Quant Lancelos aprocha de la tour*, Agravains, qui avoit ses espies mises de toutes parz, sot bien qu'il venoit,
[90/52] ; *quant vos plera*, ge m'en irai,
[91/1] ; *quant il sot que la chose est a ce venue*, il en fu tant dolans que nus plus,
[95/6] Et *quant Lancelos vit qu'il n'i ot mes nul de la meson le roi qui riens li contretenist*, il vient a la reïne,
[98/46] Et *quant ilot ses messages envoiez*, il retorne vers la cité;
[98/47] et *quant il vint en la place ou si chevalier gisoient mort*, il regarda seur destre et ...
[99/14] *Quant li rois voit le cors de celui que il seut tant amer*, il n'est douleur que hom puisse fere por autrui qu'il ne face;
[100/4] ; *quant il fu venuz en mi les rues et cil de laiens le voient*, cil qui primes le choisirent li distrent: ...
[100/31] *Quant messire Gauvains entent ceste parole*, il n'a tant de pooir qu'il responde mot ne que il se tiengne en estant,
[100/36] ; *quant il voient monsignour Gauvain chaoir en tel maniere*, il le prendent entre lor bras et ...

[103/1] *Quant tuit li clergié qui la estoient venu orent fet le servise tel comme il durent,* li rois Artus revint en son palés et ...

[104/4] *Quant il se sont grant piece teü,* li rois Yons se dresce en son estant et ...

[104/52] et *quant il verroient leur point de vos fere vilenie,* il la vos feroient volentiers.

[105/3] et *quant il orent tout juré cel sairement de maintenir ceste guerre,* li rois manda par ses messages pres et loing a touz ceus qui de lui tenoient terre qu'il soient au jor nomé a Kamaalot,

[107/40] Et *quant il orent ce fet par le conseill monseingneur Gauvain,* les tables furent mises et ...

[110/3] Et *quant ele fu venue en l'ost,* ele ne trouva qui la retenist,

[110/16] et *quant vos partistes de Kamaalot,* vos jurastes de metre a neant le parenté le roi Ban.

[111/11] et *quant il ot grant piece esté en tel maniere,* il avint que madame la roïne sorvint iluec et ...

[111/15] et *quant ele vit qu'il pensoit si direment,* ele l'aresna et ...

[111/38] Et *quant cil qui la estoient orent mengié,* li plus privé de lui demandent: ...

[111/74] et *quant il fu ore de couchier,* il firent lor ost gaitier de toutes pars si bien et si richement que poi lor peïst on forfaire.

[112/61] Et *quant Boorz voit monseignor Gauvain qui tenoit Hestor si pres qu'a qu'il ne le porte a terre,* il ne se pot tenir qu'il ne li aidast,

[113/17] *Quant la nuit fu venue,* li chevalier le roi Artu se remistrent en leur loges au plus tost qu'il onques porent, comme cil qui avoient grant travaill eü.

[113/21] et *quant il furent dedens entré,* il graderent combien il orent perdu de leur gent;

[114/1] *Quant il furent desarmé as ostex*, il alerent tuit mengier a cort, ...

[115/39] ; *quant Boorz vit que Hestor estoit navrez et il sot que messires Gauvains l'avoit blecié*, il ne fut mie petit corrouciez;

[115/55] *Quant il aprouchierent li uns de l'autre*, il laissierent coure ensamble, lor glaives alongiés, tant come li cheval porent aler,

[115/75] et *quant il orent un poi vuidiee la place*, cil del chastel coururent cele part ou mesire Gauvains et Boors gisoient navré.

[115/91] et *quant il orent veüe la plaie ensi come il la porent veoir*, il disent qu'ele estoit moult perillose a garir;

[115/115] et *quant Lancelos le vit venir*, il ne s'apareille pas de lui deffendre, fors de soi couvrir,

[115/119] Et *quant Hestor, qui pres de Lancelot estoit, vit ce coup*, il fu trop corrociez,

[116/16] *Quant Lancelos fu revenuz au chastel*, cil qui le desarmerent trouverent qu'il avoit meinte plaie, ...

[118/2] et *quant il furent devant lui*, ele leur dit: ...

[118/54] *Quant Boorz ot dite ceste parole*, li autre dui s'i acorderent bien et ...

[119/2] et *quant li jorz fu ajornez*, Lancelos dist a la reïne: ...

[119/14] *Quant il furent monté et tuit li autre del chastel*, il alerent a sauves trives jusqu'a l'ost a plus de cinc cens chevax touz couverz de soie, ...

[119/20] et *quant ce fu chose que Lancelos vit le roi aprochier de lui*, il descendi et ...

[120/8] et *quant Lancelos fu descendus*, il commanda a toute sa mesnie qu'il apareillent leur harnois,

[121/4] Et *quant cil qui ce present porterent furent la venu*, l'en les reçut a moult grant joie;

[121/6] et *quant il virent l'escu Lancelot*, il ne furent mie meinz lié que de l'autre don;

[121/10] Et *quant cil del païs le sorent*, il le vindrent veoir espessement a grant feste,

[122/8] Et *quant Lancelos s'en fu issuz a toute sa compaignie*, il regarderent qu'il porent bien estre quatre cens chevalier, ...

[122/12] *Quant ce fu chose que Lancelos vint a la mer et il fu entrez en la nef*, il regarda la terre et le païs ou ...

[122/18] Et *quant il ot grant piece esté en tel maniere*, il dist si basset que nus ne l'entendi qui fust en la nef, ...

[124/3] et *quant il en ot perdue la veüe*, il s'ala couchier en un lit.

[124/7] Et *quant ce fu chose qu'il vindrent a terre*, il monta el cheval entre lui et sa compaignie et ...

[127/9] Et *quant il oï ceste novele*, il respondi a celui qui ce li ot dit: ...

[129/4] Et *quant il durent mouvoir*, messire Gauvains demanda a son oncle: ...

[130/5] *Quant li rois dut entrer en la nef*, la reïne fist trop grant duel et ...

[130/22] *Quant il furent arivé*, li rois commanda que l'en tresist hors des nes tout leur harnois et ...

[130/31] Et *quant il i furent entré*, il ne troverent pas les chastiaus desgarnis,

[130/35] Et *quant il i furent*, li rois demanda a ses homes quel part il iroit.

[132/1] *Quant ele ot dite ceste parole*, ele s'en torna grant oirre,

[132/7] et *quant ele fu montee el mestre palés*, ele vint as deus rois.

[132/35] Et *quant ces deus batailles s'entrencontrerent*, missire Gauvains et Lancelos assemblerent, et Yvains et Boorz;

[136/22] Et *quant le deus fu auques abessiez*, Mordrés vint as barons, a ceus qui estoient plus poissant, et ...

[141/8] Et *quant ele ot grant piece ce duel mené*, ele dist a la damoisele qui avec lui estoit: ...

[141/15] *Quant il fu venus devant lui*, ele commande a la damoisele qu'ele se parte de leanz;

[141/18] Et *quant ele se voit toute seule avec celi ou ele se fioit tant,* ele commence a fere un trop grant duel;

[141/22] *Quant Labors la voit si durement plorer,* il commence trop grant duel a fere et ...

[142/1] *Quant la reïne entent cel conseil,* ele dist que ce li plest molt,

[142/17] Et *quant vint au jor que la reïne dut respondre de sa fiance et li haut baron del roiaume furent venu et assemblé qui mandé estoient por ceste chose et il furent en la sale,* la reïne, qui ne s'estoit pas oubliee, ot ja fet entrer en la tour ceus qui compaignie li devoient fere etestoient si bien garni d'armes qu'il ne pooient estre mielz.

[142/24] Et *quant il furent trestuit leanz,* la reïne se mist avec et ...

[142/43] et *quant Mordrés, qui hors estoit entre lui et sa compaignie, s'aperçut qu'il estoit deceüz ainsint et il a a la roïne failli,* il demande as barons qu'il porra fere de ceste chose.

[142/68] Et *quant il orent fet cel serement,* il leur dist: ...

[142/89] *Quant cil dehors virent que cil dedenz les domageoient si durement,* il se trestrent arrieres et ...

[144/24] et *quant il ot tant pensé com lui plot,* il apela un suen vallet et ...

[144/39] *Quant li vallez entent ceste parole,* il commence tendrement a plorer et ...

[145/7] Et *quant il furent venu el palés et assis aus mestres sieges de laienz,* li vallez vint a Lancelot et ...

[145/31] *Quant Lancelos entent ce que li mes li dit,* il respont moult corrouciez de ceste nouvele,

[146/29] *Quant li rois entent ceste nouvele,* il fu touz esbahiz et ...

[147/6] Et *quant il vindrent pres de la cité,* il virent issir des portes le roi Boort et Lancelot et Hestor.

[148/1] *Quant li rois entent la grant raison que Lancelos a offerte por pes avoir,* il devient trop esbahiz,

[149/7] car *quant il orent oï la grant raison deviser que Lancelos offroit a monseignor Gauvain,* il distrent que Dex l'en envoiast honte,

[149/20] Et *quant ce vint a ore de prime,* Lancelos, qui moult doutoit a veoir ce qu'il li couvenoit a fere, se leva et ...

[149/29] Et *quant il l'orent apareillié au mielz qu'il porent,* il descendent del palés et ...

[149/33] Et *quant il fu montez,* li autre monterent aprés li por fere li compaignie;

[150/6] et *quant cil de l'ost les virent hors de la cité,* il amenerent son destrier a monseigneur Gauvain que li haut home de l'ost avoient armé pieça;

[152/1] *Quant Boorz voit que Lancelos se retret del premier assaut,* il dist a Hestor: ...

[153/2] mes *quant ce fu chose avenue que messire Gauvains vit apertement qu'il estoit eure de midi,* il apele Lancelot a la bataille autresi fres comme s'il n'i eüst huimés coup feru, et ...

[154/3] et *quant ce fu chose qu'il fu nez,* li rois Loth, ses peres, qui moult en estoit liez, le fist porter en une forest, qui pres d'ilec estoit, a un hermite qui en la forest manoit;

[154/13] *Quant li preudons vit l'enfant et il sot qui il fu,* il le bautisa volentiers et ...

[154/17] *Quant li enfes fu bautisiez,* uns des chevaliers qui l'enfant avoient aporté dist au preudome: ...

[154/31] et *quant li preudons ot la messe chantee,* il vint a eus,

[154/46] Car *quant il avenoit qu'il se combatoit contre aucun chevalier de grant pooir,* il li coroit sus et ...

[155/19] *Quant li rois Boorz voit que Lancelos est si au desouz qu'il ne fet guieres se soufrir non,* il dist si haut que pluseur le porent bien entendre: ...

[157/8] Et *quant Lancelos voit qu'il l'a mené au desouz, que tuit cil de la place le voient apertement, qu'il n'a mes deffense en lui qui gueres li puisse valoir,* il se trest un pou ensus de monseigneur Gauvain et ...

[157/39] Quant li rois, qui bien conoist que messires Gauvains estoit au desouz, entent la deboneretè Lancelot, il li respont: ...

[158/19] et quant il fu venuz en la grant court et il fu desarmez, li mire virent qu'il estoit navrez durement et ...

[158/22] Et quant Hestor voit les plaies, il en fu moult esmaiez;

[158/24] et quant li mire orent regardé les plaies, il leur demande s'il en porra guerir.

[158/31] et quant il l'ont apareillié au mielz qu'il sevent, il li demandent comment il li est.

[159/1] Quant cil de l'ost virent que Lancelos fu entrez en la cité, il alerent a monseigneur Gauvain qui estoit acoutez seur son escu,

[159/8] ; quant il ot veües les plaies, il dist qu'il le rendra tout sain dedenz cort terme, fors d'une plaie qu'il avoit el chief parfonde.

[160/3] Quant li rois ot grant piece sejourné en cele cité, il dist qu'il s'en iroit prochainement el roiaume de Logres;

[160/73] et quant il furent venu au roi, il li distrent ce qu'il avoient trouvé.

[161/2] et quant il les ot devisees, li premier alerent ferir les Romains si merveilleusement qu'il en furent tuit esbahi;

[161/23] Quant messire Gauvains voit la merveille qu'il fesoient, il dist a soi meïsmes: ...

[161/36] Quant li empereres voit son neveu si navré, il laisse corre a Keu le senechal et ...

[162/1] Quant li Romain voient leur seigneur mort, il se desconfissent erranment,

[167/2] Sire, quant il vos plera, vos porroiz entrer en vostre nef,

[168/10] et quant il estoient a lui venu, il leur donoit si biax dons qu'il en estoient tuit esbahi;

[168/35] Quant Mordrés entent ceste nouvele, il en devint touz esbahiz et esperduz,

[168/57] et quant il furent venu, il lor dist que li rois Artus venoit sor elz a tot son pooir et ...

[169/11] et *quant il la vit plorer*, il en fu moult a malese,

[170/3] ; *quant eles furent vestues et apareilliees*, ele fist chascune monter sor son palefroi,

[170/10] *Quant ele fu leanz venue*, ele fu receüe si hautement com l'en devoit tel dame recevoir;

[170/20] *Quant les damoiseles oïrent ce que la reïne dist*, eles pleurent moult durement et ...

[171/6] et *quant il furent arrivé et il orent des nes ostees leur armes*, li rois fist savoir a ceus de Douvre qu'il ouvrissent la porte et le receüssent leanz;

[172/6] *Quant li rois i est venuz*, il trueve monseigneur Gauvain si ateint que nus n'en puet parole trere;

[172/9] et *quant il oï son oncle qui seur lui demenoit tel duel*, il le connut,

[173/34] *Quant il orent le cors assez convoié*, li rois s'arresta et ...

[174/12] *Quant la dame entent ceste parole*, ele cort la ou ele voit le cors si comme toute desvee et ...

[175/5] et *quant cil de la cité sorent que c'estoit li cors de monseigneur Gauvain*, il furent de sa mort moult tristre et moult amati,

[175/13] Et *quant vint a eure de tierce que li cors ot eü sa droiture*, il le mistrent en la tombe avec Gaheriet son frere,

[176/46] *Quant li rois ot ce dit*, il se leva et ...

[176/56] *Quant il fu endormiz*, il li fu avis que une dame venoit devant lui, ...

[177/6] et *quant il se fu fez confés et il ot moult crié merci*, il li reconnut les deus avisions qui li estoient avenues es deus nuiz devant.

[177/9] Et *quant li preudom les entendi*, il dist au roi: ...

[178/5] *Quant li rois Artus fu entrez en la plaigne*, il dist a ses gens qu'il se logaissent ilec,

[181/1] *Quant li rois Artus ot en tel maniere toutes ses batailles assemblees et establies*, il pria a chascun haut home qu'il pensast de bien fere,

[181/32] *Quant messire Yvains le vit, qui estoit au premier de ses compaignons et atendoit la premiere joste,* il lesse corre le glaive abessié;

[182/2] et *quant cil devant orent leur glaives brisiez,* il metent les meins as espees et ...

[182/17] *Quant li Sesne virent leur seigneur a terre,* il commencierent un duel a fere si grant que trop;

[182/19] ; *quant cil de Logres virent le duel que cil avoient commencié,* il ne leur chaut,

[182/26] *Quant li Sesne orent vuidiee la place et il furent torné en fuie,* cil de Logres les chacierent,

[182/54] et *quant li rois vit ce,* il lesse corre a ceus qui moult s'entremetoient d'ocirre monseigneur Yvain et ...

[183/1] *Quant messire Yvains fu remontez el cheval,* il recommença la mellee, comme cil qui estoit de moult haut cuer;

[184/3] et *quant cil qui devant fuioient virent que cil estoient arresté seur le cors,* il sorent tantost que cil por qui il ploroient avoit esté aucune haute persone;

[184/21] et *quant il se fu mis entre ses ennemis,* il le fist si bien que nus ne le pooit tenir a coart qui le veïst;

[184/29] *Quant li haut baron d'Escoce virent leur compaignons mener si vilment,* il ne porent plus endurer,

[184/62] ; *quant il l'orent mis souz un arbre,* il leur dit: ...

[185/1] *Quant il oent ceste parole.* il le lessent et ...

[185/28] ; *quant li rois Kaberentins de Cornoaille vit que seur eus estoit tornez li poieurs,* il dist a ses homes: ...

[186/1] *Quant li home Aguisant orent leur glaives depeciez,* il mistrent les meins as espees et ...

[186/10] *Quant li rois voit monseigneur Yvain,* il lesse corre cele part quanqu'il pot del cheval trere;

[186/29] ; *quant li vallez fu el tertre et ot veü ce que li rois li ot commandé,* il revint au roi et ...

[189/7] *Quant li rois Artus voit Galegantin a terre,* il ne fu pas a ese et ...

[191/21] *Quant il ont grant piece cest duel demené,* il vindrent au roi Artu la ou il gist;

[192/6] *Quant li rois entent ceste parole,* il se dresce a peinne, comme cil qui estoit pesanz por ses armes;

[192/13] ; *quant Girflet l'a grant piece regardé et il vit qu'il ne se remouvoit,* il aperçoit bien qu'il est morz et ...

[192/47] et *quant il vint au lac,* il tret l'espee del fuerre et ...

[193/1] *Quant Girflet ot ce veü apertement,* la mein se rebouta en l'eve a toute l'espee,

[193/4] et *quant il vit qu'il musoit por neant,* il se parti del lac et ...

[193/23] *Quant Girflet entent que li rois l'en prie si doucement,* il respont: ...

[193/30] Et *quant Girflet voit qu'il n'i prendra plus,* il monte et ...

[193/35] et *quant il fu venuz au tertre,* il s'arresta desouz un arbre tant que la pluie fu passee et ...

[193/47] *Quant Girflet, qui estoit el tertre, ot tout ce regardé,* il retorna arrieres quanqu'il pot del cheval trere,

[193/50] et *quant il i fu venuz,* il voit le roi Artu entre les dames et ...

[193/54] et *quant Girflet voit qu'il a einsi perdu le roi,* il descent seur la rive,

[194/14] et *quant il fu la venuz endroit eure de midi,* il descent a l'entree,

[194/26] et *quant il revint de pasmoisons,* il besa la tombe moult doucement,

[194/30] et *quant li preudons fu venuz,* Girflet li demande meintenant: ...

[195/16] *Quant la reïne sot la mort le roi Artu et l'en li ot conté que cil aloient la terre sesissant,* ele ot poor que cil ne l'oceïssent, s'il la poïssent tenir;

[196/7] *Quant Lancelos entendi ces nouveles,* il fu moult corrouciez,

[196/14] et *quant il seront venu et assemblé,* nos nos partirons del roiaume de Gaunes et ...

[196/39] ; *quant il oïrent ces nouveles,* il furent trop durement esmaié,

[197/1] *Quant il oïrent ces nouveles,* il distrent qu'il se combatroient illuec et atendroient Lancelot et ses homes, ...

[197/19] et *quant cil qui l'atendoient le virent venir,* il montent sus les chevaus et ...

[197/45] *Quant Boorz le vit jus,* il le regarde et ...

[197/52] et *quant li chevalier de Gaunes voient cheoir le roi Lyon,* il descendent devant lui et ...

[198/35] et *quant il voit que c'est Lancelos qui le menace et qui le suit l'espee trete,* il voit bien qu'il est alez, ...

[198/49] et *quant il cuide revenir a ses homes,* il s'en eslongne plus et plus el parfont de la forest.

[199/20] *Quant li vallez entent qu'il n'i prendra plus,* il se part de lui erranment;

[200/15] et *quant il l'orent avisé,* il li corent sus les bras tenduz et ...

[201/12] ; *quant Boorz vit qu'il ne pot estre trouvez,* il dist a Hestor: ...

[201/21] et *quant ge m'en partirai,* ge irai tot droit a vos,

[202/2] et *quant il senti qu'il le couvenoit trespasser,* il pria l'aecevesque et Bleobleeris que, ...

[202/18] *Quant Bleobleeris voit que cil dormoit et rioit et parloit,* il ne se merveilla pas petit;

[202/22] et *quant cil a les eus ouverz et il voit Bleobleeris,* il li dist: ...

[202/41] ; et *quant ele est apareilliee,* il i metent le cors Lancelot,

[203/4] et *quant il sot que li cors estoit en l'eglise,* il ala cele part,

[203/7] *Quant il l'ot conneü,* il se pasma de meintenant sus le cors et ...

[203/19] *Quant li cors fu enfoïz*, vos poïssiez veoir a ceus del chastel besier la tombe;

[203/31] et *quant li rois Boorz ot bien escouté*, il respont: ...

[A/24] Et *quant Lancelos les voit venir*, il se leva contre eles.

[A/77] Et *quant ele fu trespassee*, ele fu enterree si hautement comme l'an doit fere a si haute dame.

[A/87] *Quant Lancelos vit cel hermitage*, il tourne cele part son frein ...

* qui PROP

[15/10] *Qui seüst*, fet Lancelos, *aucun recet pres del tornoiement ou nos peüssons priveement estre*, ge m'en tenisse a moult bien paié;

[60/33] car *qui del tout a vos s'otroie*, il n'en puet eschaper sanz mort,

[104/9] Mes *qui au preu del reigne voudroit garder*, je ne cuit mie que ja commençast guerre contre le parenté au roi Ban;

* se PROP

[8/8] Dame, *se vos le vouliez soufrir*, ge iroie a cel tornoiement.

[12/12] et *se il autrement le fesoit*, ce estoit contre son ordre.

[12/40] mes *se vos voliez atendre jusqu'au soir*, je vos feroie compaignie,

[16/59] car *se tu i venoies*, on te connoistroit,

[22/2] car *se il eüst onques targié*, il en peüst bien morir;

[23/21] car *se il fussent venu par ci*, nos les eüssons pieça aconseüz,

[26/67] car *se il est chevaliers de tel proesce com vos dites*, il ne puet estre que ge nel connoisse par l'escu.

[30/48] Et *se j'eüsse creü Agravain vostre frere*, ge l'eüsse fet ocirre;

[31/23] et *se il i fust*, ge croi bien que il eüst veincu le tornoiement;

[34/33] et *se il revenoit a cort par aucune aventure,* ge li veeroie del tout l'ostel monseigneur le roi et ...

[34/42] Dame, fet Boorz, *se il est einsi comme vos me dites,* il ne fist onques chose dont il me pesast autretant;

[35/10] car *se il li ennuiast,* il ne fust ore mie a venir;

[35/11] et *se il li plest,* l'en ne s'en doit mie merveillier,

[35/21] car *se ge cuidoie que il fust reconté en autre leu,* ge ne vos en diroie nule riens.

[36/6] et *se il l'ainme bien,* ce n'est pas merveille,

[36/56] Et *se li demorers en cest païs ne li plest,* nos nos en irons en noz terres a noz homes,

[38/53] Damoisele, fet Lancelos, *se il avoit si son cuer en sa baillie qu'il en poïst fere a sa volenté del tout,* il seroit trop vilains s'il vos en escondisoit;

[38/55] mes *se il estoit issi que il ne poïst fere de soi ne de son cuer a son commandement, et il vos escondisoit de s'amor,* nus ne l'en devroit blasmer.

[38/82] et *se vos le m'eüssiez dit un pou plus couvertement,* vos m'eüssiez mis mon cuer en une langor replenie de toutes bones esperances,

[41/38] car *se vos morez en ceste voie,* ge ne vueill mie que l'en die que ce soit par moi,

[41/132] Biaus sire, fet li escuiers, *se je le vous ai dit,* je m'en repent,

[44/75] *Se ge cuidoie,* fet li preudons, *que vos le demandissiez por son bien,* ge le vos enseigneroie,

[44/87] et *se vos voulez,* ge vos baudrai un de mes vallez de ceanz qui vos enseignera le droit chemin.

[46/5] mes *se gel pooie connoistre et je le trovoie par aventure en aucune assemblee,* je cuit qu'il ne fist onques chose dont la bonté li fust si tost rendue;

[46/10] et *se il trest sanc de mon costé,* je l'en trerai del chief autretant ou plus.

[46/15] et *se il m'avoit einsi menacié,* je ne seroie jamés a ese devant que j'eüsse pes a lui.

[46/22] Sire, *se ge le fis*, ce poise moi, ne ...

[50/12] Sire, *se vostre plesirs i estoit*, il seroit huimés bien tens de reposer a vostre oeus,

[50/35] car *se ele li dit*, ele est en aventure de mort, ...

[50/36] et *se ele li ceile*, ele n'en vendra jamés en si bon point comme ...

[52/9] et *se il est veritez einsi com ceste escriture le tesmoigne*, ce est la chose qui me metra au greigneur duel que ge onques eüsse,

[53/59] Et *se il est einsi comme ces ymages ici le tesmignent, que Lancelos m'ait fet tel honte comme de moi honnir de ma fame*, je me traveillerai tant que il seront ensemble pris prové.

[58/28] et *se il nos ennuie*, nos porrons aler chacier en bois dont il a assez pres de ci.

[59/29] *Se je le hé*, fet la reïne, *mortelment*, il l'a bien deservi.

[60/43] car *se ge pes ne pooie trouver vers lui*, ge ne porroie pas longuement durer.

[60/54] Sire, fet Boorz, *se vos vos peüssiez soffrir d'aler la ou ele est et de veoir la*, je vos di veraiement que ...

[61/12] *Se ge sui a l'assemblee*, je porterai armes blanches sanz autre taint,

[62/25] et *se il en menjoit*, il en morroit tantost.

[62/61] et *se ge cuidasse que li fruiz que ge li donnai fust desloiaus*, je ne li eüsse donné por demi le monde.

[65/3] car *se il a nul mal et li rois le puet savoir*, nos en serons tuit honni et essillié;

[66/17] ; *se il i fust*, ge remeinsisse volentiers et ...

[66/31] *Se ge savoie nului en ma cort qui a dire le me seüst*, ge li demanderoie,

[66/42] car *se il fust en sa delivre poesté*, ge sai bien que il i fust venuz.

[66/65] et *se ele le velt noier et mesconnoistre, que ele traïson n'ait fete et desloiauté*, je seroie prez del prouver contre le meilleur chavalier que ele i vodra metre.

[67/97] et *se il avoit ceanz si hardi chevalier qui volsist por vos entrer en champ encontre moi,* je seroie prez que ge le rendisse mort ou recreant anuit ou demain ou au jor que cil de ceste cort esgarderont.

[71/15] Et *se vos demandez por cui amour ge ai souferte engoisse de mort,* je vos respont que ...

[77/31] car *se il fust ore ceanz,* il nel lessast por tout le monde que il ne feïst ceste bataille encontre Mador, ...

[79/19] car *se ge le puis fere,* je sui prez que ge m'en mete por li en champ;

[79/21] et *se ge nel puis fere,* ge vos di que, se ele estoit ma mere, n'i enterroie ge mie;

[80/17] ; *se vos n'avez demain dedenz eure de tierce meilleur secors que li miens ne vos seroit,* je sui cil qui por vos enterrai en bataille encontre Mador.

[81/21] et *se dedenz celui terme ne vient avant qui poi lui empraigne ceste bataille,* vos estes quites de l'apel et ...

[85/19] et *se ele avoit esté corrouciee vers Lancelot,* ele s'en tint a fole et a nice.

[85/33] Et *se Lancelos avoit devant ce amee la reïne,* il l'ama orendroit plus qu'il n'avoit onques mes fet a nul jor,

[86/45] et *se ge n'en praing venchement te com l'en doit fere de traïteur,* ge ne quier jamés porter coronne.

[87/69] et *se maus l'en vient,* il ne porra pas dire que ce soit par nos.

[89/30] Et *se vos i alez,* maus vos en vendra;

[91/13] et *se nos poions tant fere que nos l'eüssons la conduite a sauveté,* nos ne douterions riens le roi Artu ne tot son pooir.

[94/46] *Se cist vit longuement,* il nos porra bien nuire, ...

[96/20] *Se nos peüssons tant fere, fet Lancelos, que nos la poïssons mener en un chastel que ge conquis jadis,* je cuit qu'ele ne douteroit guere le roi Artu;

[96/25] *Se nos i estions et nos l'avions bien garni,* je manderoie chevaliers pres et loing que j'ai serviz par maintes fois qu'il venissent a moi;

[97/16] Sire, fait il, *s'il vos plaisoit*, je vos bailleroie cest chastel a vos et a madame la roïne;

[97/16] et, *se vos i volés demorer*, vos n'avés garde de tot le monde ne de tot le pooir le roi Artu.

[99/24] Ha! Mort, *se vos plus demorez*, je vos tendrai a trop lente.

[99/25] Ha! Gaheriet, *se ge de duel doi morir*, je morrai por vos.

[104/32] mes *se li rois m'en creoit*, il ira et ...

[104/37] ; *se vos voulez guerre commencier*, il ne covendra mie que vos la queriez loing,

[112/55] et *s'il ne se fust isnelement pris au col de son cheval*, il fust cheüs a terre;

[115/112] *Se cist vit longuement*, il honnira mes hommes.

[118/21] car *s'il vos plest mieus que je remaigne ci avoc vous*, je remainrai,

[118/22] et *se vos volez que je m'en aille*, je m'en irai.

[118/23] Dame, fet Lancelos, *se vos en fesiez ce que mes cuers desirre*, vos remeindriez;

[118/28] Car *se vous ore n'i aliés aprés cest offre qu'il vous a fait*, il n'est nus qui ne puist apertement connoistre vostre honte et ma grant desloialté;

[118/103] Et *se il furent assés plus lié qu'il ne soloient estre et plus joiant*, cil del chastel furent plein de lermes et dolent, ausi li povre comme li riche;

[119/35] Sire, fet Lancelos, *se ge amasse la reïne de fole amour, si com l'en le vos fesoit entendant*, ge ne la vos rendisse des mois et ...

[119/69] ; *se vos ce vouliez prouver comme loiax chevaliers*, je deffendroie mon seigneur encontre vostre cors, ...

[129/9] Sire, *s'il vos plesoit*, je remaindroie por li garder,

[130/39] et *se nos par aucune aventure les poions entreprendre*, nos porrions nostre guerre legierement metre a fin.

[135/12] et *se vos nel fesiez*, trop granz domages vos en porroit avenir,

[135/13] car *se Lancelos savoit qu'ele ne fust mariee*, il vendra seur vos et ...

[137/11] et *se vos n'i voulez venir*, il vendront a vos.

[141/43] et *se l'en me demandoit, dedenz le terme que ge leur doi respondre, porquoi ge faz la tor garnir*, ge leur respondroie que ce seroit contre la feste de mon mariage.

[141/59] et *s'il avenoit que messires li rois fust vis — que je ne croi pas qu'il soit mors — et li messages le trovast en Gaule par aventure*, il n'orroit ja si tost novelles qu'il s'en vendroit en cest païs a toute la gent qu'il en mena;

[142/102] ; *s'il est vis*, tu li diras mon estre et ...

[142/108] Et *s'il est einsi que mes sires soit morz et que tu en saches veraies novelles de lui et de monseignor Gauvain*, tu t'en iras droit a Gaunes ou a Benoïc, ...

[144/30] Et *s'il me puet conquerre de tel apel com ge li faz*, mes oncles s'en ira arrieres a toute s'ost el roiaume de Logres, ...

[144/34] et *se gel puis conquerre en champ*, je ne demanderai plus,

[144/37] et *s'il nel vuellent fere*, nos ne partirons jamés de ci devant qu'il soient honni et mort.

[144/45] et *se vos estiés ocis en tel maniere*, nos en seriens tuit abaissié et honni, ...

[145/18] Et *se il de cest apel vos puet fere recreant*, vos n'en poez eschaper sanz mort;

[145/21] et *se vos en poez deffendre et lui fere recreant*, li rois ses oncles s'en ira arrieres el roiaume de Logres et ...

[145/25] et *se vous ce refusés, que vous encontre lui n'osés aler*, tous li siecls vous en devroit honir;

[147/49] Messire Gauvain, fet Lancelos, *s'il vos plesoit*, ge leroie en pes ceste bataille, ...

[147/76] et *se ge dedenz celi terme me muir*, ge vos pardoing ma mort et ...

[147/79] et *se ge auchief de dis anz revieng, et vos vivoiz a celui tens, et messires li rois qui est ci*, ge vueill avoir la compaignie de vos deus aussi bien comme ge oi onques encore.

[148/74] et *se ceste chose ne li plesoit,* il s'en iroit en essill dis anz,

[151/38] et *s'il fussent d'aussi grant force comme il estoient au commencement,* il ne poïssent pas estre longuement en vie;

[156/31] et *se ce fussent autre chevalier,* il fussent pieça mort au travail qu'il ont soffert;

[157/20] car *se vos meintenez plus ceste bataille,* il ne puet estre que li uns n'en muire assez vilment,

[157/45] Sire, fet Lancelos, *se ge ne cuidoie que vos le m'atornissiez a malvestié,* je m'en iroie et ...

[158/50] et *s'il se fust tenuz en ce qu'il commença a cele fois,* vos n'en eschapissiez ja sanz mort, ...

[160/18] car *se si home l'oent conter en tel maniere com il le conte,* il en i aroit tex par aventure qui ...

[161/24] *Se cil dui vivent longuement,* il nos en porra sourdre ennui,

[164/25] car *se il muert,* il le velt veoir morir,

[165/15] que, *se ge veïsse celui que ge sei au meilleur chevalier del monde et au plus cortois et ge li peüsse crier merci de ce que ge li ai esté si vilains au derrien,* il m'est avis que ...

[165/31] Ha! Dex, *se g'eüsse ore en ma compaignie cels que ge souloie avoir,* je ne doutasse pas tout le monde, ...

[167/5] et *se vos demorez plus,* ce sera folie.

[168/30] ; *se vos ici le voulez atendre,* vos le porroiz veoir dedenz deus jorz;

[168/34] que, *se vos n'avez bon conseill,* vos i porroiz tost perdre.

[168/45] et *s'il la terre ne velt vuidier,* vos avez gent plus qu' il n'a et qui vos ainment de bone amor;

[169/17] et, *se Mordrés en vient au desus,* il m'ocirra;

[169/18] et *se mes sires a enneur de ceste bataille,* il ne porra croire en nule maniere que ...

[169/28] Dame, *se Dieu plest,* li rois mes sires avra greigneur merci de vos que vos ne cuidiez;

[170/14] Damoiseles, *s'il vos plest*, vos en iroiz,

[170/15] et *s'il vos plest*, vos remeindrez,

[170/27] Dame, fet l'abeesse, dame, *se messires li rois fust trespassez de cest siecle*, nos vos en feïssons moult volentiers et dame et compaigne;

[170/36] Dame, fet la reïne, *se vos ne me recevez*, il en sera de pis a moi et a vos;

[170/37] car *se je m'en vois de ci et il m'en mesavient par aucune aventure*, li damages en sera miens,

[170/50] et *se Dex de gloire donoit a vostre seigneur qu'il veinquist ceste bataille et en venist au desus et qu'il reperast ça seinz et hetiez*, je feroie bien vers lui vostre pes et ...

[176/19] ; *se vos i assemblez*, vos i morroiz ou vos sroiz mavrez a mort.

[176/31] et *se vos a cestui besoing ne le mandez*, vos n'en poez eschaper sanz mort.

[177/14] Car *se vos assemblez a Mordret a ce point d'ore*, vos i seroiz navrez a mort ou ocis;

[178/22] ; *se vos assemblez a Mordret*, li roialmes en remeindra orfelins,

[178/36] et *se il m'en meschiet*, ce sera par mon pechié et par mon outrage, ...

[178/49] mes *se tu veus creanter comme rois que tu t'en iras le matin et toi et ta gent la dont tu ies venuz*, il s'en souferra atant, ...

[178/52] et *se tu ne veus ce fere*, il te mande a demain la bataille.

[181/4] car *se il de ceste bataille pooit issir a enneur*, il ne trouveroit jamés qui contre lui s'osast reveler.

[182/8] *Se cist vit longuement*, nos sonmes desconfit.

[184/17] *S'il avient que l'en m'ocie*, je vos pri por Dieu que vos n'en faciez ja chiere,

[184/65] et *s'il avient que nus de vos en puisse eschaper*, je vos pri que ...

[187/10] car, *se vos le fetes*, l'en ne vos porra mie legierement desconfire;

[187/27] *Se vos le poez einsi fere*, ge vos di veraiement que li home le roi en seront si esbahi qu'il n'avront ja duree,

[188/39] et *s'il ne se fussent andui tenu as cox de leur chevax*, il fussent cheoit a terre;

[190/25] ; *se vos alors fussiez el champ ou la bataille estoit*, vos poïssiez veoir toute la place jonchiee de morz et assez de navrez;

[200/43] et *se vos ne me recueilliez*, ge le ferai ailleurs.

[A/44] Car *se vos volez et il vous plest*, vous poez estre dame et reïne de tout le païs.

* si tost com/comme PROP

[180/16] et *si tost com li jorz aparut*, li rois Artus se leva et oï messe,

[52/44] Mes *si tost comme Kex i ala*, qui estoit chevaliers la reïne, il i entra,

[57/15] Sire, fet ele, *si tost com ge vos vi*, ge vos amai outre ce que cuers de fame peüst home amer,

[58/12] et *si tost comme ele le vit*, ele se parti de la fenestre ou ele estoit apoiee et ...

[58/14] Et *si tost comme messire Gauvains fu descenduz*, il s'en entra en la chambre la reïne et ...

[62/31] et *si tost comme il en ot le col passé*, il chaï morz errament voiant la reïne et touz cels qui furent a al table;

[77/3] et *si tost comme ele le vit venir*, ele se dreça encontre lui et ...

[89/20] Et *si tost comme li rois se fu partiz de leanz*, la reïne prist un messaje,

[112/45] Et *si tost comme li rois fu montez entre lui et ceus qui entor lui estoient*, il vit que ses paveillons cheï a terre, ...

[193/31] et *si tost comme il en fu partiz*, une pluie commença a

cheoir moult grant et moult merveilleuse qui ...
[195/9] et *si tost comme il sorent la mort de leur pere et del roi Artu et des autres preudomes qui en la bataille avoient esté*, il pristrent touz ceus de Wincestre et ...
[A/79] Et *si tost com Lancelos se fu partiz de li*, il chevaucha une eure avant et une autre arriers tout pensant et dolosant, ...

* tant comme PROP
[124/2] et *tant comme il pot veoir le païs*, il le regarda,

* tout einsi comme PROP
[184/59] Et *tout einsi comme il le commanda*, il le firent;

La Queste del Saint Graal

☆C [MOT]:○C$_{OD}$−V−S

[204/1] *Autretel* dist Perceval et Boorz.

⁑ ce
[6/10] car *ce* savez vos bien qu'il est assez mieldres chevaliers que je ne sui.
[13/9] Rois Artus, *ce* te mande par moi Nasciens li hermites que ...
[19/14] *Ce* vos mande par moi Nascienz li hermites que ...
[27/13] , *ce* nos a len fait entendant.
[32/19] *Ce* vos dirai je bien,
[34/6] Sire, dist Josephes, *ce* vos dirai je bien.
[54/20] Et *ce* poez vos bien veoir, que cil vos conoissoit bien, qui vos apela mauvés serjant et desloial.
[61/23] car *ce* set il bien qu'il est venuz au point qu'il n'avra ja mes honor, ...
[69/4] *Ce* ne feist pas nus hons, a mon escient, qu'il eust ausi bien paié com il te paia:
[73/9] Car *ce* savons nos bien, en cest païs et en maint autre leu, que ...
[86/18] Et *ce* poïstes vos hui veoir:
[93/28] car *ce* voit il bien que ...
[108/13] *Ce* savez vos bien que ce est voirs,
[112/31] *Ce* te dirai je bien, fet li preudons, si que tu le savras apertement.
[118/24] Car *ce* voit il bien qu'il a tant meffet en cest siecle et tant meserré vers son criator que, ...
[138/13] , *ce* t'a len maintes foiz dit.
[180/5] *Ce* verra len par tens,
[186/31] *Ce* te comanda il et ...

[187/19] Et *ce* rescousistes vos;
[220/16] Et *ce* ne doit len pas tenir a merveille;
[239/10] *Ce* vos dirons nos bien.
[257/10] ; *ce* ne di je mie qu'il ne puisse assez languir ou point ou il est orendroit.
[274/8] *Ce* vos dirai ge bien,

[162/19] , *honor* i avra il grant,
[122/23] Sire, fet li preudons, *poor* en doit len bien avoir,
[30/33] Sire, *saluz* vos mande li bons chevaliers as armes blanches,
...

* toi
[131/33] Sire, *toi* aor je et ...
[278/3] Sire, *toi* ador ge et ...

[89/10] Car *vilanie* ne feroit il pas au vaslet;
[253/30] Ha! biaux peres Jhesucrist, *vos* merci je et ...

☆C[MOT]+[PROP]: ○C$_{OD}$ - V - S

[128/11] Mes *sels qu'il trovera desgarniz et desnuez de veraie confession et de bones oevres* ne voudra il pas recevoir,

☆C[MOT]:○C$_c$ - V - S

* ainz/ançois
[17/6] , *ainz* demorront li plusor en ceste Queste, qui ne faudra pas si tost com vos cuidiez.
[97/11] , *ainz* te menra len si mal que tu en seras honiz a toz jorz mes.
[127/3] , *ainz* te diront vilanie tuit cil qui la verté savront

coment il t'est avenu en la Queste.
[149/12] , *ainz* la doit len bien amentevoir en conte;
[150/24] ; *ainz* m'a orendroit esveillié une avision merveilleuse que j'ai veue en mon dormant.
[16/17] , *ançois* lor en fu coverte la vraie semblance.

* ainsi/einsi/einsint/ensi
[235/6] *Ainsi* furent mué li quatre lyon,
[249/4] Et *ainsi* porra durer la compaignie de vos deus.
[9/32] *Einsi* parolent li dui frere de Galaad,
[19/3] *Einsi* fu tote la cors troublee por la novele de çax qui partir s'en devoient.
[28/30] *Einsi* remest Galaad entre lui et Yvain qui li fera compaignie tant qu'il sache la verité de ceste chose.
[31/7] car *einsi* le m'a il promis.
[39/10] et *einsi* furent il destruit par l'anemi et par son amonestement.
[39/19] *Einsi* poez vos veoir en ceste aventure la senefiance de la Passion Jhesucrist et la semblance de son avenement.
[45/2] et *einsi* entrastes vos en la Queste dou Saint Graal tiex come vos deviez estre.
[45/22] Et *einsi* fus tu deceuz par entendement;
[49/14] Et *einsi* seriez vos por noient travailliez.
[54/26] Et *einsi* n'esploita mie Galaad, li Bons Chevaliers, cil que vos alez querant:
[56/27] *Einsi* est Lanceloz remes en la Forest Gaste dolenz et corrociez dou chevalier qu'i a perdu.
[57/16] *Einsi* de departirent li compaignon;
[62/8] *Einsi* se despit et blasme Lancelot mout forment et ...
[69/2] *Einsi* as tu fet a Nostre Seignor:
[69/16] et *einsi* fu acoisiee lor murmure et ...
[71/20] *Einsi* demora Lancelot o le preudome qui l'amonestoit de bien fere.
[81/15] *Einsi* demora Perceval avec s'antain celui jor;

[86/4] *Einsi* parla la voiz au roi et ...
[93/9] *Einsi* fu Perceval jusqu'au jor en proieres et en oroisons,
[96/5] Biau douz sire, *einsi* me doigniez vos que je puisse deffendre m'ame, ...
[103/26] Et *einsi* l'oceis tu et ...
[111/19] *Einsi* demora Perceval tout le jor en la roche et ...
[116/18] *Einsi* dist Merlins de cel chevalier que vos avez aucune foiz veu, ...
[120/6] Car *einsi* ne le comande pas pas nostre ordre,
[124/11] *Einsi* fesoies tu quant tu estoies damoisiaux,
[126/12] *Einsi* te perdi Nostre Sires, ...
[137/21] et *einsi* descendoit il de toi;
[146/18] *Einsi* est Lancelot enclos de trois parties, d'une part de l'eve et d'autre part des roches et d'autre part de la forest.
[151/19] *Einsi* furent toute la nuit li dui compaignon en la chapele, ...
[172/1] *Einsi* li avindrent la nuit ces deus avisions qui mout le firent merveillier,
[186/9] Et *einsi* t'eust il mis en pechié mortel, ...
[195/9] *Einsi* sont li dui ami ensemble si come Nostre Sires lor avoit apareillié.
[197/28] *Einsi* remest laienz messire Gauvains, ...
[203/12] *Einsi* disoient les letres de l'enheudeure,
[204/32] *Einsi* fu esprovee ceste espee, ...
[214/19] *Einsi* parla la voiz as deus chetis;
[215/23] *Einsi* fu Abel li justes engendrez desoz l'Arbre de Vie au vendredi, ...
[215/32] *Einsi* fu changiez li Arbre de blanc en vert;
[216/15] *Einsi* fu cil Arbres longuement de vert color,
[217/3] *Einsi* porta Cayns mout longuement haine dedenz son cuer, ...
[217/31] *Einsi* s'acorderent bien les deus morz ensemble, non pas de hautece, mes de senefiance.
[219/1] *Einsi* maudist Nostre Sires la terre,

[232/32] car *einsi* le m'a mandé li Haulz Mestres.
[241/29] Car *einsi* le velt li Hauz Mestres,
[246/2] *Einsi* se departirent li compaignon a l'entree d'une forest que cil dou païs apeloient Aube,
[249/18] *Einsi* crioit li preudons aprés Lancelot, ...
[249/24] *Einsi* fu Lancelot un mois et plus en la nef, que onques n'en issi.
[252/31] *Einsi* fu Lancelot touz seus en la nef, fors del cors a la damoisele.
[257/11] *Einsi* dist li preudons de Lancelot, come cil qui molt ert sages durement.
[257/23] *Einsi* disoient maintes foiz cil de laienz de Lancelot et ...
[266/7] *Einsi* rassembla aventure les trois compaignons que aventure avoit departiz.
[274/24] Et *einsi* quid je trespasser de cest siecle, par la volenté de Nostre Seignor, en voiant les merveilles del Saint Graal.
[274/27] *Einsi* denonía Galaad a Perceval la venue de la mort, si come li devins respons li avoit enseignié.
[69/17] *Einsint* puet len dire que de pierre issi aucune foiz douçor;
[217/21] *Einsint* reçu Abel la mort par la main de son desloial frere, en cel leu meismes ou il ot esté conceuz.
[111/13] *Ensi* fu Perceval toute jor delez la rive, ...
[117/5] *Ensi* parloit li preudons a Lancelot;

[12/33] car *alors* l'estiez vos.

* altreci/autresi
[217/24] : *altreci* resut il mort a jor del vemdredi par cel tesmoign meismes.
[27/24] car *autresi* savons nos bien que vos ne faudrez pas a l'aventure.

* aprés

[3/9] *Aprés* li ceint Lancelot l'espee et ...
[21/2] et *aprés* a'ala li rois couchier et ...
[23/21] *Aprés* jura Lancelot tout autretel serrement come il avoit fet.
[63/33] *Aprés* revint li autres qui les deus beanz avoit receuz,
[78/9] ; *aprés* fu senefiee par Joseph la Table del Saint Graal,
[124/25] *Aprés* avoies tu une autre vertu herbergiee en toi si naturelment comme se ele te venist de nature:
[135/11] *Aprés* regardoit li rois Ewalac et ...
[214/2] Mais *aprés* comanda Diex a Adam qu'il coneust sa fame, ...

* assez

[20/30] *Assez* le saura len a tens.
[95/1] car *assez* l'ot eschaufé li serpenz.
[107/19] car *assez* me prent ore greignor pitié de vos qu'il ne fist hui mes.

* atant

[41/15] Mes *atant* lesse ore li contes de Galaad et ...
[71/27] Mes *atant* lesse ores li contes a parler de lui et ...

* ausi/ausint

[6/32] car *ausi* en est il bien tens.
[9/32] et *ausi* font tuit li autre par laienz.
[18/22] et *ausi* firent tuit li autre, ...
[19/1] et *ausi* firent toutes les dames et les damoiseles qui avec li estoient.
[27/23] car *ausi* n'ai je point d'escu.
[147/4] Et *ausi* faisoient li autre compaignon,
[154/13] et *ausi* est Hestor:
[165/14] ; *ausi* est il dou cuer de l'ome.
[186/4] et *ausi* fist il en veillant,
[230/7] et *ausi* avoit ja fet Galaad.

[235/25] et *ausi* muerent li lyon en aucunes choses.
[245/33] et *ausi* fet Galaad:
[266/15] et *ausi* font li autre qui ja l'avoient veu petit enfant.
[269/2] et *ausi* font tuit li autre:
[270/19] Et *ausi* fist chascuns des autres,
[25/23] et *ausint* font li autre compaignon;

* autrement
[14/30] car *autrement* forlignast il trop durement.
[49/5] car *autrement* ne fuissons nos ja mes delivre de cest dolereus chastel.
[66/4] car *autrement* est il honiz s'il ne fet ce qu'il li amoneste,
[106/24] car *autrement* n'en voldroie je pas estre fors.
[151/16] car *autrement* m'est il avis que ...
[170/13] Car *autrement* nel demant je pas.
[217/2] car *autrement* ne veoit il mie qu'il en peust avoir venjance.
[224/11] car *autrement* vos feroie je destruire.
[277/14] car *autrement* l'eussent il ocis.

* bien
[13/2] et *bien* est provee chose par l'aventure de ceste espee a quoi vos n'osastes metre la main.
[77/2] et *bien* voit len que il en lessent lor peres et lor meres et lor fames et lor enfanz.
[102/24] Et *bien* puez tu veoir par toi meismes se ce est voirs;
[144/9] *Bien* t'i meslas tu, quant tu a Galaad ton filz vousis joster, a cele hore qu'il abati ton cheval et le Perceval ensemble.

* çaienz/ceenz
[11/3] car *çaienz* ne demora il pas longuement, ...
[150/15] car *ceenz* n'entre nus qui si haut soit montez com vos estes.

* ci/ici
[4/5] *Ci* doit seoir cil.
[8/12] *Ci* est li sieges Galaad.
[106/30] Mes *ci* vint ores uns preudons por moi reconforter, ...
[261/31] *Ci* gist li rois Bademagus de Gorre, ...
[41/10] car *ici* porrai je esprover ma force et ...
[278/5] *Ici* voi ge la començaille des granz hardemenz et l'achoison des proeces;
[278/6] ; *ici* voi ge les merveilles de totes autres merveilles!

[104/30] et *devant* venoit uns estorbeillons qui fesoit la mer movoir et les ondes saillir de toutes parz.

* donc
[35/3] *Donc* vos dirai je, dist Josephes, que vos feroiz.
[36/8] *Donc* covient il que vos en venez o nos.
[44/11] *Donc* m'en porrai je bien, fet il, aler demain.
[52/8] Biau sire, fet Gauvains, *donc* me poez vos bien dire, ...
[148/20] *Donc* lo je, fet Hestor, que nos aillons autre voie que cele que nos avons alé.
[166/8] *Donc* vos creant je, fet il, com loiax chevaliers, que ...

* dont
[27/23] Sire, font il, *dont* le vos lairons nos,
[67/5] *Dont* vos requier je, fet li preudons, que ...
[103/3] *Dont* la te diré je,
[106/26] car *dont* avroie je chevalerie receue de male hore, ...
[164/17] *Dont* vos requier je, fet Boorz, ou nom de sainte charité, que ...
[179/2] *Dont* vos requier je, fet Boorz, que ...

* encor/encore
[33/13] Et *encor* en avint il une aventure molt merveilleuse.
[129/13] Et *encor* vos comant je que ...

[161/13] Et *encor* vos di je que, ...
[163/27] Et *encor* lor avendra il autre chose.
[202/23] Et *encor* devise li contes que l'enheudeure estoit de deus costes,
[271/1] Mes *encor* ne l'as tu pas veu si apertement com tu le verras.
[6/3] Et *encore* vos di ge autre chose;
[21/28] Ne *encore* ne sui je pas tant corrouciez por aus come je sui por vos deus.
[45/9] Et *encore* i avoit il plus.
[94/17] et *encore* li eust il plus mal fet.

[182/32] Car *hui* m'est avenue une trop merveilleuse aventure, ...

* ilec
[35/5] car *ilec* vendra li Bons Chevaliers au cinquieme jor qu'il aura receu l'ordre de chevalerie.
[79/18] Et *ilec* sai je bien que vos en orroiz veraies noveles, ...
[106/6] *Ilec* vi ge que li Bons Chevaliers vint et chaçoit devant lui deus autres chevaliers que il voloit ocirre.
[138/13] et *ilec* engendras tu Galaad,

* ja
[2/18] *Ja* vos cuidions nos trover a Kamaalot.
[44/13] *Ja* sui je li hons ou monde qui plus desirre vostre compaignie se il la poïst maintenir.
[60/20] car *ja* ert passee la mie nuit.
[86/8] Et *ja* est li Chevaliers en cest païs, si com len dit, cil qui ceste aventure doit mener a chief.
[98/15] *Ja* le fustes vos ja;
[119/2] *Ja* vos avoit il si longuement servi,
[267/14] car *ja* seront repeu li verai chevalier de la viande del ciel.

* la
[69/10] *La* vit len bien apertement que ...
[83/11] et *la* vi je en unes prones devant un autel gesir en un lit un viel home de tres grant aage, une coronne d'or en sa teste.
[86/24] et *la* reçut li vielz hom et ...
[134/7] Ha! Lancelot, *la* poïs tu veoir la hautesce de ton lignage et de quel gent tu es descenduz.
[157/4] *La* est la bone pasture.

[245/12] car *laienz* gisoient les cors des puceles qui poe amor a la dame avoient esté mortes.

* longuement
[82/25] *Longuement* resgarda Perceval l'ome qui ou lit seoit;
[114/33] *Longuement* parla li preudons a Perceval et ...
[219/13] *Longuement* dura cil Arbres en tel color et en tel biauté come vos m'avez oï deviser,

* lor/lors
[239/32] *Lor* apele la damoisele les trois compaignons et ...
[2/16] Et *lors* comence la joie que li cousin firent li uns de l'autre.
[3/14] Et *lors* dist Lancelot a l'abeesse:
[3/20] Et *lors* se part Lancelot de laienz entre lui et ses compaignons;
[6/26] Et *lors* croient bien tuit cil de la place que Lancelot die voir, ...
[6/33] Et *lors* s'en vont li chevalier et ...
[10/22] Et *lors* le desirre la roine a veoir assez plus qu'ele ne fesoit devant.
[11/12] *Lors* vient li rois a Galaad et ...
[13/8] *Lors* se retorne la damoisele devers le roi et ...
[13/19] Et *lors* dist li rois as barons de son ostel:
[15/6] Et *lors* s'alerent seoir li chevalier chascuns en son leu

ausi come il avoient fet au matin.
[23/5] *Lors* firent li clerc de laienz aporter les sainz sor qoi len faisoit les serremenz de la cort.
[23/16] Et *lors* fu apelez Galaad;
[23/24] Et *lors* jurerent tuit li compaignon de la Table Reonde li uns aprés l'autre.
[25/5] Et *lors* sont monté li baron et li chevalier.
[25/17] Et *lors* dist lessires Gauvains au roi: ...
[25/22] Et *lors* oste messires Gauvains son hiaume de sa tete,
[27/11] et *lors* lor demanda Galaad quele aventure les avoit laienz amenez.
[30/8] *Lors* vient li vaslez au roi Baudemagu et ...
[33/16] *Lors* reçut Ewalach baptesme et ...
[39/32] Et *lors* failli l'aventure ou maint chevalier proisié s'estoient essaié.
[40/16] Et *lors* demanda Galaad ses armes,
[42/27] Et *lors* issi des foilliees li chevaliers qui avoit Melyant navré.
[44/9] Et *lors* demanda il a Melyant coment il li estoit;
[44/25] *Lors* li conte Melyanz coment Galaad l'ot fet chevalier,
[48/9] et *lors* recomence la meslee graindre que devant.
[63/8] Et *lors* li demanda li preudons coment il a non.
[67/17] *Lors* comence li preudons a penser grant piece;
[75/20] et *lors* sot il par la bouche de ceulx que li un ne se voloient acorder as autres.
[79/21] Et *lors* dist ele a Perceval:
[81/13] car *lors* seroie je aeise se vos estiez ensemble.
[87/13] Et *lors* a il encontré jusqu'a vint homes armez qui portoient en une biere chevaleresse un home ocis novelement.
[89/15] Et *lors* oste il son hiaume et ...
[90/21] *Lors* relace Perceval son hiaume et ...
[97/17] *Lors* vient l'autre dame avant, qui sor le serpent estoit montee,
[98/25] Et *lors* se dressa il en seant et ...

資　料　体

[100/8] *Lors* li demanda Perceval dont il est et de quel terre;
[100/31] *Lors* s'acoute Perceval sor le bort de la nef o le preudome,
[108/21] Et *lors* fu li solaux chauz et ardanz:
[115/15] *Lors* dist une voiz: ...
[119/29] *Lors* entre li preudons en sa chapele,
[120/3] *Lors* parole li anemis a vois orible et espoentable et ...
[122/25] *Lors* set bien Lancelot qui cil est de qui il parole.
[123/31] Et *lors* affermoies tu qu'il n'ert nule si haute chevalerie come d'estre virges et d'eschiver luxure et garder son cors netement.
[125/4] *Lors* estoit li feus dou Saint Esperit chauz et ardanz en toi,
[131/7] *Lors* resgardoit Lancelot vers le ciel et ...
[133/16] *Lors* entre li preudons en sa chapele et ...
[153/7] *Lors* le met messire Gauvains devant soi sus le cheval et ...
[154/8] *Lors* met messire Gauvains la main au fer dou glaive que Yvains avoit ou piz;
[158/1] *Lors* parole li preudons a Hestor et ...
[159/21] *Lors* dira il partie de ce qu'il avra veu.
[161/17] ; *lors* li dit li preudons: ...
[162/9] *Lors* demande Boorz dont il vient einsi seuls.
[164/16] *Lors* li demande Boorz s'il est prestres.
[166/32] *Lors* comence li preudons ses matines;
[167/15] *Lors* li done li preudons et ...
[172/8] *Lors* vient a li la dame de laienz et ...
[172/9] *Lors* le moine la dame en une chapele qui laienz estoit,
[172/29] *Lors* dist la juene dame, cele por qui Boort se combatoit: ...
[173/15] *Lors* se departent li uns ça li autres la cil qui estoient en la place,
[192/18] *Lors* le fiert Lyonel de l'espee,
[193/4] *Lors* tret Boorz l'espee et ...

[195/3] Et *lors* le conoist Perceval;
[200/5] *Lors* osta Boorz son hiaume et Galaad le suen et s'espee,
[200/20] *Lors* conte li uns a l'autre de ses aventures,
[200/24] et *lors* porent il estre auques esloignié del roiaume de Logres,
[201/21] *Lors* dist la damoisele a Perceval: ...
[203/18] *Lors* i remet Boorz la main,
[208/10] *Lors* se parti li rois Mordrains de sa nef et ...
[211/28] *Lors* couvri chascuns d'aus les plus ledes parties de sus lui de ses deus paumes.
[212/23] *Lors* s'apensa Eve qu'ele n'avoit huche ne autre estui en coi ele le peust estoier,
[214/5] *Lors* ot Eve virginité perdue et ...
[214/11] *Lors* dist Eve que ce n'ert mie merveille se il avoient ilec remembrance de dolor et de pesance,
[215/4] *Lors* vit Nostres Sires lor vergoigne,
[215/13] *Lors* apela li uns l'autre,
[215/24] Et *lors* failli l'oscurtez,
[225/30] Et *lors* descendi une voiz qui li dist: ...
[226/17] *Lors* comence Perceval a lire ce qui ert ou brief,
[227/3] *Lors* ouvri la damoisele un escrin que ele tenoit et ...
[228/17] *Lors* la met Galaad ou fuerre.
[228/29] Et *lors* dist Perceval a Galaad:
[233/5] *Lors* apele Galaad ses autres compeignons et ...
[233/19] Et *lors* comença li quens a plorer molt tendrement et ...
[238/13] *Lors* comence la meslee grant et merveilleuse d'une part et d'autre;
[238/27] *Lors* revint li preudons as trois compaignons, qui autre fois i avoit parlé,
[240/12] *Lors* apela la damoisele cels de laienz,
[241/1] *Lors* comanda la pucele que len li aportast l'escuele.
[248/14] *Lors* li demande li preudons qui il est.
[250/24] *Lors* oste li chevaliers son hiaume de sa teste et ...
[250/31] *Lors* demande li uns a l'autre de son estre.

[254/1] *Lors* reprent Lancelot s'espee et ...
[256/9] *Lors* sent il plusors mains qui le prennent et l'emportent.
[258/14] *Lors* dist Lancelot a çax qui ilec estoient: ...
[258/24] *Lors* resgarda Lancelot devant soi et ...
[258/31] *Lors* vint une damoisele devant Lancelot, qui li aporta robe de lin fresche et novele;
[259/12] *Lors* comence la joie par laienz grant et merveilleuse.
[261/16] *Lors* comande li rois que len li aport ses armes,
[266/29] *Lors* prent Galaad les deus pieces de l'espee et ...
[269/13] *Lors* fist Josephes semblant que il entrast ou sacrement de la messe.
[270/3] *Lors* regardent li compaignon et ...
[270/17] *Lors* prist il meismes le saint Vessel et ...
[275/11] *Lors* vint a ax une voiz qui lor dist: ...
[278/2] *Lors* tent Galaad ses meins vers le ciel et ...
[278/29] *Lors* revint Galaad devant la table et ...

* maintenant
[15/10] Et *maintenant* entra laienz uns rais de soleil qui fist le palés plus clers a set doubles qu'il n'estoit devant.
[15/30] Et *maintenant* orent pooir de parler cil qui devant ne pooient mot dire.
[45/20] et *maintenant* te feri li anemis d'un de ses darz.
[49/22] Et *maintenant* issi une damoisele d'une chambre, qui aportoit un cor d'yvoire bendé d'or molt richement.
[59/30] Et *maintenant* vint ilec un escuiers qui aportoit unes armes mout beles et mout riches;
[69/15] Et *maintenant* issi eve de la roche a tel plenté que ...
[76/19] Et *maintenant* en avint uns tiex miracles que la terre absorbi celui qui ou siege s'estoit asis.
[83/2] Et *maintenant* se devesti li prestres come cil qui avoit la messe chantee.
[85/15] Et *maintenant* descendi une nue devant lui, qui ...
[125/30] et *maintenant* te feri li anemis d'un de ses darz a desco-

vert, si durement qu'il te fist chanceler.
[131/27] et *maintenant* se ovroit li ciex por lui recevoir,
[144/18] Mes *maintenant* te pristrent li preudome, li hermite, les religieuses persones qui ...
[154/11] et *maintenant* li part l'ame dou cors,
[158/18] Et *maintenant* le revesti Nostre Sires,
[167/31] *Maintenant* s'em part Boort et ...
[171/8] et *maintenant* revenoit li noirs oisiax,
[193/8] *Maintenant* descendi entr'els deus uns brandons de feu en semblance de foudre et ...
[199/33] Et *maintenant* comença la nef a aler grant aleure parmi la mer,
[209/30] mes *maintenant* entra laienz une lance, ...
[234/3] et *maintenant* li parti l'ame dou cors.
[276/9] Et *maintenant* i acorent cil de la cité a grant merveille, por veoir l'home mehaignié qui ert redreciez novellement.

[189/16] car *mielz* en voil je un poi avoir et estre blasmez de maintes genz, que vos n'en soiez honiz einsi com vos devez.

* molt/mout
[13/29] car *molt* se fioient en lor proesces li plus d'ax.
[27/28] et *molt* honorerent li frere Galaad quant il oïrent le tesmoign que li dui chevalier li portoient:
[4/25] car *mout* sont liez li compaignon de la Table Reonde de la venue as deus freres.
[57/21] car *mout* ert la nuiz oscure.
[218/1] Et *mout* senefia bien Caym Judas de maintes choses:

* non
[6/1] Sire, fet il, *non* ferai ge.
[245/12] Et *non* avoit il,

* or/ore

[10/33] Biax niez, *or* avons nos Galaad, le bon chevalier parfait que nos et cil de la Table Reonde avons tant dessiré a veoir.
[26/23] *Or* dist li contes que ...
[31/10] car *or* sevent il bien que les granz aventures perilleuses seront menees a fin.
[40/27] ; *or* vos requier je que vos me lessiez aler o vos en ceste Queste tant que ...
[41/18] *Or* dit li contes que ...
[47/11] *Or* vos consaut Diex, sire preudom, ...
[51/17] *Or* dit li contes que ...
[51/27] *Or* sui je li plus maleureus chevaliers dou monde, qui ...
[56/1] *Or* di li contes que ...
[56/25] car *or* heent il trop lor vies;
[57/13] *Or* vos conseut Diex, ...
[60/31] *Or* vos doint Diex a honor partir de ceste Queste,
[61/32a] Ha! Diex, *or* i pert mes pechiez et ma mauvese vie.
[61/32b] *Or* voi je bien que ma chetivetez m'a confondu plus que nule autre chose.
[69/31] *Or* est la tierce chose a mostrer coment tu es plus nuz et plus despoilliez que figuiers.
[71/29] *Or* dit li contes que ...
[74/12] *Or* ait Dieus merci de s'ame,
[89/27] Ha! las, maleureus, *or* as tu failli a ce que tu queroies puis que il t'est ore eschapez.
[115/30] *Or* dit li contes que trois jorz fist li preudons Lancelot demorer o lui.
[147/1] *Or* dit li contes que ...
[148/6] *Or* les conduie Diex, ...
[162/3] *Or* dit li contes que ...
[167/11] *Or* seroies tu fox se tu si haute chose come tu devises recevoies, ...
[170/11] *Or* vos doinst Diex force et pooir que ...
[187/28] *Or* vos pri je, fet li preudons, que vos priez por moi,

[195/18] *Or* dit li contes que, ...
[197/12] *Or* m'est il avis que nostre queste est remese, puis que vos estes si bleciez.
[210/29] *Or* dit li contes dou Saint Graal ci endroit que ...
[226/8] *Or* dit li contes que ...
[235/27] *Or* sai je bien, a ce que vos me dites, que vos estes des preudomes, des verais chevaliers qui ...
[243/23] Car *or* en est li besoign.
[244/11] *Or* dit li contes que ...
[246/7] *Or* dit li contes que ...
[247/5] car *or* a il, ce li est avis, tout ce qu'il desirra onques en sa vie.
[248/21] *Or* puez tu bien dire que tu es mesaventureuz, ...
[253/31] *Or* voi je bien que vos me tenez a vostre serjant,
[257/22] et *or* l'a mis Diex en tel point et en tel chartre!
[260/25] *Or* ne seré je ja mes si hardiz que je devant mon frere viegne,
[262/20] *Or* dit li contes que ...
[263/14a] Biax peres Jhesucrist, *or* ai je ma volenté!
[263/14b] *Or* te requier ge que tu en cest point ou je sui me viegnes quierre,
[272/16] *Or* veons nos bien que nos n'avons pas perdues noz peines.
[91/14] *Ore* ai je failli a toz mes desirriers!
[100/28] mes *ore* voi je bien que vos me connoissiez mielz que je vos:
[228/13] Sire, *ore* savons nos bien que ele est vostre:
[234/16] Galaad, fet Perceval, *ore* poez vos veoir merveilles:
[278/4] car *ore* voi ge tot apertement ce que langue ne porroit descrire ne cuer penser.

[79/9] Car *orendroit* ne vos porroie je mie dire ou il est;

* plus
[184/33] et *plus* pot len trover en lui douçor et pitié que len ne feist en home terrien.

[213/7] car *plus* est li hons haute chose que la fame,

* puis
[23/22] Et *puis* jura messires Gauvains et Perceval et Boorz et Lyonel et aprés Helains li Blans.
[81/7] et *puis* ai je oï dire qu'il l'a fet chevalier.
[123/16] ne *puis* n'a li pechierres garde qu'il s'em parte s'il ne l'enchace fors de son ostel.

* si
[3/26] ; *si* dist Boorz qu'il n'avoit onques veu home qui tant resemblast Lancelot come cil fesoit.
[5/17] et *si* font tuit li autre.
[9/4] : *si* font honor au chevalier et li un et li autre,
[9/33] *Si* en cort tant la novele amont et aval que ...
[11/29] *Si* i acorrent li un et li autre en tel maniere qu'il ...
[12/7] *Si* li font maintenant voie tuit li plus proisié.
[14/20] *Si* dura en tel maniere li tornois jusqu'aprés none,
[15/31] *Si* rendirent graces a Nostre Seignor li plusor d'ax de ce que ...
[21/3] *Si* fu cele nuit li rois molt a malese et molt pensiz por amor des preudomes de laienz qu'il avoit molt amez, ...
[22/31] *Si* s'asistrent li un lez les autres cil qui compaignon estoient de la Queste.
[23/2] *Si* jureroient li compaignon tel serrement come cil font qui en queste doivent entrer.
[25/15] et *si* estoient il sanz faille.
[26/19] *Si* plorerent assez a cel departement cil qui plus cuidoient avoir les cuers et durs et orgueillox.
[26/29] *Si* prist li uns son cheval et ...
[30/14] *Si* monte li rois devant et li vaslez derriere, ...
[30/16] et *si* feist il sanz faille.
[30/28] et *si* ne l'en doit len mie trop plaindre.
[31/13] *Si* sera auques ma volenté acomplie:

[31/23] *Si* se partent einsi li uns de l'autre et ...
[31/25] *Si* s'embat Yvains en une forest.
[36/10] *Si* li dist uns des freres: ...
[41/15] *Si* se part li uns del autre et ...
[46/15] *Si* pria tant Galaad a Melyant qu'il ...
[48/5] et *si* en ot Galaad abatuz trois de son glaive.
[51/4] , *si* li fist len mout honor.
[54/8] *Si* trova li preudons qu'il avoit passés quatre anz qu'il n'avoit esté confés.
[55/31] *Si* lesse ore a tant li contes a parler d'aux et ...
[56/5] *Si* li adrece Lancelot touz premiers et ...
[57/16] ; *si* s'en revint Perceval a la recluse.
[60/8] et *si* cuit je bien que ...
[73/12] : *si* en seront li dui virge et li tierz chastes.
[75/19] *Si* i vindrent cil qui achatez les avoient;
[76/22] *Si* ne fu puis nus si hardiz qui s'i aseist, ...
[77/24] *Si* feré je,
[86/20] *Si* a li rois einsi atendu des le tens Josephe jusqu'a ceste hore d'ore la venue de cel chevalier qu'il a tant desirré a veoir.
[87/7] : *si* li feront li frere feste et honor,
[100/32] *Si* le troeve Perceval si sage en toutes choses que ...
[101/1] *Si* li plaist tant sa compaignie que ...
[104/1] et *si* le deusses tu bien savoir.
[107/30] *Si* enchaça einsint li riches hons moi et ma mesniee,
[107/32] et *si* eust il fet se ne fust mes granz sens par quoi je començai maintenent contre lui la guerre.
[127/16] *Si* est ore avenue la semblance de l'Evangile,
[136/22] *Si* mostra bien Nostre Sires qu'Il avoit oïe sa proiere:
[137/29] ; *si* devenoient ses eles si granz et si merveilleuses que toz li monz en ert coverz.
[145/10] ; *si* i puet bien aler uns chevaliers a jornee que ja n'i trovera ne meson ne recet;
[151/11] et *si* l'ai je bien oïe.

[161/28] ; *si* devalent li dui chevalier le tertre et ...
[169/2] ; *si* s'asist Boorz delez la dame.
[185/2] *Si* la guerreoit l'autre de quan que ele pooit, cele qui de la terre avoit esté chaciee.
[186/20] ; *si* en est li uns li chevaliers que vos navrastes ier,
[189/15] ; *si* en sera la honte moie et li domages vostres,
[202/27] ; *si* est apelez icil serpenz papalustes;
[202/33] *Si* sont ses costes de tel maniere que ...
[203/13] , *si* resgarde li uns l'autre,
[205/1] *Si* remest li cors le roi devant cest lit,
[207/3] : *si* apeloit len cele isle l'Isle Tornoiant.
[207/32] *Si* demanda li uns a l'autre de son estre et de ses aventures qui li erent avenues.
[211/27] ; *si* fu li uns de l'autre vergondeus:
[219/20] *Si* le tindrent en grant reverence tuit li hoir qui d'Eve et d'Adam descendirent,
[219/23] *Si* i prenoient alegement et li viel et li juene,
[225/33] ; *si* esveilla sa fame et cels qui o lui estoient,
[226/6] *Si* s'en test li contes a tant et ...
[227/5] *Si* estoient li chevel si bel et de reluisant que a peines coneust len le fil d'or des chevex.
[234/8] ; *si* i vindrent tuit li rendu qui ilec entor estoient et ...
[236/15] *Si* en a li bonseurez, li Hauz Sires, en cest païs et en maintes terres, mostré as preudomes et as chevaliers en tel semblance come de cerf et en tel compaignie come de quatre lyons, ...
[239/23] , *si* en oinsist len la dame,
[240/16] *Si* comence par laienz la joie et la feste assez graindre qu'il n'avoient fet devant.
[246/4] *Si* lesse ore li contes a parler d'ax et ...
[251/28] *Si* n'en fet mie li contes del saint Graal mencion, ...
[252/28] *Si* entre Galaad en la forest;
[254/22] ; *si* s'en efforce il molt,

[259/13] *Si* vont tant les noveles as uns et as autres que li rois Pellés en ot parler;
[259/14] ; *si* li dist uns chevaliers: ...
[262/18] *Si* lesse or li contes a parler d'ax toz et ...
[263/27] *Si* i demora Galaad deus jorz.
[263/32] *Si* tindrent cil dou païs ceste chose a grant merveille, ...
[268/18] ; *si* le portoient quatre ange en une trop riche chaiere et ...
[272/5] *Si* fist puis Nostre Sires maint bel miracle por amor de lui, ...
[273/6] *Si* s'achemine Galaad entre lui et ses compaignons et ...
[275/22] *Si* la prist Boorz et Perceval par devant, et Galaad par deriere,
[278/31] *Si* l'en porterent li anglere fessnt grant joie et beneissant Nostre Seignor.
[280/3] *Si* se test a tant li contes, que plus n'en dist des Aventures del Seint Graal.

* tant
[10/12] Ha! Diex, font les dames, *tant* fu de bone hore nez le chevaliers!
[12/28] Ha! Lancelot, *tant* est vostre afere changiez puis ier matin!
[57/10] *Tant* vos poez vos bien soffrir, fet Perceval, que li jorz de demain soit venuz.
[71/21] Et *tant* li dist li hermites bones paroles que Lancelot se repent mout de la vie qu'il a si longuement menee.
[101/3] , *tant* li sont ses paroles douces et plesanz.
[168/10] Mes *tant* conoist il bien que ce est senefiance merveilleuse.
[195/29] Mes *tant* avoient ja cil defors fet que cil dedenz estoient a la fuie,
[217/6] Et *tant* fu celee cele haine que Abel fu un jor alez en

champ auques loign de del manoir son pere,
[254/20] *Tant* a alé Lancelot qu'il vint vers une chambre dont li
huis ert clos et bien serré.

* toutevoies
[93/4] car *toutevoies* a il poor des asauz a l'anemi,
[94/22] Et *toutevoies* recort il sus au serpent et ...
[118/6] Et *toutevoies* dit il: ...
[255/12] mes *toutevoies* s'en refraint il por le deffens qu'il a oï.

[22/19] car *trop* me grevera lor departemenz.
[260/27] *Voirement* me dist voir li preudoms dou tertre, cil qui
dist a moi et a monseignor Gauvain la senefiance de nos songes!

☆C[MOT]:●C c − S − V

[110/14] ou *autrement* je sui perduz!

* certes
[3/28] Et *certes*, fet il, je ne creroie ja mes riens se ce n'zst
Galaad, ...
[4/29] *Certes*, fet messires Gauvains, ce me plest mout.
[5/6] *Certes*, fet li rois, Kex, vos dites voir.
[18/27] *Certes*, fet ele, ce est granz domages.
[20/14] Et *certes*, vos le resemblez si merveilleusement qu'il n'a
ceanz home si nice qui ...
[28/17] car *certes* je ne suiz mie si vaillans ne si preudons que
je le doie pendre a mon col.
[31/14] car *certes* je ne desirrai onques mes autant chose que ...
[32/2] *Certes*, sire, fet li chevaliers, je le vos dirai volentiers,
[47/22] *Certes*, fet cil, ce est la chose que vos mar desirrez;
[52/2] *Certes*, sire, la compaignie de vos deus ne seroit mie cove-
nable.

[60/17] *Certes*, ge ne vos ai chose bailliee qui mielz ne soit employee en vos que en cest mauvés chebalier qui ci gist.
[66/23] *Certes*, sire, fet il, nus consauz ne vos i avroit mestier se vos ne creantez a Dieu que ...
[67/18] *Certes*, fet il, Lancelot, je ne me mervoil mie se ces troi paroles vos ont esté dites.
[74/13] Car *certes* ce poise moi mout;
[74/15] Et *certes* je n'en oï onques mes noveles.
[77/29] *Certes*, fet il, il en avendra encore mainte merveille:
[80/13] Et *certes* ce sera une des plus beles proeces que onques chevaliers feist:
[81/6] *Certes*, fet ele, il ala servir le roi Pellés vostre parent por avoir armes;
[89/4] *Certes* je n'oi onques si grant duel come cist me sera se je pert cel chevalier par defaute de cheval.
[104/12] *Certes* vos paroles me plaisent tant et vostre compaignie que je ja mais ne me queisse de vos partir.
[112/28] *Certes*, je ne la conois mie bien.
[117/30] Car *certes* vos mostrastes bien que vos n'estiez pas preudons ne verais chevaliers.
[119/9] car *certes* vos en estes plus mal bailliz que chevaliers que je sache.
[129/31] *Certes*, fet il, damoisele, je ne sai, fors la ou aventure me conduira.
[161/10] *Certes*, fet li preudons, vos dites voir;
[178/2] car *certes* il fu filz de preudome et de preudefame.
[180/3] *Certes*, fet Boort, il n'est riens que je plus tost ne feisse que monseignor Lancelot ocirre.
[189/10] Car *certes* vos estes li plus felons et li plus desloiax qui onques issist d'ausi preudome come li rois Boorz fu, ...
[190/17] *Certes*, fet li preudons, je voil mielz que tu m'ocies que lui.
[192/6] *Certes*, fet Lyonels, ce ne vos a mestier,
[228/30] *Certes*, sire, il ne sera ja mes jor que je ne merci Nos-

tre Seignor de ce qu'il ...

[230/28] *Certes*, fet Boorz, je ne cuit mie que Nostre Sires les amast de riens, ...
[237/22] car *certes* ele est mauvese et vilaine.
[238/5] que *certes* ce seroit domages,
[238/11] *Certes* nos voldrions mielz morir que soffrir tel desloiauté com vos demandez.
[260/9] car *certes* vos n'estes pas des compaignons de la Queste,

[69/27] *Donc* tu es semblables au fust mort et ...

* dont
[38/9] *Dont* il dist par la bouche David le prophete:
[78/12] *Dont* il avint, le jor de la Pentecoste, que, ...
[78/26] *Dont* il avint qu'il ...
[106/16] *Dont* il covient, se tu n'en veuz morir, que tu faces tel plet a aucun par quoi tu en sois gitez.
[161/2] *Dont* il ne vos aparront ja;
[200/15] *Dont* len puet dire que g'i sui plus venuz par lui que par moi.
[228/8] *Dont* vos porroiz bien veoir que ele n'est pas moie, se g'i fail.
[277/12] *Dont* il li pesa molt;

* ja
[5/23] *Ja* nus ne m'ostera de ci, se cil non a cui costé je doit pendre.
[37/1] car *ja* cist cors qui ci gist ne sera remuez de son leu, si come nos cuidons.
[124/20] ne *ja* nus n'ira contre li qu'ele n'emport toz dis la victoire et l'onor.
[203/27] *Ja* nus ne soit tant hardiz qui dou fuerre me traie, se il ne doit mielz fere que autre et plus hardiement.
[205/29] Ne *ja* nus ne soit si hardiz qui ces renges, qui ci sont,

en ost por rien:
[260/7] ; *ja* nus qui si haut soit montez come vos estes n'i entrera, tant com li Saint Graax i soit.

* neporec
[58/29] et *neporec* il le voit bien et ...
[66/1] Et *neporec* il le diroit volentiers,
[72/3] Et *neporec* il s'adreça la ou il cuidoit que ce fust au mielz qu'il pot.
[92/8] et *neporec* il est bien tant hardiz que il monte sus, ...
[104/33] Et *neporec* ele aproche tant que il set veraiement que ce est nef,
[126/23] Et *neporec* Nostre Sires avoit mis tant de bien en toi qu'il ...
[140/28] Et *neporec* il ne puet venir au desus de cels qui contre lui sont:
[142/11] et *neporec* il le quiert tant qu'il le troeve.
[173/31] et *neporec* il set bien qu'il est eb droite querele et en loial,
[220/13] Et *neporec* toz ses granz sens ne pot durer contre le grant engin sa fame, ...
[233/28] Et *neporec* il parla a chief de piece et ...

* neporquant
[7/14] et *neporquant* la sale ne fu pas ennuble;
[15/15] Et *neporquant* il n'avoit laienz home qui poïst parler ne dire mot de sa bouche:
[56/11] Et *neporquant* il n'a mie tant de pooir qu'il remaigne en sele;
[93/20] Et *neporquant* il n'est mie si seuls qu'il ne voie entor lui bestes sauvages, ors et lyons et liepars et serpenz volanz.
[95/14] Et *neporquant* ce ert contre la costume de la terre:
[121/30] et *neporquant* li uns d'els dist qu'il verroit par tens se ce porroit estre voirs.

資　料　体　　　　　　　　343

[123/8] Et *neporquant* maintes genz ont demoré en teniebres de pechié lonc tens et en obscurté, ...

[127/5] Et *neporquant* tu n'as mie tant meserré que tu ne puisses trover pardon, ...

[146/1] Et *neporquant* il met si s'esperance en Dieu et sa fiance qu'il s'en oste tout del penser,

[168/30] Et *neporquant* je ne menjerai hui mes autre chose que vos veez.

[181/31] Et *neporquant* il n'est pas conseilliez qu'il ne vueille mielz qu'eles ...

[205/12] Et *neporquant* il voient qu'il est vermeuz come fueille de rose,

[207/7] Et *neporquant* il n'avoit mie hardement de terre la.

* onques

[17/28] Car *onques* rois crestiens n'ot autant de bons chevaliers ne de preudomes a sa table come j'ai eu cest jor,

[21/25] *Onques* ma cort n'amenda tant de vos come ele en est ore empoiriee.

[30/1] Car *onques* hom a nostre tens ne le pot pendre a son col a cui il n'en mescheist.

[107/7] ne *onques* cil de qui vos parlez ne vos i porta a mengier,

[188/27] *Onques* mes freres ne fist si grant desloiauté,

[203/8] Car *onques* nus ne me pot empoignier, tant eust la main grant, ne ja ne fera, fors un tot sol;

[257/32] *Tant* je estoie ore plus aeise que je ne seré hui mes!

☆C[SYN]：○C$_{OD}$−V−S

[163/17] Car *autre escu* ne porta il contre l'anemi, ...

[116/11] *Cel chevalier* veistes vos le jor de Pentecoste ou Siege perilleus de la Table Reonde, ...

[41/5] *Cele a senestre* te deffent je que tu n'i entres,
[10/9] car *cele aventure* ne voult onques mes nus hom achever qu'il n'i fust mors ou mehaigniez ainz qu'il l'eust menee a fin.
[213/32] Et *cele virginité* avoit encore Eve a cele hore qu'ele fu gitee de paradis et des granz deliz qui i estoient;
[116/14] *Ceste aventure* veistes vos aucune foiz avenir.
[135/18] *Ceste avision* vit li rois Mordrains en son dormant;
[5/7] *Ceste costume* ai je toz jors tenue et ...

* ceste parole
[52/1] *Ceste parole* oï uns des freres de laienz,
[64/14] *Ceste parole* vos ai je trete por le large don que Nostre Sires vos a doné.
[220/26] *Ceste parole* dist Salemons por le corrouz qu'il avoit de sa fame a qui il ne pooit durer.

[53/13] car *grant estor et grant meslee* lor avoit celui jor Galaad rendu.
[242/32] car *grant franchise* avoit fete la damoisele, qui a la mort s'estoit mise por la garison a une dame d'estrange païs:
[74/30] Et *icele table* establi li Aigniax sanz tache qui fu sacrefiez por nostre redemption.
[203/5] *Itel vertu* avoient les deus costes qui estoient en l'enheudeure de l'espee,
[157/27] *La darreaine parole de vostre songe*, fet il, ne vos dirai je pas,
[47/12] car *le retorner* feroie je molt a enviz.
[181/26] car *sa mort* ne verrions nos en nule maniere.
[122/21] mes *sa parole* oï je bien, qui ...
[122/20] *Son cors* ne poï je veoir,
[206/20] *Tex paroles* disoient les letres qui de cele part estoient.
[164/4] Sire chevaliers, *tot ce* vos ai je dit por ce que vos estes meuz en la Queste dou Saint Graal.
[74/29] et *toutes bones huevres* pot len bien en aux veoir.

* toutes ces choses

[68/28] *Toutes ces choses* te presta Nostre Sires por ce que tu fusses ses chevaliers et ses serjanz.

[127/1] Et *toutes ces choses* t'ai je dites por ce que je sui dolenz que ...

☆C[SYN]+[PROP]: ○C$_{OD}$ − V − S

[128/6] *Cele semblance dont l'evangile parole* poons nos veoir en ceste Queste.

[274/4] *Ceste requeste, que Galaad avoit fete tantes foiz*, oï Perceval;

[79/10] mes *les enseignes par quoi vos le porroiz plus tost trover* vos dirai je bien;

[61/25] Mes *les trois paroles dont il a esté apelez* n'a il pas oubliees ne ...

☆C[SYN]:○C$_{OI}$ − V − S

[149/30] Mes *a Hestor* avint une autre mout dessemblable a cele avision.

[106/9] Mes *a lui* en mesavint il:

☆C[SYN]:○C$_{C}$ − V − S

[6/30] car *a aventure* n'avez vos pas failli devant mengier,

[3/10] car *a biauté* n'avoit il mie failli.

[214/14] et *a bon droit* estoient il dolent,

* a ce

[74/14] car *a ce* repairerons nos tuit.

[221/19] *A ce* pensa il et ...

[48/5] *A cel encontrer* furent toutes lances brisiees,
[95/15] car *a cel tens* estoient si desreez genz et ...
[74/24] *A cele table* sistrent li frere qui estoient une meisme chose en cuer et en ame;
[204/6] et *a celui tens* avoit il guerre mortel entre le roi Lambar, qui fu peres a celui roi que len apele le Roi Mehaignié, et le roi Varlan, qui ot esté sarrazins toz les jorz de sa vie, ...
[266/26] Sire, *a ceste aventure* avons nos failli.
[104/1] Et *a ceste chose* as tu hui mout pensé,
[220/31] *A ceste demande* li respondi une voiz quant il pensoit et ...
[12/9] *A ceste espee trere fors de cest perron* ont hui failli des plus proisiez chevaliers de mon ostel, ...
[17/32] *A ceste parole* ne sot messires Gauvains que respondre,
[61/2] Car *a ceste Queste* ne doit refuser nus preudons ne por mort ne por vie.
[88/27] car *a force* ne l'en menroit il mie se trop grans besoign ne li fesoit fere,
[87/13] *A hore de midi* le mena ses chemins en une valee.
[50/29] *A hore de none* comença li chastiax a emplir de cels qui les noveles savoient que li chastiax ert conquis.
[106/16] et *a issir* t'en covient il o morir.

* a l'endemain
[51/5] Et *a l'endemain* vint la novele laienz que li set frere estoient ocis.
[234/10] *A l'endemain* se partirent de laienz li troi compaignon ...

[118/9] *A l'escouter*, fet li valez, estes vos venuz,

* a tant
[12/4] *A tant* descent la reine dou palés et ...

[15/3] A *tant* descendirent les dames por oïr vespres por la hautesce dou jor.
[24/27] A *tant* se part Lancelot de la reine et ...
[26/21] Mes a *tant* se test ore li contes d'ax toz et ...
[32/32] A *tant* s'en parti li rois et ...
[36/15] A *tant* vet Galaad cele part et ...
[51/14] Mes a *tant* se test ore li contes de lui,
[115/26] Mes a *tant* lesse ore li contes a parler de lui et ...
[128/16] A *tant* se test et resgarde Lancelot, qui ...
[145/5] A *tant* se test la dame et ...
[146/32] Mes a *tant* lesse ore li contes a parler de lui et ...
[161/28] A *tant* se part li uns de l'autre;
[161/33] Mes a *tant* lesse ore li contes a parler d'aux et ...
[195/16] Mes a *tant* lesse ore li contes a parler d'els et ...
[223/33] A *tant* lesse li rois l'espee si come ele estoit;
[244/8] Mes a *tant* se test ore li contes de lui et ...
[260/30] A *tant* s'en ist Hestor fors de la cort et ...
[273/6] A *tant* s'en partent li uns de l'autre.

* aprés ce
[68/26] Et *aprés ce* te dona il boneur si largement que ...
[86/12] mes *aprés ce* ne vivra il pas longuement.

* aprés cele table
[74/32] *Aprés cele table* fu une autre table en semblance et en remembrance de lui.
[76/24] *Aprés cele table* fu la Table Reonde par le conseil Merlin, qui ne fu pas establie sanz grant senefiance.
[171/14] *Aprés ceste avision* l'en avint une autre assez merveilleuse.

* aprés ceste parole
[17/12] *Aprés ceste parole* comença li rois a penser molt durement,

[98/20] *Aprés ceste parole* s'em parti la dame.

[125/1] *Aprés ceste vertu* eus tu en toi charité si hautement herbergiee que ce ert merveille.
[94/4] Et *aprés le serpent* coroit uns lyons criant et braiant et fesant si male qu'il ...
[243/23] *Aprés lui* venoit uns autres chevaliers o un nain qui li crioient de loign:

* au darain/darreain/derreain
[117/3] et *au darain* n'i fera il rien de chose qu'il quiere.
[230/18] mes *au darreain* lor covint il torner les dos.
[239/20] *Au derreain* nos dist uns hons sages que ...

[4/10] Et *au jor de la Pentecouste* doit cist sieges trover son mestre.
[55/27] Et *au matin* se parti messire Gauvains de laienz et ...
[237/13] et *avec aux* venoit une damoisele qui tenoit une escuele d'argent en sa main.
[227/7] Et *avec ce* i avoit il embatues riches pierres precieuses;
[3/14] Sire, fet il, nanil, *avec vos* n'irai je pas.

* cele nuit
[3/6] *Cele nuit* demora laienz Lancelot et ...
[27/27] *Cele nuit* furent servi et aeisié li compaignon de qan que cil de laienz porent avoir;
[40/3] *Cele nuit* fu Galaad serviz au mielz que li frere porent.
[79/32] *Cele nuit* demora laienz Perceval avec s'antain.
[139/23] *Cele nuit* se dormi Lancelot et ...
[166/13] *Cele nuit* jut Boors sus l'erbe vert que li clers coilli delez la chapele.
[170/19] *Cele nuit* fist Boort grant joie et grant feste,
[183/19] *Cele nuit* fu Boorz plus richement serviz et aiesiez qu'il ne vousist,

[225/7] *Cele nuit* jut Salemons en un suen paveillon devant la nef a petit de compaignie.
[240/20] *Cele nuit* furent bien servi li troi compaignon,

* celui jor
[7/3] *Celui jor* servirent laienz quatre roi tuit coroné,
[7/5] *Celui jor* fu assiz li rois a son haut dois ou palés et ...
[70/5] *Celui jor* sermonna li Hauz Sires, li Hauz Mestres, li Hauz Prophetes en la cité de Jherusalem, entre cels en qui toute durtez ert herbergiee.
[262/6] *Celui jor* remest Lancelot laienz molt dolenz et corrociez por amor dou preudome qui mainte honor li avoit fete,

[242/8] *Celui jor meismes* fu la dame garie.
[71/16] Car *ci pres* maint uns miens freres chevaliers, qui ...
[126/20] et *contre humilité* receus tu orgueil, come cil qui ...
[218/16] et *contre le filz de ta mere* bastisoies tu tes traïsons et tes aguez.
[126/19] Car *contre virginité et chasteé* herberjas tu luxure, qui confront l'une et l'autre;
[76/14] car *d'ausi haut lignage* estoient il com il estoit,
[276/26] Mes *d'itant* lor avint il bien, que ...
[246/9] Car *d'une part* ert la forest qui granz estoit et desvoiable;

* de ce
[71/15] *De ce* vos aiderai je bien, fet li preudons, ainz demain au soir.
[79/8] *De ce*, fet ele, vos conseillerai je au mielz que je porrai.
[103/26] et *de ce* est li grans duelx que ele a a toi.
[166/25] Et *de ce* doit il moutes merciz a Nostre Seignor.
[167/8] Car *de ce* ne dout je mie que ce ne soit veraie char et verais hons et enterine deité.
[186/6] *De ce* te menti il,

[205/6] car *de ce* ne dout je mie que ceste espee ne soit assez plus merveilleuse que autre.
[216/21] Et *de ce* avenoit il que Nostre Sires donoit si beles choses a celui qui les beles dismes li rendoit,

* de cel Arbre
[219/4] Et *de cel Arbre* avint une grant merveille,
[219/31] *De cel Arbre* vit len encore une autre merveille avenir.

[135/3] Et *de cel lac* issoient nuef flum dont li uit estoient d'une grandor et d'une parfondece.
[184/12] et *de cel sanc* reçurent vie li poucin,
[202/27] et *de cel serpent* est tele la vertu que ...
[103/2] car *de cele* ne conoistroie je mie la senefiance, se vos ne la me disiez.
[253/6] Ne *de cele part* n'avoient cil de laienz garde,

* de celui
[136/14] *De celui* issi li rois Lancelot tes aieux, qui ...
[136/18] *De celui* issi li rois Bans tes peres, qui ...
[219/8] Ne *de celui* ne pooit nus autres aengier, ...

[135/30] *De celui lac* issirent nuef fluns,
[184/25] Et *de celui sanc* reçurent vie li poucin, cil qui ses oevres avoient fetes:
[73/13] Et *de ces deus virges* sera li chevaliers que vos querez li uns et vos li autres, ...
[135/33] *De ces nuef* sont li set roi et li dui chevalier.
[149/17] *De ces trois* n'estoit li uns ne bien tachiez ne bien sanz tache;
[37/29] Et *de ces trois choses* vos diré je bien la senefiance.
[210/20] *De ces trois colors* estoient li troi fuissel desus le lit;
[150/19] *De cest songe* fu Hestor si a malaise qu'il ...

* de ceste aventure
[9/28] Et *de ceste aventure* devons nos estre molt lié;
[187/10] et *de ceste aventure* savroiz vos verité assez prochainement.

* de ceste/cette chose
[7/15] et *de ceste chose* furent esbahi et li fol et li sage.
[16/4] *De ceste chose* furent molt lié li privé et li estrange,
[191/26] *De cette chose* est il molt a malese;
[225/33] *De ceste chose* fu Salemons mout liez;
[242/11] *De ceste chose* furent molt lié li troi compaignon et tuit cil de laienz.

[200/13] mes *de ceste damoisele* ne me dist il onques riens.
[44/5] *De ceste novele* a Galaad mout grant joie;
[137/32] ne *de chevalerie* nel puet nus hons resembler,
[189/20] car *de combatre a li* ne seroit il conseilliez en nule maniere.
[70/12] mes *de fruit* n'i avoit il point.
[38/30] car *de la tombe* m'avez vos bien fet certain.
[141/19] *De la veue des eulz* est il bien esprovee chose de la venue dou Saint Graal qu'il ne pooit veoir.
[29/27] *De mon nom*, fet il, ne puez tu mie savoir;
[257/9] car *de mort* n'a il encore garde, si com il me semble;
[2/28] Car *de nul plus preudome de vos* ne porroit il, a nostre cuidier, recevoir l'ordre de chevalerie.
[69/8] Car *de pierre* virent bien genz issir aucune douçor es deserz outre la Rouge Mer, ...
[20/27] car *de plus preudome ne de meillor chevalier* ne poïssiez vos estre engendrez.
[71/1] Mes *de sivre chevalerie et de fere d'armes* ne me porroie je tenir tant come ...

* de tant

[16/16] Mes *de tant* sont il engignié qu'il nel porent ceoir apertement,

[211/27] : *de tant* se sentirent il ja de lor meffet.

[102/3] car *de tel aage ne de tel semblant* n'est ele pas.
[202/30] *De tel maniere et de tel force* estoit la coste premiere.
[165/29] Sire, *de tel viande* doivent li chevalier celestiel pestre lor cors, non pas de grosses viandes qui l'ome meinent a luxure et a pechié mortel.
[69/18] mes *de toi* n'en issi onques nule, ...
[80/15] car *de toz çax de la Table Reonde* n'i a il un sol qui ...
[118/10] car *de vos* n'istra ja mes nul autre preu.
[200/17] et *de vos deus*, compaignons, ne cuidasse je ja mes oïr parler en si estrange leu com cist est.
[77/3] *De vos meismes* avez vos ce veu avenir.
[11/18] Sire, fet li rois, *de vostre venue* avions nos molt grant mestier por moltes choses, et ...
[265/16] Et *dedenz celui terme* orent il si achevees les aventures dou roiaume de Logres, ...
[141/21] *Del pooir del cors* a il bien esté esprové,
[270/11] Mes *del remanant* ont il eu ausi come serjant ont:
[32/22] et *del resuscitement* li dist il la verité,
[126/2] *Des lors* te toli li anemis la veue.
[225/15] ne *des lors en avant* ne savoit Salempns que il devenoit,
[178/14] Car *des or mes* n'ai ge a penser fors de m'ame, ...
[213/14] *Des ore* repere li contes au rainsel qui ert remés en terre,
[138/29] *Des pechiez mortiex* porte li peres son fes et ...

* des trois sanz tache

[149/26] *Des trois sanz tache* revenoit li uns et ...
[157/20] *Des trois sanz tache* revendra li uns et ...

[238/3] Et *devant ax* vient uns vielx hons qui dist as compaignons: ...

[209/28] car *devant ce* ne paroit il point de l'alemele.

[217/8] et *devant cel Arbre* estoient ses berbiz qu'il gardoit.

[142/25] et *devant l'autel* estoit uns chapelains a genolz et ...

[248/6] et *devant l'uis* se seoit uns hons vielz et chanuz.

[255/19] Et *devant le Saint Vessel* seoit un vielx hons vestuz come prestres,

[98/27] car *dou cors* ne li chaut il mes tant come il seut, ...

[125/7] *Einsi garniz de toutes bontés et de toutes vertuz terriennes* entras tu ou haut ordre de chevalerie.

[268/1] Et *en ce lit* gisoit uns preudons deshaitiez par semblant,

* en cel penser

[17/13] et *en cel penser* li vienent les lermes as eulz, ...

[22/1] et *en cel penser* li comencent les lermes a coler tot contreval la face.

[76/1] Et *en cel siege* l'avoit Nostre Sires asis;

[251/22] *En cele nef* demora Lancelot et Galaad bien demi an et plus, en tel maniere qu'il ...

[136/3] ; *en celui* se herberja Nostre Sires si merveilleusement que len ne savoit en son tens nul plus preudome.

[200/16] Car *en ceste voie* ne fui je onques mes,

[147/8] car *en la Queste del Saint Graal* cuidoit il que les aventures forz et merveilleuses fussent plus tost trovees que en autre leu.

[77/33] *En peril* se metroit il,

[91/16] *En tel duel et en tel ire* demore ilec Perceval tout le jor, ...

[21/10] *En tel duel et en tel martire* furent toute la nuit li haut baron de laienz et cil del reaume de Logres.

* en tel maniere
[30/17] *En tel maniere* se partirent il de la place ou li rois ot esté navrez,
[48/22] *En tel maniere* dura la bataille jusques a midi.
[167/5] et *en tel maniere* nel veisse je pas,
[209/1] *En tel maniere* svint ceste parole come je vos ai devisee, qui ci est escrite: ...
[235/13] *En tel maniere* entra li filz Dieu en la beneoite Virge Marie, ...
[238/23] *En tel maniere* dura la bataille jusqu'aprés none, ...
[257/28] *En tel maniere* jut Lancelot vint et quatre jorz, ...

[136/29] et *en toz ces set* a Nostre Sires lavees ses mains et ses piez.
[265/15] *En toz les cinc anz* li tint Perceval compaignie en quel leu qu'il alast.
[76/24] et *es circonstances dou firmament* voit len les estoiles et mainte autre chose;

* grant piece
[58/26] *Grant piece* se complaint einsi li chevaliers et ...
[275/5] *Grant piece* demorerent li compaignon en mer, ...

[222/23] *L'endemain* manda Salemons toz les charpentiers de sa terre,
[78/28] Et *le jor meismes* fu emprise la Queste dou Saint Graal, qui ...
[53/25] *Le soir* demanda li preudons a monseignor Gauvain dont il estoit.
[267/20] Et *o ces trois* remestrent li troi compaignon, por veoir quel demostrance Nostre Sires lor voldroit fere.
[247/16] Et *ou mileu dou lit* gisoit une pucele morte, dont il paroit fors le visage descovert.
[5/19] et *ou perron* avoit une espee fichee, qui molt estoit et bele et riche par semblant;

[217/27] car *par Abel* fu il senefiez et ...
[217/28] et *par Caym* fu senefiez Judas par qui il reçut mort.

＊ par ce
[39/8] Et *par ce* firent il tel oevre dont Vaspasiens les deserita et destruist, si tost come ...
[53/18] et *par ce* perdirent il Galaad.
[147/5] et *par ce* lor ennuia plus la Queste.
[275/2] Et *par ce* puet len veoir tot apertement que ...

[45/10] Et *par cele a destre* devez vos entendre la voie Jhesucrist, la voie de pitié, ou ...
[45/13] Et *par cele a senestre* devez vos entendre la voie as pecheors, ou ...
[68/8] Et *par cele entencion* est li pechierres apelez pierre, por la grant durté que Nostre Sires troeve en lui.
[10/14] Et *par ceste aventure* puet len bien conoistre que ...
[228/4] Car *par ceste espee* cuident il bien que ...
[232/33] Et *par ceste parole* poez vos bien savoir que Nostre Sires ne se corrocera pas de ce que vos avez fet,
[68/3] Et *par eve* ne puet il estre amoloiez,
[67/33] *Par feu* ne puet il estre amoloiez,
[264/24] car *par la bone vie de vos* poez vos retrere les ames de la peine terrienne,
[162/28] : *par la confession* en oste len l'anemi.
[18/8] car *par la proesce des compaignons de la Table Reonde* estoit li ostex le roi Artus redoutez sor toz autres.
[55/1] *Par le Chastel as Puceles* doiz tu entendre enfer et ...
[84/16] car *par le conseil Josephe* avoit il recovree sa terre que Tholomers li voloit tolir,
[160/10] *Par le frain* doiz tu entendre abstinence.
[156/3] *Par le pré* devons nos entendre humilité et patience, qui toz jorz sont vives et en lor force.
[155/33] *Par le rastelier* devons nos entendre la Table Reonde:

[184/32] *Par le roi Amant* doiz tu entendre Jhasucrist, qui est li rois ou monde qui plus ama,

[55/3] et *par les set chevaliers* doiz tu entendre les set pechiez principaus qui lors regnoient ou monde, ...

[156/13] *Par les toriaux* doiz tu entendre les compaignons de la Table Reonde, qui ...

[185/8] car *par li* entendons nos Sainte Eglyse, qui ...

[138/2] et *par lui* devons nos entendre le nueme flun que ...

[147/18] car *por aler par estranges terres et en loingtains païs et por chevauchier de jorz et de nuiz* ne remest il pas.

[99/26] car *por autre chose* ne m'esmui je de la cort monseignor le roi.

* por ce/ceu

[5/31] Et *por ce* m'en tendrai je et ...

[9/14] Et *por ce* li fet il le greignor honor que il puet,

[11/23] Car *por ce* vos a Diex envoié entre nos, ...

[17/10] et *por ce* me sera mult griez lor departie;

[29/29] et *por ce* t'en covient il sofrir a tant.

[31/4] Et *por ce* le vos a il par moi envoié.

[34/27] Et *por ce* ne soit nus tant hardiz qui a son col le pende se cil non a qui Diex l'a destiné.

[35/25] et *por ce* li otroie il.

[45/25] et *por ce* chaïs tu en pechié mortel.

[47/9] Et *por ce* vos loeroie je bien, sire chevaliers, que vos retornissiez;

[55/21] Et *por ce* te loeroie je en droit conseil que tu preisses penitance de ce que tu as meffet.

[57/3] Et *por ce* m'est il avis que mielz nos vendroit retorner au chemin.

[64/7] Et *por ce* ne puet il eschaufer de l'amor Nostre Seignor ne embraser cels a qui il anonce la sainte parole.

[67/15] Et *por ce* vos pri je que vos m'en façoiz certain:

[67/21] et *por ce* n'est il mie merveille se len vos dit plus merveilleuses paroles qu'a autres.

[69/6] et *por ce* puez tu bien veoir que tu es plus durs que pierre, et plus pechierres que nus autres pedhierres.

[71/25] Et *por ce* se repent il qu'il ot onques fole amor ver la reine,

[76/2] et *por ce* n'i avoit il si hardi qui s'i osast asepor.

[76/15] et *por ce* ne se tendroient il plus a si deciple ne ...

[80/10] Et *por ce* vos pri je que vos gardez vostre cors si net come Nostre Sires vos mist en chevalerie, ...

[83/18] et *por ce* vos pri je que vos le me disoiz.

[87/9] et *por ce* l'en covient il partir.

[93/33] Et *por ce* s'adresce il cele part einsint armez come il estoit.

[99/7] et *por ce* se drece il en estant et ...

[100/21] Et *por ce* me merveil je de ce que vos me dites.

[114/5] et *por ce* le te fist ele apareillier.

[119/23] et *por ce* sai je bien que li anemis li a fet cest asaut par quoi il est morz.

[138/32] *Por ce* ne doiz tu pas avoir esperance en ton fil, mes solement en Dieu,

[139/21] Et *por ce* ne li grieve riens qu'il face.

[142/7] mes *por ce* ne s'esveilloit il pas,

[148/2] Et *por ce* sui je molt a malese de lui,

[151/6] et *por ce* ne poez vos avenir as aventures dou Saint Graal.

[152/32] Et *por ce* vos pri je que vos façoiz ce que je vos requerrai.

[156/8] Et *por ce* dit on qu'ele fu fondee en humilité et en pecience.

[159/7] Et *por ce* doit ele par droit estre apelee fontaine.

[160/26] et *por ce* ne poez vos avenir as aventures dou Saint Graal.

[165/9] ; *por ce* m'est il avis qu'il ne vet pas as peres ne as meres qu'il soit bons ou mauvés, mes au cuer de l'ome.

[179/22] Et *por ce* porra len bien dire que tu es homicides de l'une et de l'autre, ...

[185/24] Et *por ce* vos vint ele veoir en semblance de fame triste et corrouciee, qu'il vos en preist greignor pitié.
[190/17] et *por ce* ne sera il mie cuites.
[190/19] et *por ce* voil je mielz morir que il muire.
[212/6] et *por ce* apela il Adam premierement.
[218/18] Et *por ce* as tu cuidié que je fusse semblables a toi, ...
[221/32] Et *por ce* sai je bien que vos avez pensé a chose dont vos ne poez a chief venir.
[221/33] Et *por ce* voldroie je volentiers savoir que ce est.
[222/8] Et *por ce* li vint il en talent que il li diroit son penser:
[229/28] et *por ce* vos loeroie je en droit conseil que ...
[230/32] et *por ce* nos envoia il ça por aux destruire.
[231/3] Et *por ce* vos di je que ...
[238/6] Et *por ce* vos voldrions nos proier que vos nos rendissiez ce que nos vos demandons.
[240/9] Et *por ce* vos di je que je ferai a lor volenté;
[241/29] et *por ce* le vos mande il par moi, que vos le façoiz einsi.
[245/30] et *por ce* me grieve cist departemenz molt plus que vos ne cuidiez.
[257/4] et *por ce* lo je qu'il soit gardez bien et richement tant que ...
[271/3] et *por ce* t'en covient il de ci aler et fere compaignie a cest saint Vessel, qui ...
[271/11] Et *por ce* voil ge que tu t'en ailles le matin jusqu'a la mer,
[272/31] et *por ce* nos en covient il a departir sanz duel fere.
[273/1] Et *por ce* vos comant je a Dieu,
[14/28] Et *por ceu* n'estoit ce pas merveille se il estoit de grant chevalerie garniz:

[39/18] Et *por cele parole* furent il honi et ...
[188/28] et *por celui meffet* ne vos aseur je fors de la mort:

* por ceste chose
[54/16] Et *por ceste chose* vos fist len chevalier,
[261/8] Et *por ceste chose* se repent molt li rois de ce qu'il li avoit dit;

[259/5] *Por ceste parole* n'en vout Lancelot riens lessier,
[210/1] Et *por icele venjance* dist len que ele li fu felonnesse qui li deust estre debonere:
[231/30] Et *por lor grant desloiauté* avoient il cels de cest chastel si atornez qu'il ...
[185/7] *Por lui* fu ce bien quant vos por la dame l'empreistes:
[192/17] car *por plus preudome sauver* ne porroie je mort soffrir.
[192/14] car *por si pou de chose* ne morut onques mes nus si preudons.
[27/32] Et *pres de lui* jut li rois Baudemagus et ses compainz.
[259/25] *Quatre jorz* demora laienz Lancelot, ...
[226/26] car *sanz ce* ne doit nus ceste espee remuer de ceenz.
[155/29] car *sanz grant senefiance* ne lor ert ce mie avenu en dormant.
[18/27] Car *sanz la mort de maint preudome* ne sera pas a fin menee ceste Queste, ...
[123/27] *Solement en volenté* ne l'avoies tu pas enfrainte;
[101/31] *Sor ceste piere* edefierai je m'eglise.
[80/20] Mes *sor toutes choses* li pria ele que il gardast sa char si netement come il le devoit fere,
[256/32] *Tot celui jor* furent devant Lancelot cil de laienz, et le tierz jor et le quart.

* tot/tout le jor
[51/4] *Tot le jor* demora laienz Galaad,
[80/19] *Tout le jor* demora laienz Perceval et ...
[95/23] *Tout le jor* fu Perceval en la roche et ...
[243/14] *Tout le jor* dura cele tempeste, ...

[66/33] *Tout ausi* seroit perdue en vos la peine nostre, ...

[65/19] *Tout en tel maniere* a Nostre Sires estendu ses braz por recevoir chascun pecheor,

[123/25] Car *tout premierement* avoies tu virginité herbergiee en toi si naturelment qu'onques ...

[247/13] *Toute la nuit* dormi Lancelot si aeise qu'il ne li fu pas avis qu'il fust tiex com il souloit, mes changiez.

* toutes voies

[5/32] *Toutes voies*, fet li rois, i essaierez vos se vos la porriez oster.

[6/12] *Toutes voies*, fet li rois, i essaierez vos por ce que je le voil, ne mie por l'espee avoir.

[28/7] *Toutes voies*, fet il, voil je savoir ou il est et de quel façon.

[77/17] et *toz dis* foloieront li compaignon de la Table Reonde a quierre le Saint Graal, jusqu'a tant que ...

[214/25] et *toz jorz* retenoit il la color de celui.

[245/20] et *trop longuement* l'avoient soffert cil dou païs,

[279/17] *Un an et trois jorz* vesqui Perceval en l'ermitage,

☆C[SYN]+[PROP]: ○Cc −V−S

[52/5] Sire, fet mesires Gauvains, *a ce que vos me dites* me semble il que vos me connoissiez bien.

[32/12] Et *a cel tens que Joseph vint a Sarraz* avoit Ewalach guerre a un sien voisin, riche roi et puissant, qui marchissoit a sa terre;

[214/1] et *a cele hore qu'ele planta le raim* n'avoit ele pas encore virginité perdue.

[253/10] *A cele hore que la nef ariva cele part* luisoit la lune si cler que assez en poïst len veoir loign et pres.

資料体

[206/16] Et *a celui a qui je devroie estre plus debonere* serai je plus felonesse.

[12/9] *A ceste espee trere fors de cest perron* ont hui failli des proisiez chevaliers de mon ostel, qui onques ne l'em porent trere.

[4/1] mes *a parole que il deissent de ceste chose* ne respondi il onques a cele foiz.

[124/16] *Aprés ces deus vertuz que je t'ai devisees* avoies tu en toi soffrance.

[124/1] *Aprés ceste vertu, qui tant est haute,* avoies tu humilité.

[208/29] et *au chaoir qu'il fist* dist il: ...

[269/16] Et *au lever que il fist* descendi de vers le ciel une figure en semblance d'enfant,

[148/18] Sire, fet Hestor, *ceste part dont je vieng* ne troverons nos riens, ne cele part dont vos venez.

[19/33] mes *de ce qu'il fust filz Lancelot* n'i ot il onques parlé.

[61/11] mes *de ce qu'il plus voudroit veoir* ne voit il riens, ...

[113/25] Et *de ce que ele te dist que ele guerreoit nuit et jor* dist ele voir,

[69/32] *De cel figuier dont il parole ci* fet mencion l'Evangile la ou il parole dou jor de la Pasque florie, ...

[255/4] Et *de cele grant clarté qui de laienz issoit* fu toute la meson si clere come se tuit li cierge del monde i fussent espris.

[218/11] Et *de cele traïson que Cayns fist vers Abel son frere* parole Nostre Sires ou sautier par la bouche David le roi, qui ...

[220/4] mes *de cels arbres qui de celui de Vie estoient descendu* ne pot len veoir nul signe qu'il ...

[101/19] Perceval, fet il, *de ces deus dames, que vos veistes montees si diversment que l'une estoit montee sor un lyon et l'autre sor un serpent,* est la senefiance merveilleuse,

[232/7] *De cest chastel ou nos sommes orendroit* estoit sires li quens Hernolx or a un an.

[155/11] Sire, *de chose que je sache ne ne puisse* ne vos faudrai je ja.

[21/29] car *de tote l'amor dont home porroit amer autre* vos ai je amez, et ...

[66/29] Mes *en cel point ou vos estes ore* ne vos porroit avoir mestier consauz.

[100/18] car *en ceste roche ou je sui* ne me savoit nus fors Diex et moi.

[119/21] Car *en tele robe come vos le veez* ne puet nus tiex hons morir, qui n'ait religion enfrainte;

[227/13] car *le jor de Pentecoste que vos fustes chevaliers*, sire, dit ele a Galaad, avoie je le plus bel chief que fame dou monde eust.

[264/24] Et *o la peine que j'ai sofferte* fusse je perduz et dampnez.

[223/2] *Ou temple que vos avez fet en l'onor vostre Seignor* est l'espee le roi David vostre pere, ...

[102/31] Et *par ce que je t'ai mostré* puez tu assez savoir qui l'autre puet estre.

[31/31] Sire, *par cest escu que je port* sont maintes aventures merveilleuses avenues en cest païs, si com j'ai oï dire.

[161/7] Sire, fet messires Gauvains, *par ceste reson que vos me dites* m'est il avis que ...

[226/3] Et *par ceste raison que li livres vos a devisee* vos dit li contes par quel raison la nef fu fete, et ...

[122/7] Et *par cestui miracle que Cil qu'il avoit tant servi a fet por lui*, puez tu veoir apertement qu'il n'est opas periz, mes sauvez.

[185/10] *Par l'autre dame, qui deseritee en avoit esté et qui la guerreoit*, entendons nos la Vielle Loi, li anemis qui toz dis guerroie Sainte Eglyse et les suens.

[103/23] Car *par la croiz que tu feis sor toi*, qu'il ne pot soustenir en nule maniere, ot il si grant poor que il cuida bien estre morz:

[160/6] *Par la main que tu veiz* doiz tu entendre charité, ...

[67/30] Et *par la pierre ou len troeve durté* puet len entendre le pecheor, qui ...

[2/33] Et *par la simplece qu'il i voit* i espoire il tant de bien qu'il li plest molt qu'il le face chevalier.

[185/30] *Par le blanc oisel qui avoit semblance de cisne* doit len entendre l'anemi,

[160/14] *Par le cierge que ele portoit* doiz tu entendre la verité de l'Evangile:

[185/27] *Par le noir oisel qui vos vint veoir* doit len entendre Sainte Eglyse, qui ...

[74/28] *Par les freres qui a cele table sistrent* fu pes et concorde et patience,

[128/7] Car *par les noces qu'il fist crier* poons nos entendre la table dou Saint Graal, ...

[86/10] Et *par les signes que nos en avons ja veuz* pensons nos bien que ...

[137/8] car *por amor qu'il eussent a toi* ne voloient il prier Nostre Seignor fors de ce qu'il devoient, ...

[214/21] et *por la grant joie qu'il en orent* en planterent il mout d'autres qui tuit descendirent de celui.

[12/13] Et *por la grant seurté que je avoie de ceste espee avoir* n'en aportai je point a cort, si com vos poïstes veoir.

[29/17] Et *por le pechié que vos i avez* m'envoia ça Nostre Sires, por prendre en la venjance selonc le meffet.

[78/1] et *por les perils qui en avendront* avra il a nom li Sieges Perilleux.

[40/15] car *por peine qu'il li coviegne a soffrir* ne remaindra il mie.

[15/33] Mes *sor toz çax qui laienz estoient* en fu li rois Artus joianz et liez, de ce que ...

C [SYN]: ●Cc − S − V

✻ a non Dieu

[151/11] *A non Dieu*, fet messire Gauvains, nos avons anuit tant veu en dormant et en veillant que li mielz que je i sache a nostre oes, ...

[164/22] *A non Dieu*, fet li preudons, vos me requerez grant chose.

[203/15] *A non Dieu*, fet Perceval, j'essaieré se je ceste espee porroie empoignier.

[3/5] *De par Dieu*, fet il, il sera einsi com vos le voulez.

[40/17] Sire, *Dieu merci et la vostre*, vos m'avez fet chevalier,

✻ en nom/non Deu/Dieu

[4/12] *En nom Dieu*, fet Lancelot, qui a droit voldroit conter le terme de cest chief des le resuscitement Nostre Seignor jusq'a ore, il troveroit, ce m'est avis, par droit conte que au jor d'ui doit estre cist sieges aempliz;

[206/21] *En non Deu*, fet Perceval a Galaad, ge vos voloie dire que vos preissiez ceste espee.

[27/20] *En non Dieu*, fet Galaad, vos me contez merveilles se cist escuz est tiex come vos me dites.

[257/1] *En non Dieu*, fet uns vielz hons qui laienz estoit et qui assez savoit de fisique, je vos di veraiement qu'il n'est mie morz,

[188/13] ou *par aventure* ses freres meismes i sera, s'il est pres d'iluec et il ait santé.

✻ par Dieu

[7/16] *Par Dieu*, bel seignor, nos avons hui veues merveilles et ci et a la rive.

[80/25] *Par Dieu*, fait ele, ce fu par poor de mort que je m'en afoï ça.

[81/12] *Par Dieu*, fet ele, je voldroie molt qu'il vos eust trové,
[119/26] *Par Dieu*, fet Lancelot, cist domages me semble trop granz,

* par foi
[3/31] *Par foi*, fet Lyoniaus, je croi bien que ce soit il,
[8/3] *Par foi*, fet li preudons, vos en verrez par tenz bel comencement.
[10/3] *Par foi*, dame, fet il, uns chevaliers est a cort venuz qui a acomplie l'aventure dou Siege Perilleus,
[12/30] *Par foi*, fet ele, je le vos dirai voiant toz çax de ceste place.
[22/16] *Par foi*, fet li rois, je sai bien que vos dites voir.
[27/12] *Par foi*, sire, font il, nos i venismes por veoir une aventure qui i est trop merveilleuse,
[74/10] *Par foi*, fet ele, vostre mere fu si dolente de vostre departement que le jor meismes, ...
[83/10] *Par foi*, fet il, je vos dirai que ce est.
[89/6] *Par foi*, fet cil, je n'en ferai autre chose.
[100/12] *Par foi*, fet li preudons, je i vign por vos veoir et reconforter, ...
[105/28] *Par foi*, fait ele, ge vieng de la Forest Gaste, ou ...
[114/26] *Par foi*, fet li preudons, tu dis voir.
[148/15] *Par foi*, fet messires Gauvain, vos dites bien et ...
[181/19] *Par foi*, fet il, je nel verrai ja.
[203/32] *Par foi*, je voloie trere ceste espee;
[259/16] *Par foi* cil chevaliers qui tant a ceenz jeu come morz est orendroit levez sainz et haitiez;

* par mon chief
[183/10] mes *par mon chief* je ne cuidaisse mie que chevaliers de vostre aage fust ai forz en la grace Nostre Seignor come vos estes.
[197/6] Et *par mon chief*, ce est cele espee dont cist chevaliers m'a orendroit feru.

[237/4] *Par sainte Crois,* vos ne m'eschaperoiz devant que ...
[23/11] Sire, fet li roi Baudemagus, *salve vostre grace,* il nel fera mie premiers,

* sanz faille
[73/18] car *sanz faille* il est mout mieldres chevaliers que vos n' estes, ne que hons que len conoisse.
[143/13] car *sanz faille* quan que vos veistes ne fu fors autresi come senefiance de Jhesucrist.
[164/10] car *sanz faille* il m'est avis que ...
[182/5] et *sanz faille* il en i avoit plusors.
[197/19] car *sanz faille* il estoit l'ome dou monde qui plus ert amez d'estrange gent.
[200/28] et *sanz faille* ce ert uns regort de mer.

☆C [SYN]+[PROP]: ●Cc − S − V

[29/11] Et *au chaoir qu'il fist,* li chevaliers li oste l'escu dou col,

☆C [PROP]: ○Cc − V − S

* ainçois/ainz/ançois que PROP
[98/15] ; *ançois que vos receussiez l'omage de vostre seignor* estiez vos a moi.
[249/14] Mes *ançois qu'il se partist de la roche* comença il a huchier: ...

* aprés ce que PROP
[83/14] Et *aprés ce que la messe fu chantee* li dona li prestres a user *Corpus Domini.*

✶ des lors que PROP
[62/4] car *des lors que je fui primes chevaliers* ne fu il hore que je ne fusse coverz de teniebres de pechié mortel,

✶ en ce que PROP
[52/12] *En ce qu'il parloient einsi* entra laienz uns chevaliers armez de toutes armes,
[67/27] *En ce que len vos apela plus durs que pierre* puet len une merveille entendre.
[76/25] Car *en ce qu'ele est apelee Table Reonde* est entendue la reondece del monde et la circonstance des planetes et des elemenz el firmament;
[114/7] *En ce qu'ele te dist que tu te seisses et reposasses* entent ele que tu soies oiseus et norrisses ton cors des terrianes viandes et des gloutonnies.
[137/3] *En ce qu'il disoient: "Peres, vien nos visiter"* t'acoilloient il en lor compaignie et ...
[169/3] *En ce qu'il parloient einsi* entra laienz uns vaslez qui dist a la dame: ...
[192/26] *En ce qu'il disoit ceste parole* le fiert Lyonel si durement qu'il le rue mort a terre,
[196/14] *En ce qu'il parloient einsi* vint Galaad apoignant vers Gauvain einsi come aventure le portoit.
[197/16] *En ce qu'il parloient einsi*, assemblerent ilec li chevalier dou chastel.
[212/31] Car *en ce que ele le portoit en sa main* senefioit il une grant leesce, ...
[229/19] *En ce qu'il parloient einsi* lor vint uns vaslez a l'encontre, qui ...
[231/7] *En ce qu'il parloient einsi* issi uns preudons d'une des chambres de laienz, qui estoit prestres et fu vestuz de robe blanche,
[241/9] *En ce qu'ele disoit ceste parole* s'esvanoï ses cuers por le sanc que ele avoit perdu, ...

[249/11] *En ce qu'il parloient einsi* se feri li venz en la nef et ...

[252/16] *En ce que Galaad fu issuz de la nef et montez el cheval*, vint une voiz entr'ax qui lor dist: ...

* la ou PROP

[62/16] Car *la ou il cuidoit joie trover et toutes honors terrianes* a il failli,

[142/18] Car *la ou il est ore* vint il ersoir de tele hore que bien poïst estre venuz jusque ça tout de jorz et ...

[213/9] Car *la ou la fame le portoit* senefioit il que par fame estoit vie perdue et par fame seroit restoree.

[279/13] *La ou il avoit esté morz* fu fete sa fosse;

* maintenant que PROP

[15/22] et *maintenant qu'il i fu entrez* fu li palés raempliz de si bones odors come se totes les espices terriennes i fussent espandues.

* par ce que PROP

[10/23] Car *par ce que ele a oï parler de la semblance* pense ele bien que ce soit Galaad, ...

[106/11] et *par ce qu'il s'en retorna* fu il gariz.

[135/25] Et *par ce qu'il en fu ausi grans maistres en science et en engin* vint il devant toi avironez d'estoiles.

[137/6] *Par ce qu'il disoient: "Rent a chascun selonc ce qu'il avra deservi"* doiz tu entendre qu'il n'ot onques en els se droiture non:

* por ce que PROP

[13/21] Et *por ce que je sai bien que je ne vos verrai ja mes toz einsint ensemble come vos estes orendroit*, vueil je que en la prairie de Camaalot soit orendroit comenciez uns tornoiemens si envoisiez que ...

[20/5] Et por ce qu'ele le velt oïr et savoir de sa bouche s'il onques puet estre, li demande ele la verité de son pere.
[24/3] et por ce que len ne s'en aperceust com faitement ele estoit corrociee, entra ele en sa chambre et ...
[42/32] et por ce que il venoit si grant oirre failli il a lui encontrer.
[45/15] Et por ce que ele n'estoit mie si seure come l'autre, deffendoit li bries que nus ne s'i meist, se il n'estoit plus preudons que autres, ...
[46/7] Et por ce que tu eusses prochain secors t'envois il Galaad, cest saint chevalier, as deus chevaliers qui senefioient les deus pechiez qui en toi estoient herbergié,
[64/30] et por ce qu'il me fu si larges de prest et je li ai si mal rendu ce qu'il m'ot baillié, sai je bien que je en serai jugiez come li mauvés serjanz qui le besant repost en terre.
[98/6] Mes por ce que li lyons est de plus gentil nature que li serpenz et de plus haut afere, et por ce que je vi que li lyons estoit meins mesfesanz que li serpenz, corui je sus au serpent et ...
[98/16] Et por ce que vos fustes ainz miens que autrui ne vos claim je pas quite;
[108/9] Et por ce que je vos sai a bon chevalier et a preudome sui je ça venue, que vos m'en aidiez.
[114/4] et por ce que pechiez i abite toz dis ne volt ele mie que tu fusses herbergiez fors ou paveillon:
[137/33] Et por ce qu'il est si haut alez que nus n'i porroit avenir, devons nos dire que Nostre Sires li a doné eles a voler par desuz toz les autres;
[140/2] Mes por ce qu'il a mise del tout s'entente en Jhesucrist, cuide uk encor venir a cel leu dont il estoit gitez et ...
[143/21] Et por ce que l'en poïst conoistre les uns des autres fist Elyezer les suens covrir de covertures blanches.
[156/5] Et por ce que humilité ne puet estre vaincue ne patience, i fu la Table Reonde fondee, ...

[218/30] Et *por ce que tu as ce fet* seras tu maleoiz sus terre;
[236/8] Et *por ce que en la beneoite Virge n'ot onques point de pechié terrien,* aparoit il en guise de cerf blanc sanz tache.
[270/31] Et *por ce que ele a si servi a gré toutes genz* doit ele estre apelee le Saint Graal.
[271/10] Et *por ce qu'il li ont si malement guerredoné les desvestge de l'anor que je lor avoie fete.*
[271/13] Et *por ce que tu n'ailles sels,* voil ge que tu meines o toi Perceval et Boorz.
[274/21] Et *por ce que je quit que g'en serai encor en autresi bon point ou en meillor que je ne fui alors de veoir celle grant joie,* faz ge ceste requeste que vos avez oïe.

* puis que PROP
[77/4] Car *puis que vos partistes de vostre mere et len vos ot fet compaignon de la Table Reonde,* n'eustes vos talent de revenir ça.

* se PROP
[231/25] Et *se vos viviez autant com li mondes durra,* ne cuit je mie que vos peussiez fere ausi bone aumosne come ceste est.

* si tost come
[45/31] Et *si tost com tu la preis* chaïs tu en deus pechiez mortels,
[268/13] *Si tost com ceste parole fu dite* s'en ala fors li rois Pellés et Elyezer son filz et la pucele.
[104/4] Mes *si tost come tu eus receu le seel Jhesucrist, ce est le saint cresme et la sainte uncion,* eus tu renoié l'anemi et ...
[219/5] car *si tost come Abel ot mort receue soz l'Arbre,* perdi il la color vert et ...
[242/8] Car *si tost come ele fu lavee dou sanc a la sainte pucele,* fu ele netoiee et garie de la meselerie,

tant come PROP
[143/7] Lancelot, Lancelot, *tant come vos fustes chevaliers des*

chevaleries terrianes fustes vos li plus merveillex hons dou monde et li plus aventureus.

[237/23] car *tant come je aie santé et ele me croie*, ne vos rendra ele ce que vos demandez.

* (tout) einsi come PROP
[15/25] et *tout einsi come il trespassoit par devant les tables*, estoient eles maintenant raemplies endroit chascun siege de tel viande come chascuns desirroit.

[137/13] Et *einsi come il t'avint en avision* t'est il pieça avenu:

☆C[PROP]: ●C c − S − V

* des que PROP
[89/17] Biax amis, *des que tu ne me velz oster dou grant duel dont je ne puis eschaper sanz mort*, je te pri que tu pregnes m'espee et ...

* en ce que PROP
[110/5] Et *en ce qu'il la vouloit apuier a son lit*, il vit ou pont une croiz vermeille qui entailliee i estoit.
[175/13] *En ce qu'il le voloit aler rescorre*, Boort resgarde d'autre part et ...
[202/5] *En ce que ele disoit ce*, Galaad, qui estoit devant, hauce sa main et ...
[276/1] *En ce que Galaad ot dite ceste parole*, cil essaie s'il se porroit lever;

* endementres que PROP
[112/5] *Endementres qu'il parloit en tel maniere*, il resgarde loign en la mer vers orient et ...

* meintenant que PROP

[82/31] Et *maintenant qu'il l'ot receu,* il osta sa corone de sa teste et ...

[134/22] Et *maintenant qu'il fu reperiez a sa cité,* il reçut baptesme de la main Josephes le filz Joseph.

* puis que PROP

[20/18] Dame, fet il, *puis que vos li conoissiez si certainement,* vos le me poez dire.

[22/33] Sire, fet li rois Baudemagus, *puis que cist aferes est empris si fierement qu'il ne puet estre lessiez,* je loeroie que li saint fussent aporté.

[25/21] Mes *puis que je voi que a faire le covient,* je m'en retornerai.

[29/31] Sire, fet li vaslez, *puis que vos costre non ne me diroiz,* je vos pri et conjur par la riens el monde que vos plus amez que vos me dioiz la verité de cest escu, ...

[67/22] Et *puis que len vos apela plus durs que pierre* puet len une merveille entendre.

[100/1] Car *puis que vos en si haut degré estes montez,* vostre cuers ne se doit abessier por poor ne por peril terrien.

[125/23] Et *puis, fist il, que tuit cil en ont esté deceu et honi,* il ne me semble mie que cist enfes i deust avoir duree.

[165/5] Et *puis que vos en estes fruit* vos devriez estre bons quant li arbre furent bon.

[176/14] Sire, fet ele, *puis que vos m'avez garantie de perdre honor et d'estre honie,* je vos pri que vos me menez la ou cist chevaliers me prist,

[178/11] Et *puis qu'il est einsi, biax douz freres, que la compaignie de nos deus est departie,* Cil que j'ai pris a compaignon et a mestre me soit conduisierres et sauverres en toz perilz.

[203/33] mes *puis que li deffens i est si granz,* je n'i metrai ja la main.

[206/23] Mes *puis que ces letres dient qu'ele faldra au grant be-*

soing, et qu'ele sera felenesse la ou ele devra estre debonere, ge ne vos loeroie pas que vos la preissiez:

[222/28] Sire, puis qu'il est einsi que cil chevaliers que vos dites doit passer de chevalerie toz çax qui devant lui avront esté et qui aprés lui vendront, il seroit granz honors que vos aucune armure li apareillissiez, qui ...

[260/14] Sire chevaliers, puis qu'il est einsi que vos çaienz estes venuz, je vos pri que vos me diez qui vos estes.

* quant PROP

[8/23] Et quant len li volt demander qui il estoit, il n'en tint onques plet a ax,

[13/33] Quant tuit furent asemblé es prez de Camaalot li grant et li petit, Galaad, par la proiere dou roi et de la roine, mist son hauberc en son dos et son hiaume en sa teste;

[15/27] Et quant tuit furent servi et li un et li autre, li Sainz Graax s'en parti tantost,

[20/32] Et quant il fu hore de dormir, li rois prist Galaad et ...

[21/12] Et quant il plot a Nostre Seignor que les teniebres de la nuit furent abessiees por ce que la veue del jor estoit apareue, li chevalier se leverent tantost trestuit cil qui estoient en cure et en pensee de ceste chose,

[21/16] Et quant il fu bien ajorné, li rois se leva de son lit.

[23/7] Et quant il furent aporté devant les mestres doiz, li rois apela mon seignor Gauvain et ...

[25/16] Et quant il furent venu en la forest par devers le chastel Vagan, il s'arresterent a une croiz.

[27/1] Et quant il l'orent alegié de ses armes, il esgarda deus des compaignons de la Table Reonde, ...

[30/31] Et quant cil de laienz li orent fet tot ce qu'il sorent de bien, li vallez dist a Galaad, voiant touz cels de la place:

[32/15] Et quant Evalach se fu aprestez por aler sor Tholomer, qui sa terre li demandoit, Josephes li filz Joseph dist que ...

[32/33] Et quant il se vit en tel peril que il cuidoit veraiement morir, il descovri son escu et ...

[33/31] Et *quant Josephes vint au lit mortel et Ewalach conut qu'il le covenoit a partir de cest siecle,* il vint devant lui et ...

[34/18] Et *quant il ot fete la croiz tele com vos la poez veoir,* il li dist: ...

[38/7] Et *quant il fut descenduz en terre,* il les trova toz endurciz en pechié mortel, ...

[39/2] Car *quant il orent o ax le Roi des Rois et le Sauveor dou monde,* il le tindrent a pecheor et ...

[43/27] *Quant il ot osté son hiaume,* il demanda son Sauveor et ...

[44/32] *Quant vos deustes estre chevaliers,* vos alastes a confesse,

[45/6] *Quant vos partistes de l'abeie ou vos fustes fait chevalier,* la premiere encontre que vos trovastes ce fu li signes de la veraie Croiz;

[45/19] Et *quant tu veis le brief,* tu t'esmerveillas que ce pooit estre;

[45/26] *Quant tu te fus partiz de Galaad,* li anemis, qui t'avoit trové foible, se mist avoec toi et ...

[45/32] Et *quant il vit que tu avoies covoitise menee a oevre et que tu emportoies la corone,* il se mist lors en guise de chevalier pecheor et ...

[48/23] Mes *quant vint a cele hore,* il se troverent si las et si mal atorné que il n'avoient pooir de lor cors deffendre.

[49/20] Et *quand eles l'orent mené jusques a la mestre meson,* il descent et ...

[51/12] Et *quant il est armez,* il se part dou chastel,

[54/12] Car *quant vos fustes mis en l'ordre de chevalerie,* len ne vos i mist mie por ce que ...

[55/8] Mes *quant li Peres del ciel vit que ce qu'il avoit formé aloit si a mal,* il envoia son filz en terre por delivrer les bones puceles, ...

[62/31] Et *quant ele fu chantee et li preudons se fu desgarniz des armes Nostre Seignor,* Lancelot l'apela maintenant et ...

[70/7] Et *quant il se fu traveilliez toute jor et il se fu partiz dou sermon,* il ne trova en toute la ville qui herbergier le vousist, ...

[70/10] Et *quant il en fu horz issuz,* il trova en sa voie un fuguier qui mout ert biax et bien garniz de fueilles et de branches,

[70/17] *Quant li Hauz Sires vint a l'arbre,* il i trova fueilles dont il poist prendre s'il volsist.

[70/18] Mes *quant li Sainz Graax vint la ou tu estoies,* il te trova si desgarni qu'il ne trova en toi ne bone pensee ne bone volenté,

[76/33] Et *quant Diex lor en done tel grace qu'il en sont compaignon,* il s'en tienent a plus boneuré que s'il avoient tout le monde gaangnié,

[82/19] Et *quant ce avint que li prestres mostra apertement le cors Jhesucrist,* il tendi les mains encontre et ...

[83/13] Et *quant il se dreça en seant,* je vi qu'il estoit toz plaiez amont et aval.

[84/4] Et *quant il les ot pris et mis en prison,* il avoient avec aux le Saint Vessel, ...

[85/7] Et *quant ce fu chose que Josephes, qui mestres estoit, se fu revestuz por aler au Saint Graal, et il fu en cel service,* li rois Mordrains, qui toz jorz avoit desirré a veoir le Saint Graal apertement s'il poïst estre, se trest plus pres qu'il ne deust;

[93/1] Car *quant li anemis fu en l'eve,* il l'i eust sanz faille lessié chaoir et ...

[99/27] *Quant il plaira a Dieu,* fet li preudons, vos en istroiz bien fors;

[103/17] Et *quant la dame vint devant toi,* ele se plainst de son serpent que tu avoies ocis.

[109/5] Et *quant il demande a boivre* len li done;

[111/30] Et *quant Nostre Sires vint a plaisir qu'il espandi la clarté de son jor par les terres, et li solaux gitoit ses rais* la ou Perceval estoit couchiez, il resgarde entor lui et ...

[113/10] Quant il se vit si abessié dou haut siege et de la grant hautece ou il souloit estre et il fu mis en pardurables teniebres, il se porpensa qu'il guerroieroit celui qui gité l'en avoit de quan qu'il porroit.

[119/31] Quant il a grant piece leu et conjuré, il resgarde et ...

[120/14] Quant la guerre fu comenciee, Agarans, qui auques s'en veoit au desoz, ne sot que fere,

[120/33] Et quant ce fu chose qu'il ot dit son service et il fu issuz de la chapele, cil distrent qu'il ert morz.

[121/2] Et quant il li cuidierent la teste couper errant, Cil qu'il avoit toz dis servi mostra sus lui

[122/1] Et quant il fu estainz, il troverent sanz faille le preudome devié;

[122/33] Et quant il sont ensemble assis, il li comence a demander: ...

[127/28] Quant il furent tuit assis, li sires regarda entre les autres;

[128/19] Et quant il l'a grant piece resgardé, il li demande s'il avoit esté confés puis qu'il entra en la Queste.

[129/8] Et quant il vit que Lancelot volt prendre ses armes, il li dist: ...

[129/21] Et quant il est apareilliez, il prent ses armes et ...

[130/8] Quant ele ot ce dit, et ele s'en volt aler, il li demande ou il porra hui mes herbergier.

[131/30] Quant il vit qu'il fu jorz, il aleve sa main et ...

[133/13] Et quant il est touz desarmez, li preudons li demande s'il a oï vespres.

[134/17] Quant il vint a la cité de Sarrez, il trova un roi païen, ...

[134/19] Quant il fu acointiez dou roi, il le conseilla en tel maniere qu'il ot la victoire de son anemi et ...

[134/25] Quant li chevaliers fu venuz a crestienté et il ot sa loi guerpie, il crut si bien en Dieu et ...

[137/11] Quant il orent ce dit, ilte fu avis que de vers le ciel venoit uns hom o grant compaignie d'anges, ...
[137/16] Quant il avoit parlé a l'ainzné des deus chevaliers et il li avoit dites les paroles dont tu te remembres bien, que tu doiz bien prendre sus toi come celes qui furent dites de toi et por toi, car tu es senefiez a celui cui eles estoient dites, il venoit au juene chevalier qui de toi ert descenduz,
[139/11] et quant il fu hore de mengier, il issirent de la chapele et ...
[139/13] Et quant il orent mengié, li preudons fist Lancelot couchier sus l'erbe, come cil qui autre lit n'avoit apareillié.
[139/24] Et quant li jorz aparut, il se leva et ...
[142/14] Quant il s'en vouloit aler, il vit a destre del chemin que ...
[142/23] Quant il est entrez dedenz, il voit que desus l'autel estoient li garnement de Sainte Eglyse aprestez por vestir,
[142/28] Et quant il l'ot chantee et il fu desvestuz, la recluse, qui avoit une petite voiete par ou ele veoit a l'autel, apela Lancelot por ce que ...
[143/1] Et quant il li a tot dit, il li conte l'aventure dou tornoiement ou il avoit ier esté, ...
[144/3] Quant li tornoiement fu comenciez, ce est a dire quant la Queste fu comenciee, tu regardas les pecheors et les preudomes.
[144/11] Quant tu eus grant piece esté ou tornoiement et tu fus si las que tu ne te poïs mes aidier, li preudome te pristrent et ...
[144/22] Et quant tu fus partiz d'els, tu ne retornas pas a la voie que tu estoies devant alé, ...
[146/13] Et quant il est venuz jusqu'a l'eve et il ne voit pas coment il puisse oultre passer, il s'arreste et ...
[148/30] Quant il vindrent la, il descendirent et ...
[149/3] Et quant il orent fetes lor oroisons, il se vont aseoir sus un siege qui estoit ou chancel,
[150/4] Et quant il l'avoit despoillié, il li vestoit une robe qui toute ert pleine de frangons,

[151/8] Et *quant il se sont teu grant piece,* messire Gauvains parla premiers et ...

[151/23] *Quant li jorz fu venuz,* il alerent veoir ou lor chevaus estoient,

[152/7] Et *quant il ont un poi alé,* il encontrent en la valee un chevalier armé de totes armes qui lor crie: ...

[153/19] Et *quant il a tot ce dit dont il se sent remembranz,* li prestres li done son Sauveor,

[153/21] *Quant il ot usé corpus Domini,* il dist a monseignor Gauvain qu'il li traie le glaive dou piz.

[155/22] Et *quant nos fumes alegié de nos armes,* nos entrames enz et ...

[157/6] *Quant il se partirent de cort,* il n'alerent mie a confession, ...

[158/12] *Quant vos fustes partiz li uns de l'autre,* Lancelot chevaucha tant qu'il chaï de son cheval, ...

[158/31] et *quant il estoit abessiez,* la fontaine se reponoit;

[159/8] *Quant il venoit a la fontaine,* il descendoit, ...

[159/29] Et *quant vos vendroiz la et vos cuideroiz enz entrer,* li rois vos dira qu'il n'a cure d'ome qui si haut soit montez come vos estes, ...

[160/17] *Quant ce fu donques que charitez et abstinence et veritez vindrent devant toi en la chapele, ce est a dire quant Nostre Sires vint en son ostel en sa chapele, qu'il n'avoit pas edefiee a ce que li pecheor vil et ort et conchié i entrassent, mes por ce que veritez i fust anonciee, et quant il vos i vit,* il s'en ala, ...

[160/23] et *quant il s'en ala,* il vos dist: ...

[162/29] Car *quant li chevaliers, ou li hons quel qu'il soit, peche mortelment,* il reçoit l'anemi et ...

[162/31] Et *quant il i a esté dis anz ou vint, ou combien de terme que ce soit, et il vient a confession,* il le vonche hors et ...

[165/25] Et *quant il est desarmez,* li preudons li dit qu'il aille oïr vespres.

[166/26] Et *quant li preudons l'a assouz et enjointe tel penitance com il set qu'il li covient,* Boorz li requiert qu'il li doint son Sauveor:

[167/2] Et *quant il est venuz,* li preudons li dit: ...

[167/18] *Quant il l'ot usé et esté a genolz tant come lui plot,* il vient au preudome et ...

[167/32] *Quant vint un poi aprés cele hore,* il resgarda amont en l'air et ...

[167/3] Et *quant il se seoit sus aux et il les trovoit sanz vie,* il se feroit de son bec en mi le piz si qu'il en faisoit le sanc saillir.

[168/23] *Quant il fu tens de mengier,* elle fist Boort aseoir delez li,

[168/33] *Quant cil de laienz orent mengié et les napes furent levees,* il se drecierent et alerent as fenestres dou palés;

[171/24] *Quant ce estoit avenu,* li preudons disoit a Boort: ...

[172/6] Et *quant il fu jorz et granz et biax,* il entra ou lit et ...

[172/11] *Quant vint un poi devant prime,* il issi dou mostier et ...

[172/20] Et *quant il est tout apareilliez si qu'il n'i faut riens,* il monte en son cheval et ...

[174/29] *Quant ce fu chose que li païs fu acoisiez, en tel maniere que li anemi a la juene dame n'oserent les testes lever,* Boort s'em parti et ...

[176/19] Et *quant ele est esloigniee,* ele li dist: ...

[177/20] Et *quant il n'ot chose par quoi il puisse avoir nule esperance de son frere,* il se met ou chemin qu'il lor vit torner.

[178/17] *Quant il a ce dit,* il prent le cors et ...

[184/8] *Quant li oisiax vint a l'arbre sanz fueille et sanz fruit,* il comença a resgarder ses oisiaus et ...

[184/16] Et *quant il fu boutez de paradis fors par son meffet,* il vint en terre ou il trova la mort,

[185/13] *Quant la juene dame vos ot contee la raison que l'autre* dame avoit de guerroier la, vos empreistes la bataille si come vos deustes;

[187/32] *Quant il orent grant piece parlé ensemble,* Boort se parti de laienz et ...

[187/33] *Quant il se fu armez,* il se mist en son chemin et ...

[194/26] *Quant il se fu esveilliez,* il resgarde en la nef et ...

[211/25] Et *quant il se regarderent,* il se virent nu et ...

[222/9] Et *quant il li ot dite,* ele pensa unpoi et ...

[222/26] Et *quant il orent quis le fust et le merrien, et il l' orent comenciee,* sa fame dist a Salemon: ...

[223/15] Et *quant vos i avroiz ce fet,* je i metrai les renges teles come moi plaira.

[223/21] *Quant la nef fu fete et mise en mer,* la dame i fist metre un lit grant et merveilleux,

[224/3] Et *quant il orent ce fet,* la dame resgarda le lit et ...

[224/6] Et *quant ele fu la venue,* ele dist charpentiers: ...

[224/19] Et *quant il orent ce fet,* ele lor fist prendre d'un des arbres de vert color qui de celui estoient descendu.

[225/8] Et *quant il fu endormiz,* il li fu avis que ...

[229/12] Et *quant il orent passee la porte,* la damoisele lor dist: ...

[232/29] Et *quant je fui venuz en la prison ou li quens estoit, et je li oi contee la honte qu'il m'avoient fete,* il me respondi: ...

[234/33] *Quant il vint ou secré de la messe,* li troi compaignon se merveillerent assez plus qu'il ne firent devant.

[235/12] Et *quant il s'en furent alé et cil de laienz n'en virent mes riens,* une voiz descendi entr'ax, qui ...

[236/25] Et *quant il orent l'endemain oïe messe et il s'en durent partir,* Perceval prent l'espee que Galaad avoit lessiee et ...

[239/15] Et *quant ele ot grant piece langui,* nos resgardames quel maladie ele avoit.

[246/15] *Quant ce fu chose avenue que la nuiz fu au jor meslee,* Lancelot oste ses armes et ...

[255/21] Et *quant il dut lever corpus domini*, il fu avis a Lancelot que ...

[261/16] Et *quant il est apareilliez si qu'il n'a fors dou monter*, li rois li fet amener en mi la cort un cheval fort et isnel;

[262/26] Et *quant il fu laienz*, li rois, qui longuement avoit perdue la veue et le pooir dou cors par la volenté Nostre Seignor, vit cler si tost come il aprocha de lui.

[265/5] Et *quant il ot ce fet*, cil de laienz le pristrent et ...

[266/16] *Quant il se furent desarmé*, Elyezer, li filz le roi Pellés, lor aporta devant aus l'Espee Brisiee dont li contes a ja devisé autre foiz, ...

[266/19] Et *quant il l'ot ostee dou fuerre et il lor ot contee la maniere coment elle fu brisiee*, Boorz i mist la main por savoir s'il la porroit rejoindre;

[270/21] *Quant il orent tuit receu la haute viande, qui tant lor sembloit et douce et merveilleuse qu'il lor ert avis que toutes les soatumes que len porroit penser de cuer fussent dedenz lor cors*, Cil qui einsi les ot repeuz dist a Galaad: ...

[277/5] Et *quant il fu enterrez*, cil de la cité furent molt esmaiez,

[278/17] Et *quant il l'ot usé*, li prodom li dit: ...

[278/26] *Quant il ot dite ceste parole*, Galaad vient a Perceval et ...

[279/30] *Quant il orent mengié*, li rois fist avant venir les clers qui metoient en escrit les aventures aus chevaliers de laienz.

* que que PROP

[248/26] Mes *que que tu aies fet ça arrieres*, je crois bien que se tu des ore mes te voloies garder de pechié mortel et d'aler contre ton Creator, encor porroies tu trover pitié et misericorde vers Celui en qui toute pitié abite, qui ja t'a rapelé a voie de verité.

* qui PROP

[12/32] et *qui lors vos apelast Lancelot le meillor chevalier de toz,* il deist voir:

[13/1] Mes *qui ore le diroit,* l'en le devroit tenir a mençongier:

[68/21] Car *qui or regarderoit entre chevaliers terriens,* il m'est avis qu'il ne troveroit pas home a qui Nostre Sires donast tant de grace com il t'a presté.

[120/8] Et *qui en trespassant ordre muert,* ce n'est mie bien,

[127/12] et *qui ou ciel velt entrer orz et vilains,* il en est trebuchiez si felonnessement qu'il s'en sent a toz les jorz de sa vie.

[163/23] Et *qui par autre chose porte voldra entrer, ce est a dire qui se travaillera granment sanz aler a confession premierement,* il n'i trovera ja chose que il quiere,

[164/12] Et *qui autrement i entrera,* je ne cuit mie qu'il li puisse bien chaoir, ...

* qui que PROP

[7/33] Et *qui que il soit, ou cil que vos dites ou autres,* je voldroie que biens li venist, ...

* se PROP

[1/25] car *se il demain ne deust revenir,* il n'i alast hui par ma volenté.

[5/2] Sire, fet Kex li seneschaux, *se vos asseez ja su disner,* il m'est avis que vos enfraindroiz la costume de ceanz.

[16/24] Et *s'il ne puet estre,* je m'en retornerai.

[20/19] Et *se ce est cil que je croi qui soit mes peres,* je vos tendrai a voir disant,

[20/20] et *se ce n'est il,* je ne m'i porroie pas acorder por chose que vos en deissiez.

[22/18] Et *se ce fust covenable chose ne seanz,* je le volsisse bien,

[27/22] Et *se vos ne l'en poez porter,* je suiz cil qui l'em porte-

rai :
[28/22] Sire, *s'il vos plesoit*, je voldroie bien que vos m'atendissoiz ceanz tant que je vos seusse dire coment il m'avendra de ceste aventure.
[28/24] Car, *s'il m'en meschaoit*, il me plairoit molt que vos le seussiez,
[41/13] *S'il vos pleust*, fet Galaad, je i alasse,
[43/13] Sire, *se je pooie soffrir le chevauchier*, je voldroie que vos me meissiez devant vos,
[44/21] Et *se vos me deissiez vostre errement puis que la Queste fu comenciee*, je vos mosterroie par quel pechié ce vos avint.
[53/33] Sire, fet mesires Gauvains, *se vos me voliez fere entendre une parole qui avant ier me fu dite*, je vos diroie tot mon estre,
[57/4] Car *se nos començons ci a desvoier*, je ne cuit mie que nos reveignons au droit chemin mes en piece.
[60/33] *Se ge i muir*, fet li chevaliers, ce sera plus m'anors que ma honte.
[79/6] Car, *se je a compaignon l'avoie*, je ne me partiroie ja mes de lui tant come je le poïsse sivre.
[83/8] et *se je le sai* je le vos dirai volentiers, ...
[90/13] Mes *se je eusse cheval*, jel te cuidasse ramener par tens.
[90/18] et *se vos poez le chevalier conquierre*, je prendrai mon roncin,
[91/24] *Se tu me vouloies*, fet ele, *creanter que tu feroies ma volenté quant je t'en semondroie*, jel te donroie orendroit bon et bel, qui te porteroit la ou tu voldroies.
[97/9] Et *se tu ies vaincuz*, tu ne seras pas quites por un de tes membres perdre,
[97/23] et *je ai pooir de l'amender* je le vos amenderai volentiers a vostre voloir.
[99/24] Sire, fet il, *s'il plesoit a Nostre Seignor*, je voldroie bien issir fors de ci et ...
[100/5] Et *s'il est menez jusq'a poor*, il n'est pas des verais chevaliers de des verais champions, qui ...

[102/25] car *s'il est einsi que li anemis puet venir au desus de toi*, il te metra en perdicion de cors et d'ame et ...

[103/11] *Se vos mengiez de cest fruit* vos seroiz ausi come Dieu,

[105/21] Et *se aucuns le demande*, il ne se repont pas,

[106/22] Damoisele, fet Perceval, *se je cuidoie qu'il pleust a Nostre Seignor que je m'en ississe*, je m'en istroie, ...

[107/3] Et, *se vos le creez*, vos estes honiz,

[108/23] *Se il vos plest*, je le ferai trere fors et ...

[114/31] Car *se tu chiez une autre foiz*, tu ne troveras pas qui si tost t'en reliet come tu feis ore.

[115/11] et *se je l'osoie dire*, je diroie que vos estes li Pains vis qui descent des ciex, ...

[121/24] Mes *se g'i muir*, ce sera plus par la volenté Nostre Seignor que par le feu:

[123/6] Car *se li Sainz Graax venoit devant vos*, je ne cuit pas que vos le poissiez veoir, ...

[123/14] Et *se cil a garni son ostel et netoié einsi com pechierres doit fere*, il descent et ...

[123/17] Mes *s'il i apele autre qui contreres li soit*, il s'em part com cil qui plus n'i puet demorer, ...

[125/2] Car *se tu eusses toutes les richesses del monde entre tes mains*, tu les osasses bien doner por amor de ton criator.

[128/31] Car *se Nostre Sires voit que tu li requieres pardon de bon cuer*, il t'envoiera tant de grace que tu li seras temples et ostel et qu'il se herbergera dedenz toi.

[133/4] Biau sire, fet li preudons, *s'il vos plest* je vos herbergerai hui mes au mielz que je porrai,

[138/19] Car *se tu te prenoies a lui par bataille*, tu puez savoir que ce seroit tantost alee chose de toi, ...

[138/33] car *se tu de lui requiers aide*, il t'aidera et secorra a toz besoinz.

[139/17] Car *s'il i baast*, il n'i dormist ja mes, ...

[142/3] *Se tu ne t'i gardes* il te fera chaoir ou parfont puis dont nus ne retorne.

[145/13] Car *se vos n'avez mengié* je vos donrai de tel charité come Diex nos a prestee.

[146/21] Car *s'il monte es roches et il a talent de mengier,* il ne trovera qui sa faim li restanche, ...

[146/25] Et *s'il entre en l'eve,* il ne voit mie coment il en puisse eschaper sanz peril:

[152/13] mes *s'il m'abat* il ne me pesera pas se vos i alez aprés moi.

[161/23] Sire, fet messires Gauvains, *se je eusse loisir de parler a vos,* je i parlasse volentiers.

[164/23] Et *se je de ce vos failloie, et puis chaïssiez en pechié mortel ou en error,* vos m'en porriez apeler au grant jor espoantable devant la face Jhesucrist.

[171/3] *Se tu me voloies servir,* je te donroie totes les richesces dou monde,

[171/31] Car *se trop grant ardor les sorprent,* eles porront tost perir.

[173/7] Et *se uns chevaliers veut dire que ele en ait le droit,* je sui prez que je l'en face hui en cest jor recreant.

[175/28] car *se il son frere en lesse mener a celz qui le tienent,* il nel cuide ja mes veoir sain ne haitié;

[175/29] et *s'il ne secort ceste pucele,* ele iert maintenant honie et despucelee,

[176/21] Car *se il m'eust despucelee,* cinq cenz homes en moreussent encore qui en seront sauvé.

[176/26] Et *s'il l'eust fet,* il fust mors del pechié et honiz dou cors,

[180/1] Car *se tu veuz* tu le porras secorre de mort,

[180/2] et *se tu veuz* tu le porras ocirre.

[187/15] Et *s'il fust einsi avenu que ele en si ort pechié eust perdu son pucelage,* Nostre Sires en fust corrociez a ce qu'il fussent andui dampné par mort soubite;

[189/14] et *se vos ne le fetes,* je vos ocierrai einsi a pié come vos estes;

[190/13] Car *se tu l'ocis*, tu seras morz de pechié,
[191/24] Car *se Calogrenant ocit son frere devant lui*, il n'avra ja mes joie,
[191/25] et *s'il ocit Calogrenant*, la honte en sera soe:
[192/16] *S'il vos plest que g'i muire*, la mort me plaira molt,
[200/21] Sire, *se or fust ci messires Lancelot vostre peres*, il me fust avis que riens ne nos fausist.
[205/26] Mes *s'il me garde netement*, il porra partout aler aseur.
[208/24] et *se vos en pechié estes trovez tant come vos seroiz çaienz*, vos n'en poez eschaper sanz perir.
[218/8] et *se Judas, qui tant ert desloiax et traitres, seust autant de desloiauté et felonie en Jhesucrist come il fesoit en soi meismes*, il nel haïst mie,
[227/12] Et *se je les avoie chiers* ce ne fu mie de merveille,
[229/13] car *se len set que nos soions de la meson le roi Artus*, len nos asaudra maintenant, ...
[231/1] *Se il meffirent a Nostre Seignor*, la venjance n'en ert pas nostre a prendre, mes a Celui qui atent tant que li pechierres se conoisse.
[240/1] et *se je voil* ele n'en puet eschaper.
[240/7] Car *se vos assemblez demain ausi come vos avez hui fet*, il ne puet estre qu'i n'i ait greignor perte que de ma mort.
[254/3] Et *s'il li plest que je i muire*, ce sera sauvement a m'ame.
[254/4] Et *s'il est einsi que je en eschape*, il me sera torné a grant honor.
[255/10] Et *se tu sus icestui deffens i entres*, tu t'en repentiras.
[258/10] Et *se mes granz pechiez et ma grant maleurtez ne fust*, j'eusse encor plus veu, ...
[266/27] et *se vos i failliez*, je ne cuit mie qu'elle soit ja mes achevee par home mortel.

* si tost com/come PROP
[3/18] mes *si tost com nos cuiderons qu'il en soit lex et mestiers*, nos l'i envoierons.

[39/22] car *si tost com li chevalier errant venoient ça et il a-loient vers la tombe,* li anemis, qui les conoissoit a pecheors vilz et orz et veoit que il estoient envelopé es granz luxures et es iniquitez, lor fesoit si grant poor de sa voiz horrible et espoantable que il en perdoient le poor de sa cors.

[69/2] car *si tost com il t'ot paié bel et richement,* tu le lessas por aler servir celui qui toz jorz le guerroie.

[123/12] : *si tost com il aperçoit qu'il se torne vers lui en cuer ou en pensee ou en aucune bone oevre,* il li vient tost visiter.

[214/23] Car *si tost com il en ostoient un raim,* il le fichoient en celui.

[39/29] Mes *si tost come vos venistes,* li deables, qui vos savoit a virge et a net de toz pechiez si come hons terriens puet estre, n'osa atendre vostre compaignie,

[113/6] Mes *si tost come il ot ce dit,* Nostre Sires, qui ne voloit mie que sa meson fust conchiee de venin d'orgueil, le trebucha dou haut siege ou il llavoit mis,

[136/23] car *si tost come il demanda la mort dou cors,* il l'ot et trova la vie de l'ame.

[169/24] Mes *si tost come il fu morz,* ele comença guerre contre moi, ...

[199/9] mes *si tost come nos avrons mengié et un petit dormi,* nos en irons.

[199/11] Et *si tost come ele vint ou premier somme,* la damoisele apela Galaad et ...

[201/16] Et *si tost come tu guenchiras a creance,* je te guenchirai en tel maniere que tu n'avras de moi soustenance ne aide,

[225/22] Et *si tost come tu guenchiras a creance,* je te guenchirai en tel maniere que tu n'avras de moi nule soustenance ne aide,

[232/26] Mes *si tost come je vign ceanz,* il me firent tant de honte que Sarrazin ne m'en feissent mie tant, se il me tenissent.

[269/10] Et *si tost come il ont ce fet,* Josephes se leva et ...

[273/24] Et *si tost come il i furent entré,* li venz, qui devant ce estoit quoiz et seriz, se feri el voille si angoisseusement qu'il fist la nef partir de rive et ...

[278/13] *Si tost come Galaad ot fete ceste requeste a Nostre Seignor,* li prodons qui devant l'autel estoit revestuz en semblance de evesques prist *Corpus Domini* sus la table et ...

[279/13] et *si tost come il fu enfoïz,* Perceval se rendi en un hermitage defors la cité.

La Vie de Saint Eustace

☆C [MOT]:○C_{OD}−V−S

✻ ce
[18/5] car *ce* avoit ele requis a Nostre Seignor qu'il li gardast son cors de honte et de vilenie.
[36/6] *Ce* tint li empereres a grant merveille que li lions nes avoit toz devorez.

☆C [MOT]:○C_{c} −V−S

[24/9] *Adonc* conterent li chevalier a Eustace le comendement l'emperere,
[38/8] , *ançois* estoient li cors plus blans que neis negiee e plus resplandissanz que li rais de soleill.
[22/3] car *ausi* sui je d'estrange païs.
[8/16] e *bien* saches tu que li deables te guerroiera por l'envie e por le corroz de ce que tu l'as relenqui,
[27/7] *Encor* vost il outre aler,
[37/27] *Ensi* sera il come vos l'avez requis e ...
[12/18] , *itant* avons nos de remenant,
[2/19] e *ja* fu li cers mult esloigniez de tote la compaignie,

✻ lors
[4/9] *Lors* li dist Notre Sires: "Entent a moi, Placidas: ...
[6/7] *Lors* descendi Placidas de la montaigne;
[8/7] *Lors* chaï il a terre tot adenz,
[12/17] *Lors* li dist la fame:
[19/14] *Lors* vindrent avant dui chevaler dont li uns avoit non Antiocus e li autres Gachius, qui mult avoient esté privé chanlant

390

au mestre des chevaliers.
[22/4] *Lors* les enmena il avec lui en son ostel,
[23/9] *Lors* li garderent il de plus pres,
[23/15] *Lors* li mosterent il le seing qu'il avoit el chief e ...
[24/1] *Lors* reconut il que c'estoit il;
[31/10] *Lors* li dist la dame:
[32/1] *Lors* li dist Eustaces:
[33/1] *Lors* sot Eustaces qu'il estoient si enfant,
[35/14] *Lors* fu li empereres iriez e marriz,
[36/16] *Lors* tendirent il lor mains jointes vers le ciel e ...

* molt
[12/15] *Molt* en estoit dolenz li empereres e ...
[23/3] *Molt* semble bien cist hom celui que nos querons.

* or
[6/11] *Or* sai je bien que ce est Jhesu Crist qui vost en tel figure e en la form e de la veraie croiz a toi aparoir, ...
[8/9] *Or* croi je el Pere e el Filz e el Saint Esperit.
[8/11] *Or* es tu beneurez, Eustaces,
[8/14] *Or* as tu vencu le deable qui t'a longuement deceu.
[31/1] *Or* t'ai je dit bones enseignes;

* puis
[19/10] , *puis* envoia il par totes les citez e par totes les terres qui estoient soz l'empire de Rome por cerchier e por enquerre,
[36/3] , *puis* lor leissa l'en corre le lion sauvage.

* si
[30/4] e *si* ne se pot ele mie tenir longuement qu'ele ne li chaïst as piez, e ...
[32/5] , *si* sai je bien a ce que j'oï, qu'il sunt nostre fill.
[34/8] , *si* en dura plus longuement li mangiers.

[37/36] *Si* poïst en veoir ilec hautes merveilles,

[15/10] , *tant* avoie je de compaignie et de solaz.

☆C[MOT]:●C_c － S － V

[19/8] *Aprés* il comenda a chascun qu'il l'alassent guerre,
[37/34] e *tantost* li feus devint douz e soef ausi come rosee,

☆C[SYN]:○C_{oD} － V － S

[6/9] e *ce meismes* me dist il:
[39/7] Car *cest don* li dona Nostre Sires, qui vivit et regnat per omnia secula saeculorum.
[12/1] *Ceste temptation* reçut il debonerement e sanz moleste,
[15/9] ; *neis mes enfanz* ai je perduz,
[1/21] e *toz barbarins* metoit il neis soz piez.
[35/11] *Autre deu* ne croi je,

☆C[SYN]+[PROP]: ○C_{oD} － V － S

[26/9] Mes *les deus jovenceax, qui estoient grant e gent e juene e bel sor toz les autres de façon e de cors able,* establi il toz premiers a lui servir,

☆C[SYN]:○C_{oI} － V － S

* a lui
[35/8] : *a lui* faz je sacrefices e oroisons e proieres;
[35/9] ; *a lui* rent je graces e merciz,

☆C[SYN]:○Cc −V−S

[11/9] *A cest fet* aperçut bien Eustaces que ce estoit comencement des temptations,
[11/1] *Aprés ce* repaira Eustaces a son ostel,
[14/30] *De ce* ne savoit li peres mot, qui s'en aloit plorant e sospirant e parlant a soi meismes en tel maniere.
[1/22] *De chiens e d'oiseaus* savoit il quant qu'il en estoit, de bois, de riviere e de gibecier:
[7/1] *De meismes,* dist Placidas, me dist il qant il parla a moi.
[1/24] : *en ce* s'estudioit il chascun jor.
[19/1] *En grant effroi* fu li empereres por l'envaïssement de ses anemis e por la sodaine guerre,

✴ l'endemain
[33/11] *L'endemain* firent il encore greignor feste e greignor joie,
[34/9] *L'endemain* ala li empereres au temple por fere sacrefice a ses ydres, e por mercier les damedex de la victoire.

[6/16] car *par le signe del baptesme* sunt cil suen lige qui en lui croient.

✴ por ce
[1/33] e *por ce* ot il pitié del haut home
[3/36] e *por ce* ving ge en terre le monde sauver en tel semblance come tu puez veoir.
[22/8] , *por ce* sunt il ça venuz o moi.

[3/24] Voiz, *por l'amor de toi* sui je venuz en ceste beste, que tu voies e que tu me conoisses.
[35/27] : *por tex jeus e por autres* s'assembloient iluec as festes cil de la cité.

[13/6] ; *totes voies* entrerent il avec lui e ...

☆C[SYN]+[PROP]: ○C_c －V－S

[1/1] *Au tens Traian l'empereor, que deables avoit grant force e grant pooir que par lui que par ses menistres,* fu uns hom, mestres de chevaliers e de grant lignage, Placidas par non, e de grant richesce, honorez sor toz les autres;

☆C[SYN]:●C_c －S－V

[24/13] ; *au departir,* il les beisa e ...
[14/24] *Tot ausi* li enfes que li leus ravi eschapa sain e sauf,

☆C[PROP]: ●C_c －S－V

* ainçois que PROP
[28/28] e *ançois qu'il a moi repairast,* uns lions sailli del bois qui m'engola e porta en sa gueule,
[36/13] Mes *ainz qu'il i fussent mis,* il proierent e ...

[14/16] mes *la ou il estoit en mi le flueve,* il començа ses chevex a tirer e sa robe a descirer e plaindre e plorer,
[13/10] *Por ce qu'il n'orent dont il se poïssent aquiter,* li mariniers retint la dame por le loier e ...

* qant/quant PROP
[4/4] e *quant il fu revenuz e il ot son cuer repris,* il se dreça e ...
[5/1] *Qant Placidas l'oï,* il chaï de rechief a terre adenz,
[6/3] *Qant il li ot tot conté,* sa feme s'escria e ...

[7/5] e *quant il orent coneu qu'il creoient en Jhesu Crist*, il li demanderent le signe del saint baptesme.

[8/1] *Qant ce vint au matin*, Eustaces a tot ne sai qanz chevaliers, s'en ala en la montaigne,

[8/3] e *qant il furent pres del leu ou il avoit veu la vision*, il se delivra au plus beau qu'il pot de ses compaignons,

[9/17] car, *qant tu seras bien humiliez*, je reviendrai a toi,

[10/1] *Qant il ot ce dit*, il s'en monta el ciel,

[12/3] *Qant ce sorent e virent li mauvés voisin*, il entrerent en sa meison par nuit e ...

[13/1] *Qant il fut anuitié*, il pristrent lor deus enfanz,

[13/2] e *qant il furent alé deus jornees e il aprismierent a la mer*, il troverent une nef appareilliee,

[13/7] *Qant li mestres de la nef vit la fame Eustace si avenant e si gente*, il la golosa e ...

[13/9] e *quant il furent arrivé*, il demanda loier del passer.

[14/11] , *qant il vint en mi le flueve, qui estoit granz e lez*, uns lions issi del bois, qui ravi l'enfant e se feri el bois arriere.

[21/8] mes *qant il vit les chevalers qui venoient tote la voie*, il se dreça,

[26/7] *Qant tuit li soudoier furent assemblé e amené devant le mestre des chevaliers*, il mercha chascun e ...

[27/4] e *qant il ot mis au desoz ses anemis*, il passa un flueve qui avoit non Ydaspis.

[28/23] *Qant nos en issimes*, nostre mere ne vint pas avec nos,

[28/26] e *qant il vint a un flueve*, il trossa sor ses espaules mon menor frere,

[30/11] e *quant il fu chaüz en temptations*, il prist sa fame,

[30/14] Mes *quant nos estions en la mer*, li mariniers cruex e de mal afere me retint por le loier de la nef,

[31/3] *Qant Eustaces ot ce oï*, il la regarda entre deus deus ielz,

[32/3] car *qant je me seoie ier en cel jardin*, je escoutai deus damoiseax qui parloient de lor enfances,

[33/14] Qant il orent tote destruite cele gent barbarine, e degasté le païs, il s'en retornerent a grant joie e a grant honor e …

[34/1] Qant Eustaches fu repairiez, li empereres lor ala a l'encontre,

[35/18] Qant ce vit li tiranz qu'il ne les porroit escroller ne giter de lor creance, il comenda qu'il fussent tuit quatre mené en l'areine,

[38/4] Qant il virent les cors, il quiderent qu'il vesquissent encore,

[38/17] e qant il virent leu e tens, il firent un oratoire ou il les mistrent a grant honor,

* que que PROP
[17/1] Que qu'il parloit ensi, il ploroit e …
[22/12] Que que li chavaler manjoient, Eustaces ne pooit tenir de plorer por ce qu'il li menbroit de sa premiere vie.
[24/3] Que qu'il parloient ensi, tuit li paisant de cel hamel si assemblerent ilueques,
[24/14] Que qu'il aloient chevauchant, il lor conta por quoi il estoit apelez Eustaces,
[30/1] Que qu'ele parloit a lui, ele esgarda viselment,

[31/9] : qui Dex velt aidier, nus ne li puet nuire.

* se PROP
[5/7] , se tu le comendes, je renoncerai tot ce a ma feme e a mes enfanz,
[21/15] : se tu le nos pooies enseignier, nos te donrions grant avoir.

[36/3] Mes si tost come li lions fu pres des amis Nostre Seignor, il beissa le chief,

文の肯定・否定ないし否定のみに関わる C_c

(i) ja

○Ja－V－S

M.A.[59/98], *ja* a madame la reïne veé son ostel a vos et a moi et a touz ceus qui de par vos i vendront.
M.A.[96/10] *Ja* l'avez vos ocis.
M.A.[100/55] *Ja* vos seut ele estre si douce et si amiable et ...
M.A.[155/25] *Ja* vos ai ge touz jorz veü plus fere d'armes par le vostre cors que doi des meilleurs chevaliers del monde ne peüssent fere;
M.A.[157/44] car *ja* est eure passee;
M.A.[158/11] *Ja* vos eüst il mort, fet Hestor, s'il poïst;
Mer.[35/31] *Ja* ai je si grant mestier de vostre consoil et de vostre aide.
Mer.[62/35] *Ja* vos avoie je doné au contrait.
Q.G.[2/18] *Ja* vos cuidions nos trover a Kamaalot.
Q.G.[44/13] *Ja* sui je li hons ou monde qui plus desirre vostre compaignie se il la poïst maintenir.
Q.G.[60/20] car *ja* ert passee la mie nuit.
Q.G.[86/8] Et *ja* ert li Chevaliers en cest païs, si com len dit, cil qui ceste aventure doit mener a chief.
Q.G.[98/15] *Ja* le fustes vos *ja*;
Q.G.[119/2] *Ja* vos avoit il si longuement servi,
Q.G.[267/14], car *ja* seront repeu li verai chevalier de la viande del ciel.
S.E.[2/19]; e *ja* fu li cers mult esloigniez de tote la compaignie,

●Ja－S－ne－V

M.A.[38/74] ne *ja* Dex *ne* doinst que il de ceste volenté se departe,
M.A.[87/66]; *ja* si preudom comme Lancelot est *ne* sera par moi

encusez de ceste vilennie.
M.A. [147/24] ; ja Dex ne m'aïst, ...
M.A. [164/11] , ne ja Dex ne vueille que tu muires d'autrui meins que des moies.
Mer. [8/15] Ja Dieu ne place que je en soie delivre, ...
Mer. [12/45] et ja Diex n'ait pitié ne merci de moi, ...
Mer. [44/54] ne ja nus en vostre regne nou savra, se nos nou disons.
Q.G. [5/23] Ja nus ne m'ostera de ci, se cil non a cui costé je doi pendre.
Q.G. [37/1] , car ja cist cors qui ci gist ne sera remuez de son leu, come nos cuidons.
Q.G. [124/20] ne ja nus n'ira contre li qu'ele n'emport toz dis la victoire et l'onor.
Q.G. [203/27] Ja nus ne soit tant hardiz qui dou fuerre me traie, se il ne doit mielz fere que autre et plus hardiement.
Q.G. [205/29] Ne ja nus ne soit si hardiz qui ces renges, qui ci sont, en ost por rien. :
Q.G. [260/7] ; ja nus qui si haut soit montez come vos estes n'i entrera, tant com li Sainz Graax i soit.

○Ja−ne−V−S
Mer. [5/16] Ja n'est il riens dont je aie si grant a paor com j'ai de ce qu'il ne m'engint.

(ⅱ) onques

●Onques−S−ne−V
C.C. [233/5] ; ne onques nulle ville ne fu si bien hordee.
M.A. [38/32] , ne onques manche a dame ne a damoisele ne fu mieuz emploiee ne regardee comme la vostre fu.
M.A. [59/59] Onques nus hom ne s'i prist fermement qui n'en moreust.
M.A. [164/8] Mes onques peres ne fist autretant de fill comme ge ferai de toi,

Mer.[45/54] *Onques* nul *n'*en oï la nouvele qui ne deist qu'il i seroit molt volentiers.
Mer.[87/5] que *onques* nus hom plus doucement *ne* fu norri que je vos ai norri:
Q.G.[17/28] Car *onques* rois crestiens *n'*ot autant de bons chevaliers ne de preudomes a sa table come j'ai eu en cest jor,
Q.G.[21/25] *Onques* ma cort *n'*amenda tant de vos come ele en est ore empoiriee.
Q.G.[30/1] Car *onques* hom a nostre tens *ne* le pot pendre a son col a cui il n'en mescheist.
Q.G.[107/7] ne *onques* cil de qui vos parlez *ne* vos i porta a mengier, ...
Q.G.[188/27] *Onques* mes freres *ne* fist si grant desloiauté,
Q.G.[203/8] Car *onques* nus *ne* me pot empoigner, ...

○Onques−ne−V−S
M.A.[109/4] , car *onques ne* pot Lancelos souffrir que cil de l'ost fuissent assailli le premier jour, ainçois les lessa reposer tout le jour et toute la nuit,

(ⅲ) gaires

●Gaires−S−ne−V
Mer.[34/3] , car *gaires* genz *ne* savoient sa mort.

(ⅳ) en tel maniere/en nule maniere

○En tel maniere−V−S
M.A.[108/18] *En tel maniere* se furent cil logié.
M.A.[142/2] car *en tel maniere* cuide ele bien estre delivree de cest perill ou cil del païs l'ont mise.
M.A.[151/29] *En tel maniere* dura la mellee grant piece,

M.A.[157/1] *En tel maniere* dura li estris jusqu'a vespres;

M.A.[170/57] *En tel maniere* demora la reïne leanz avec les non-nains et ...

M.A.[186/23] *En tel maniere* assemblerent toutes les batailles einz eure de tierce, ...

Q.G.[30/17] *En tel maniere* se partirent il de la place ou li rois ot esté navrez,

Q.G.[48/22] *En tel maniere* dura la bataille jusques a midi.

Q.G.[209/1] *En tel maniere* svint ceste parole come je vos ai devisee, qui ci est escrite: ...

Q.G.[235/13] *En tel maniere* entra li filz Dieu en la beneoite Virge Marie, ...

Q.G.[238/23] *En tel maniere* dura la bataille jusqu'aprés none, ...

Q.G.[257/28] *En tel maniere* jut Lancelot vint et quatre jorz, ...

●En nule maniere — S — ne — V

M.A.[139/5] ; car *en nule maniere* nos *ne* lairions cest regne sanz seignor;

○En tel maniere — ne — V — S

Q.G.[167/5] ; et *en tel maniere nel* veisse je pas.

(v) por nule riens

●Por nule riens — S — ne — V

M.A.[9/7] , car *por nule riens* ge *ne* voudroie estre conneüz en ceste voie.

索　引

〔索引の対象は本文のみで，注や参考文献は含まない。数字は本書のページ数を示す〕

言語・語族名索引（50音順）
〔「（古，現代）フランス語」のように使用頻度が非常に高いものは除く〕

アーリア諸語：31
アルメニア語：31
イラン語：31
インド・イラン語派：31
印欧語（語族）：21, 29, 30, 31, 34, 35
　印欧祖語：31, 32
英語：3, 10
ウェールズ語：10
ヴェーダ：31
ウルブ語：10
オイル語：23
ギリシア語：12
　古代ギリシア語：35
クペレ語：14
ケルト語：31
サンスクリット語：31, 32, 34
ジルバル語：11
ドイツ語：3, 13, 14, 64
日本語：9, 35
ヒシカリヤナ語：10
ヒッタイト語：29, 30
マラガシ語：10
ラテン語：4, 12, 21, 22, 24, 31, 32, 33, 34, 35, 69, 70

古期ラテン語：21, 31, 33, 34
　　　古典（期）ラテン語：21, 31, 34
　　　俗ラテン語：21, 31, 33, 34, 35, 64
　ロシア語：12
　ロマンス（諸）語：21, 31, 33
　　　ガロ・ロマンス語：22

索　引

人名索引（外国人名：アルファベット順，日本人名：50音順）

Adam le Bossu (de la Halle, d'Arras)：24
Block, O. & Wartburg, W. von：195
Bloomfield, L.：49
Bonnard, H. & Regnier, C.：23, 63, 78
Bruneau, C.：23〜24
Brunot, F.：24
Brunot, F. & Bruneau, C.：24
Buridant, C.：78
Burling, R.：74
Chaurand, J.：24, 64, 78
Chomsky, N.：185
Comrie, B.：3, 4, 11, 12, 13, 14, 204, 206
Di Pietro, R. J.：206, 207
Dubois, J., Giacomo, M., Guespin, L., Marcellesi, C. Marcellesi, J. -B. & Mével, J.-P.：7.
Einhorn, E.：63, 78
Ewert, A.：25
Faral, E.：25
Foulet, L.：47, 78
Frei, H.：201, 202
Froissart, J.：98
Goblot, E.：201
Greenberg, Joseph H.：3
Guiraud, P.：25, 78
Haarhoff, A.：69, 71
Halliday, M. A. K.：45
Hasenohr, G.：26
Herman, J.：69, 70, 71
Hill, A. A.：49
Jakobson, R.：8
Joinville：27, 65, 66
Joly, G.：78

Kibler, W. W. : 78

Lerch, E. : 69, 71

Lyons, J. : 178, 180

Machonis, P. A. : 21, 27, 33, 34, 78

Marchello-Nizia, C. : 36, 52, 62, 70, 78

Meillet, A. : 49

Ménard, P. : 26, 47, 78

Moignet, G. : 26, 61, 62, 78

Nithard : 23

Nyrop, C. : 26

Paul, H. : 49

Raynaud de Lage, G. : 26, 78

Revol, T. : 64, 78

Richter, E. : 69, 70

Rickard, P. : 26

Robert de Boron : 52, 53

Saussure, F. de : 217

Saint-Augustin : 34

Schøsler, L. : 73

Siepmann, E. : 69

Soutet, O. : 53

Tomlin, R. S. : 9

Vidos, B. E. : 68

Wagner, R.-L. : 27, 78

Wartburg, W. von : 48, 51, 65, 66, 68, 72, 181, 187, 222

Whaley, L. J. : 3, 6, 7, 14

Zwanenburg, W. : 72, 73, 183, 187, 222

Zink, G. : 33, 78

井上史雄：178

太古隆治：208

田中春美：3, 4, 7, 8, 45, 46, 49, 206

春木仁孝：63, 73

松本克己：29, 30, 32, 33, 34, 179, 180

村上勝也：77

事項索引（50音順）

〔「語順」・「主語（S）」・「目的語（O）」・「補語（C）」・「動詞（V）」・「主節」・「従属節」・「SVC」・「CVS」・「CSV」などのように使用頻度が非常に高いものは除く。また，「位階」・「基本語順」・「文」・「有標／無標」・「動詞第2位」・「(共時的)ゆれ」などのようにかなり使用頻度は高いが説明が必要なものは主要説明箇所のみを示す〕

『アウルラリア』：33
『アエテリア巡礼記』：33
アカデミーフランセーズ：22
『アーサー王の死』：52
位階：44〜46
　　位階の転位：45〜46, 95
意味関係：69, 182
意味的機能の違い：201, 204, 210, 223
意味的一致：186
意味的共起関係：186
意味的まとまり：69, 182
意味的結びつき：183, 184, 185, 186, 187, 219, 220, 221, 222
韻文資料：51〜52, 75
VO型：30
OV型：29
階層：45
概念的意味：5
格体系：74
格標示：30, 74, 205
格理論：185
『ガリア戦記』：33
慣用的語順：9
基準的語順：7
機能言語学：202
機能周期：202
機能的文展望：35

基本語順：6～7, 9～14
　ＳＶＯ型：9, 10, 31, 34
　ＳＯＶ型：9, 29, 30, 31, 32, 34, 35
　ＶＳＯ型：9, 10, 31
　ＶＯＳ型：9, 10
　ＯＶＳ型：9, 10
　ＯＳＶ型：9, 10
疑問文：8
鏡像：30
共時態：147, 177, 178, 180, 217
　（共時的）ゆれ：76～77, 178～179, 180, 187～188, 217～218
巨視的観点：177, 178, 179
屈折語：4
屈折語尾：25
群：45, 46
形態法：30, 35
言語外的歴史：27
言語単位：46
言語地理学：178
言語的欲求：201～202, 204, 210, 222, 223
言語内的歴史：27
言語範疇：8
言語変化：178～179, 180
項：8
合目的性：201
項目連結：185
構成要素順序：3, 6
口頭言語：73
呼応する意味的特徴：186
語順（構文）の自由：35, 51, 65～66
語順の固定化：72～74
語順の倒置：8, 73
語順類型論：5, 9～14, 29, 35, 62, 64

孤立語：4
『コンスタンチノープルの征服』：53
差異の顕著化：201，202，206，210，223
散文資料（作品）：36，51〜53，75，192，200，201
支配：30
支配されるもの：30
支配するもの：30
社会言語学：179
尺度：46
情報の新／旧（新情報／旧情報）：35，71
書記言語：23
『ストラスブールの誓約（誓い）』：22，23，24，25，26，27，28
『聖杯の探索』：53
「聖杯物語群」：53
『聖ウスタースの生涯』：53
『聖ユーラリ続唱』：23
『聖ルイ王伝』：23
接冠辞：49
接語（代名詞）：12，13，36，98
接触原理：69〜72，182
接置詞：30，31，32，33，35
接頭辞：30
接尾辞：30
線条性：3
全否定：196，197，198
総合文：48
祖語：21，30，31
属詞：97
属格：30，31，32，33，35
体系文法：45
対称詞の呼格的用法：98
断定文：64
単独の要素：71，75，92〜96，192，194，196，200，217

つながりの緊密さのいくつかの度合い：183
強さの違い（度合い）：182, 183, 184, 185, 186, 219, 220
定形動詞：43
定式文：97
定性：205
テーマ／レーマ：71
統合関係：72
統語環境：63, 65
統語法：62
動作主：204, 205
動詞第2位：61〜62
統率・束縛理論：185
トゥール司教会議：24
時／理由：208〜211
二格曲用（体系）：22, 24, 65, 72, 73, 74
二項対立：7
二重母音：25
人称語尾：74
『年代期』：33
『年代記』：98
『葉蔭の劇』：24
波動説：21
パラメーター：9, 11, 14
範列関係：71, 72
微視的観点：177, 178
被制辞：51, 65
左向き支配：30
否定語：8
否定辞：199, 200, 205, 206, 207, 210
否定文：8
被動者：205
非文：185
百年戦争：24, 25, 27

索　引

標識：14
標準的語順：12
複合子音：25
部分否定：196, 197
プラーグ学派：8, 35
文：48〜50, 75〜76
分化（差異化, 個別化）：210
分節的要素：49, 50
文の肯定／否定：192, 198, 200, 203, 206, 207, 210〜211, 223〜224
文法的語順：7
文法的文：185
平叙文：8, 9, 36, 67, 87, 192, 193, 194, 195, 196
並列構文：48
『弁舌集』：33
右向き支配：30
明示的標識：210
『メルラン』：53
有意味要素の順序：3
有生性：205
有標／無標：7〜9, 203〜211, 223〜224
有標性：204, 205, 207
俚言：26
隣接性条件：185
類型論：5
『ロバンとマリオン』：24
ロマニア：34
ロマンス言語学：22
『ロランの歌』：65
話題／評言：71

著者略歴

今田　良信（いまだ　よしのぶ）

　1956年 9 月　広島市生まれ
　1979年 3 月　広島大学文学部文学科言語学専攻卒業
　1984年 3 月　広島大学大学院文学研究科博士課程後期言語学専攻
　　　　　　　単位修得退学
　1984年 4 月　広島大学文学部助手（言語学講座）
　1995年10月　同助教授（言語学講座）
　2002年 2 月　広島大学より「博士（文学）」の学位を授与される

著書・翻訳書　『エネアス物語』（共訳）溪水社（2000）
現　在　広島大学大学院文学研究科助教授（言語文化学講座）

古フランス語における語順研究
—— 13世紀散文を資料体とした言語の体系と変化 ——

平成14年10月1日　発　行

著　者　今　田　良　信
発行所　株式会社　溪水社
　　　　広島市中区小町1－4（〒730-0041）
　　　　電　話　(082) 246-7909
　　　　ＦＡＸ　(082) 246-7876
　　　　E-mail: info@keisui.co.jp

ISBN4-87440-712-9 C3085